吕德文 著

大国底色

巨变时代的基层治理

人民东方出版传媒
东方出版社

目录
CONTENTS

01 代前言

观 世 态

002 论社会议价系统
009 社会弹性的制度根源
017 乡土本色
023 城镇化进程中的乡土传统
029 解决基层政权衰退的核心
038 水利社会的性质
044 城市中国的双面
048 都市研究刍议

众 生 相

054 富人治村新解
059 80后基层干部素描
065 中坚干部

071	"小官贪腐"的制度逻辑
078	走出象牙塔之后
083	青年创业心态：激情与理性
089	"农二代"：流动中的漂泊与迷茫
098	小摊贩，大政治
106	一个出租车公司的"乌托邦"试验
114	出租车"份子钱"的背后
119	下层社会是如何生存的
125	县域黑社会的生存之道

看活法

134	美好生活的治理
142	乡礼在哪里
152	"女人不上桌"现象透视
157	学会做老人
161	快递的都市性
169	"俗文化"：基层治理的重大挑战
175	乡村"魔幻"叙事
181	"小镇青年"的置业观
186	现实版"盲井"
192	冥界本是人间景
200	人心即政治

察 治 事

- 208 "政绩工程"如何得民心
- 213 电视问政重塑治理生态
- 218 农村党建怎么搞
- 225 "枫桥经验"历久弥坚
- 229 "消费式扶贫"不应该
- 235 精准扶贫执行的形式主义
- 240 乡村治理活力何在
- 244 重新认识城管部门
- 252 治水的第三条道路
- 258 林权改革的方向及实践
- 268 在信访工作中找回群众
- 272 历史遗留问题为何难解
- 279 让公安局头痛的那些"剩余事务"
- 285 "霸座"事件,执法为何无力
- 290 征迁风云

探 秩 序

- 298 简约治理的现代遭遇
- 303 街头治理现代化的路径与挑战
- 310 破解农村治理法治化困境
- 317 改革中的央地关系
- 324 规矩立好,"吹哨报到"才有效

330	纠正督查检查考核过多关键在治理能力提升
336	"和稀泥"式治理的困境
339	看守所里没有秘密
346	"趋利执法"是如何发生的
353	开不开枪是个问题
359	扫黑先除灰

| 365 | 后记 |

代前言

避免失序是边缘地带最好的治理
——答《南风窗》记者郑嘉璐先生

只要有社会,就一定会有边缘地带。政府要做的,就是要保证边缘地带的有序。

基层社会治理是中国千百年来的难题,历朝历代、数不清的执政者都为此绞尽脑汁。当前,我国正处在社会转型的关键期,同时也是社会矛盾聚集、凸显期。在这一背景下,如何完善基层治理,是摆在党和国家面前的重大课题。

为什么基层社会存在这么多矛盾?当前的基层社会治理有哪些新特点、新挑战?基层治理的目标又是什么?带着这些问题,《南风窗》专访了武汉大学社会学院研究员吕德文。

一、灰色地带

南风窗:你的研究方向是边缘地带的治理,这里的"边缘地带"具体是指什么?

吕德文:假如一个社会存在颜色谱系,白色的是被政府、法律完全规制的部分,黑色的是游离于法律之外的"江湖",那么边缘地带就是夹在两者之间的灰色部分。换句话说,边缘地带就是国家权力不能完全掌控的地带。

在现代国家,法律已经影响到了日常生活的方方面面,纯粹的黑色部分已经基本消失了。至于边缘地带，主要包括两种情况。一是新生领域。我国正处于快速的社会转型期，对许多新生事物还来不及制定法律去规制，互联网上的许多领域就是这样，比如校园贷、共享单车、比特币等。二是更常见的情况，即使在法律法规成熟的传统领域，国家的力量有时也做不到完全掌控。例如，街边占道经营的小商贩，这里的法律已经很健全了，城管也投入了很大力量去治理，但因为它牵扯的问题太多，所以始终得不到解决，这就是典型的边缘地带。

因为游离在合法与非法之间，边缘地带滋生出大量的灰色利益，许多利益群体积极地参与进来，想在这里"分一杯羹"，所以边缘地带充满了"活力"。边缘地带具有机会多但不稳定的特点，各方在利益博弈的过程中，容易激化矛盾，爆发冲突。暴力拆迁、职业医闹、黑恶势力等社会问题都与此有关。

南风窗： 与过去相比，中国当前的边缘地带发生了哪些变化？

吕德文： 在传统社会，国家权力有限，无法深入社会的各个角落。国家力量到达不了的地方，就由半正式的行政力量管控。这些行政人员大都不是正式的官员，而是国家权力的"代理人"，包括胥吏、士绅、豪强、宗族等。他们互相配合、互相制衡，让自上而下的权力与自下而上的自治在这里汇合，形成治理边缘地带的双轨政治。

这种治理方式本质上是熟人社会的治理，它的优势非常明显。在熟人社会内部，信息高度互通，"代理人"能准确掌握信息，还可以运用"人情""面子"这些熟人社会内部的规则来治理，许多很复杂的问题都能被化解。

进入现代社会，人口流动性越来越强，熟人社会正逐渐解体。同时，伴随国家权力的增强，管控能力的提高，半正式的行政体系丧失了合法性，胥吏、士绅等国家权力的"代理人"已不复存在，取而代之的是村委会、社区等基层组织。我们发现，随着熟人社会解体，现代社会的边缘地带更大了。这是颠覆人们常识的一件事。

人们本来觉得国家的管控能力越来越强,灰色地带就会相应减少,其实情况恰恰相反。管控增强的同时,许多本来由社会自行治理的部分变成了灰色地带。其实这不难理解,如果把国家的管控范围想象成一个圆,这个圆越大,边缘部分也就越多。

这是现代社会发展的必然趋势,不能理解为是国家管控导致了边缘地带。如果没有国家力量的介入,这些地带就不是灰色的,而是黑色的了。

二、治理的困局

南风窗:边缘地带的这些特点对治理造成了哪些挑战?

吕德文:边缘地带的治理是件很棘手的事情,因为这里实在太复杂了,解决了一个问题可能牵扯到另外一个问题。依然以摊贩为例,从城市管理的角度来讲,摊贩是应该被治理的。但是从现代国家的性质来看,国家要安抚民众,要照顾老百姓的生活,从这个角度来讲,又要给摊贩提供一条活路。这两者实际上是冲突的,必然导致法律在具体执行的过程中留有空间。

不处理有问题,处理了也有问题,这是边缘地带治理过程中最大的挑战。

南风窗:边缘地带滋生了许多社会问题,比如暴力执法、上访"钉子户"、医闹等,这些社会问题的产生是因为边缘地带的治理不够完善吗?

吕德文:中国社会是庞大、复杂的,它的转型速度和城市化速度非常快。相对于社会变迁的力度来讲,我们现在的社会问题其实并不多,且都处在可控的范围。至少从结果上来讲,中国对边缘地带的治理还是十分有效的。

这些社会问题,可以从"一线行政的自由裁量权受限"和"正式行政力量不足"两个角度理解。

基层的社会事务，往往是细小而琐碎的，很难按部就班进行处理。对于基层治理者来说，太多的特殊情况需要灵活应对。比如，在调解医患纠纷时，医院往往只考虑医疗过程是否符合规范，有没有医疗失误。但大部分的医疗纠纷，都是因为患者亲属对医院的不信任、对亲人突然离去的不理解造成的。患者家属"讨说法"时并不需要专业判断，只需要"常识"。在这种情况下，用专业化的逻辑处理纠纷，矛盾就会加剧。为了尽快把事情平息下去，医院多多少少都会有所"赔偿"，虽然这种"赔偿"大多是以"人道主义救助"的名义进行的。医院的这种做法很无奈，也未必公平，却是最能化解矛盾的方法。当然，这种妥协也确实助长了"职业医闹"，使得医疗纠纷更加复杂。

近些年，为了防止一线执法者滥用职权，国家对基层管理人员的规制程度越来越高，什么情况下应该采取什么样的行动，都被严格规定。问题是，所有的制度都是按照正常人的思维来设计的，是讲逻辑的。但你必须承认，的确存在一部分人恰恰就是不讲逻辑的。硬要按照规定办事，很容易激化矛盾。

冲突增多的另一个根源是辅警、协管等半正式的行政人员。人们常常疑惑，粗暴执法的怎么总是"临时工"，他们是不是被抓来当"替罪羊"的。真实情况是，"临时工"确实是一些部门一线执法的主力。由于编制紧张，派出所、城管等部门聘用了许多非正式的行政人员，在一线执法时，他们受正式人员的管理，处于科层体制的最底层。这意味着，"临时工"往往是冲在最前线的。相比于正式行政人员，他们的顾虑比较小，受到的约束也更少，执法的时候也就更容易"越界"。

在熟人社会里，半正式的行政人员更容易收集信息，也能使用更灵活的方法解决基层的问题。但在今天的陌生人社会里，"临时工"的优势慢慢减弱了，粗暴执法的弊端就凸显出来了。

合法的自由裁量权受到严格控制，半正式的行政人员又因为熟人社会的瓦解而丧失优势，一线行政的目标只能是将违法违规现象控制在一定范围内，而不是杜绝。这样一来，边缘地带内的各种力量处在一种动态的平衡之中，一旦失衡，冲突和暴力就容易产生，社会就容易失序。

三、最好的治理是维系平衡

南风窗：熟人社会正在解体，边缘地带的治理应该由谁来主导？

吕德文：在现代社会，要维持边缘地带的秩序，必须依靠国家的力量。如果政府放任不管，或者政府的力量很薄弱，成长最快的将是黑社会，因为他们的组织性、纪律性、行动力最强，边缘地带将很快被他们掌控。国家开展打黑除恶等专项斗争，也是要避免边缘地带被黑恶势力把控导致的社会不稳定。

公权力在治理边缘地带时，很可能需要使用合法的暴力手段来维持秩序。比如，警方使用有强制力的警用装备来制止暴力犯罪。但现在的问题是，一线执法者担心受到舆论的谴责，往往不敢使用手中的暴力，这导致政府对边缘地带的治理常常失控。比如，当前的城管执法普遍不敢采用合法的强制手段，而是大规模借助柔性执法手段。你可以说，这是因为城管在老百姓心目中的形象太差了，出于自我保护，他们不愿强权执法。但是，这种柔性的执法模式绝不应该成为常态，因为这是典型的消极执法行为，虽然不至于出现伤人的悲剧，却会严重损害公共秩序。

要知道，权力决断并不是权力泛滥，人们大都忽视了街头执法的困难程度，只担心过度使用警力导致的直接伤害，这对一线执法者来说是巨大的考验。可以说，当前一线执法人员的权力决断不是太强了，而是太弱了。

南风窗：对于边缘地带的治理，应注意哪些问题？

吕德文：在治理边缘地带时，要避免片面强调"行政理性化"。很多人有这样一种想象，总觉得这个社会应该是干干净净的，一切社会事务都可以纳入法律的范畴，只要依照规定都可以顺利解决。但这只是一种理想的状态，在现实生活中根本不可能实现，说得直白一些，这不符合社会的规律。

在边缘地带，很多问题是没办法解决的，只要深入基层，就能发现太多左右为难的问题。举例来说，目前一些县城还存在着"黑三轮"，这些三轮车安全性能不高，容易发生事故，依照法规应该取缔。但是，在一些出租车不发达的县城，三轮车能满足市民的出行需求，它的存在有其合理性。更重要的是，许多三轮车车主属于弱势群体，"一刀切"的取缔方式很容易激化社会矛盾，导致群体性事件。"黑三轮"的治理与下岗工人补偿、弱势群体救助等许多社会问题纠缠在一起，非常复杂。

我认为，边缘地带的秩序是一种被迫承认的秩序，我们应当承认边缘地带的灰色属性——许多事物的存在未必完全合法，却已经是合理的选择了。因此，对边缘地带最好的治理方式，就是允许灰色地带存在，但要保证灰色地带的平衡有序，尽量减少矛盾冲突，不要出现群体性事件等严重危害社会的现象。这是边缘地带国家权力无奈却最恰当的治理选择。

很多人不理解，既然不能根除占道经营的问题，城管部门为什么还要来来回回地驱赶小贩呢？道理就在于，城管部门不驱赶小贩的话，这个地带就乱了，就会被弱肉强食的丛林法则所控制。通过驱赶，公权力释放出一个信号：这块地方本不属于你，我只是容忍你暂时在这里活动，但你不能长期占有它，你必须遵守这里的秩序。看似城管和小贩每天都在进行着没有意义的猫鼠游戏，但它实际上维持了这一地带的基本秩序。

只要有社会，就一定会有边缘地带。政府要做的，就是要保证边缘地带的有序。

（原文刊发于《南风窗》2018年第7期）

观世态

论社会议价系统

如何理解社会转型？从基层治理角度看，社会转型一方面意味着新旧社会规范的交替，另一方面也意味着利益重新分配。两相交汇，巨变中的基层社会就像是一个竞技场，不同群体各显神通，争夺属于他们的那份利益。乡土远去，使得地方性规范逐渐解体，情、理、法、力都找到了用武之地；开放社会，使得竞技场门槛较低，每个个体都可一显身手。因此，基层社会既充满活力，却又处处孕育着风险。基层社会权力竞技场是一个讨价还价的系统，议价系统和定价系统相互交织、转化，各个利益主体因掌握着不同的定价权，具有不同的议价能力，而在社会议价系统中占据不同的位置。

一、基层权力竞技者

大体而言，基层社会权力竞技场的竞争者主要包括政府、地方精英、普通民众、"钉子户"及灰色势力。其中：

1. 基层政府：兼具定价者和议价者的双重身份。毫无疑问，在早已完成国家政权建设的今天，基层政府拥有垄断暴力的合法性，且是国家政策的执行者，理所当然是定价者。但又因深深地嵌入基层社会中，且具有自利性，显然它也是讨价还价的一方。只不过，不同历史时期，其在定价者和议价者间的角色定位有所侧重。

2. 地方精英：强有力的议价者，部分地方精英因具备基层政府"代理人"身份而拥有部分定价权。地方精英主要包括经济精英和政治精英,很多情况下,经济精英和地方精英会合流。在诸多农村地区,"富人治村"已是不可逆的潮流,经济精英通过担任村干部、地方人大代表,而在当地的权力竞技场中占据优势。

3. 普通民众:最大多数的议价者,但绝大多数情况下是权力竞技场中的"匿名者"。普通民众是政策执行的对象,也是地方精英主要的议价对象,他们为地方权力竞技场提供资源,却不一定能获得足够的回报。总体上,他们是一群相对被动的议价者,几乎不会公开索求定价权,也不会对定价者发出挑战。

4. "钉子户":少数极其积极的议价者,敢于公开对定价者发出挑战。表面上看,"钉子户"是基层政策执行的阻梗,但他们的本意并非为了获得定价权,而只是为了得到相对公平的议价环境。在基层政府定价权受到极大削弱的情况下,"钉子户"也可能凭一己之力获得暂时的定价权。

5. 灰色势力:地下定价者,经常通过驱赶其他竞价者的形式在竞技场中获得优势议价地位。灰色势力对社会议价系统健康运行产生了极大挑战,也是基层社会权力竞技场秩序动荡的根源。因为灰色势力不仅以禁止竞争者进入权力竞技场的极端形式参与议价,且还或明或暗地争夺基层政府的定价权。

二、权力竞技场的嬗变

在转型期,社会议价系统并未固化、成型,使得定价权和议价权之间并无难以跨越的界限。在一个理想型的现代社会中,国家是合法拥有暴力的唯一主体,也是社会政策的制定者和执行者,理应是权力竞技场的裁决者。但在实践中,国家从未完全垄断暴力,一些社会团体和个人仍可以通过事实上拥有的暴力和决策角色,而在特定领域获得暂时的定价权。比如,由于国家基础能力有限,基层政府不得不寻找"代理人",赋予"代理人"自由裁量权;在极端情况下，基层政府还乐于采用权宜之计，与灰色势力形成默契。甚至于，如果普通民众敢于越线，并有足够的意志力，也可以通过充当"钉子户"角色，迫使基层政府暂时放弃定价权，转而与自己讨价还价。

更重要的是，在基层社会的权力竞技场中，基层政府既是定价者，同时也是议价者。很多情况下，基层政府受自利性驱动，甚至会转让定价权以提高议价能力。20世纪90年代，由于计划生育、乡村教育、水利、交通等公共政策执行力度较大，再加上基层政府主要依靠农村税费征收维持运转，基层治理任务较重。为了调动村干部的积极性，绝大多数农村地区的乡镇政府转让了部分定价权，允许村干部根据实际情况灵活执行政策，从而形成了乡村利益共同体。基层政府议价者色彩浓厚，村干部定价者的角色错位，使得普通民众在权力竞技场中失去了议价能力，相当一部分农民因负担过重而放弃土地外出打工，或集体成为"钉子户"，从而导致20世纪末的基层社会权力竞技场失去活力。

进入21世纪，尤其是农村税费改革以后，基层社会权力竞技场得以重塑，主要表现在两个方面。

第一，基层政府逐渐退居幕后，成为社会议价系统中的定价者。农村税费改革大大削弱了基层政府的自利性，基层政府逐渐从管理型向服务型转变，这客观上为其重新回归到定价者角色创造了条件。而一旦基层政府议价者色彩弱化，地方精英就无法获得授权成为定价者。并且，随着行政理性化进程的开启，社会议价系统中的政府定价权也受到严格规制。典型表现是，在各地征地拆迁过程中，一开始地方政府还延续了过去议价者的角色，积极参与其中。但很快，有经验的地方政府转而运用市场方式，让专业拆迁公司主导议价，而自己转而专注于设计议价规则，监控议价系统的有效运转。特别是以项目制为代表的技术治理，其主要目标也是规避基层政府直接参与议价。通过项目申报、监理以及招投标制度，基层政府在公共服务过程中直接参与议价的空间越来越小。

第二，权力竞技场的议价性质也发生了根本转变。税费改革以前，议价具有剥削性，即议价能力较为强势的一方（基层政府、地方精英和灰色势力）向弱势一方（普通民众和"钉子户"）索取资源（粮食、税费、劳动力等）。双方虽存在激烈竞争，也有诸多讨价还价的空间，但仅仅是索取多少的差别。而近些年来，随着免税及国家涉农资金投入逐年加大，基层社会的权力竞技场本质上形成一种分利秩序，各个利益群体参与议价，是为了分配到更多的资源。哪怕是征地拆迁这种看似存在激烈议价过程的竞技场，虽可能存在利益分配不均的可能，却很难制造真正的利益损害方。因此，当前基层社会的权力竞技场存在两个主要特征：一是其资源容量越来越大，也就意味着竞技者的积极性越来越高；二是由于资源具有公共性，竞技场的开放性更高，每个竞技者都可从中获取机会。

三、基层政府如何摆正角色

当前，在基层社会的权力竞技场中，基层政府的角色虽然在很多领域被限定为定价者，然而，一方面，其定价权直接决定着议价规则，并间接影响着议价各方的实际地位，是社会议价系统的有机组成部分，因此，它很难从讨价还价过程中全身而退。另一方面，在绝大多数时候，基层治理及政策执行充满议价色彩，政府本身就是被诉求对象，是议价一方。因此，当前基层治理面临的难题仍然是，在定价和议价的双轨交汇中，基层政府如何摆正角色？

从竞技者立场出发，在社会议价系统占据较为优势的地位，取得较高的议价能力，接近定价者，甚至变相获得定价权，是一个较优选择。而地方政治精英天然具有这一优势。他们本身就是基层政府的"代理人"，可以通过正式或非正式的手段获得定价信息。一旦他们要与其他普通民众议价，就很容易获得先机。尤其是在项目下乡、土地开发等竞技场中，获取政策信息，甚至是取得地方政府的支持，对提高议价能力极其关键。因此，绝大多数地方经济精英都有竞选村干部和人大代表的动力。已经当选的村干部几乎都不在乎那些少得可怜的工资，甚至还自掏腰包做公益事业，却在乎村干部身份这一无形资产。因此，在田野调查中可以发现，很多村干部都拥有施工队、工程机械，他们抓住了近些年国家向农村大量投资基础设施建设的趋势。再不济，一般村干部也会经营农机、农资、保险经纪人等在农村具有广泛市场的生意，村干部身份无疑为其经营活动加分不少。

哪怕是灰色势力，在依法治国理念越来越深入人心的今天，也有从事正当生意的意愿，因此，他们也愿意通过接近竞价者来获得议价优势。一个有黑道背景，又有正经生意，同时还兼具村干部身份的人，在基层社会的竞技场中，无异于豪强。甚至于，从实用主义立场出发，连基层政府都有意或无意地启用这类人。尤其是在秩序较为混乱、基层治理较为乏力的农村地区，豪强治理的村庄，往往是治理绩效较高的地区。原因似乎也很简单，当前的豪强已无须"与民争利"，他们与普通民众间并无太多的竞争关系，犯不着得罪本村人；但是，在资源下乡的背景下，基层治理的最大挑战恰恰是分配不公，而豪强恰恰可以压服若干"钉子户"的无理要求，保证规则之治，客观上维护了基层政府的定价权。

这便是当前社会议价系统的吊诡之处。过去，基层政府汲取资源并不容易，因而会出让定价权，并在议价过程中形成角色错位。现在，基层政府在自利性几乎消失殆尽的情况下，仍然难以回避议价者角色。简言之，享有定价权是一回事，能否真正实现却又是另一回事。无论是地方精英，还是豪强，其援引定价权的初衷都是为了在分利秩序中占据好位置。因而，在大多数情况下，他们能够较好地实现基层政府的政策意图。问题在于,一旦他们在社会议价系统中占据绝对优势,便很可能挤压普通民众和其他利益群体的议价空间,从而产生有形或无形的反抗。因此,比较合适的制度设计是,基层政府作为社会议价系统的定价者,同时以隐形的议价者身份介入并监控讨价还价过程,以避免个别人事实上掌控权力竞技场的局面出现。

就转型期社会议价系统的有效运转而言,有两个技术要点至关重要。其一,保证各议价者讨价还价过程中的权力在场。少数议价者在社会议价系统中占据绝对优势地位——无论是通过暂时获得定价权的方式,还是通过接近定价者的方式,本质上都是国家基础能力较差的表现。如同保持一个活跃的经济体需避免垄断一样,一个具有活力的权力竞技场也应避免出现垄断。基层政府的定价权不应只停留在制定议价规则上,还应保证议价的平等性、开放性。因此,不仅应防止灰色势力以豪强身份垄断权力竞技场,还应避免地方精英过度挤压普通民众的议价空间。其二,畅通普通民众接近定价者的渠道。让普通民众也可以接近定价者,不仅是为了更好地实现定价权的公共性,还是权力竞技场的重要修复机制。在基层治理中,一些制度需重新认识。比如,信访在社会议价系统中具有举足轻重的作用。基层政府不仅可以通过信访获得社会议价过程的反馈信息,还可为权力竞技场中的失败者提供救济,这是保证社会议价系统健康运行的重要一环。

总之,通过社会议价系统的视角,可以重新审视转型期基层社会的诸多治理现象。首先,可以让我们重新理解世纪之交的乡村治理转型。这一转型的实质是重塑基层权力竞技场,其中的核心内涵是,基层政府逐渐从积极的议价者退居幕后,转而成为分利秩序的定价者。其次,它可以重新解释社会转型的活力所在。进入21世纪以来,中国乡村正经历了百年未有之大变局。在这一巨变过程中,基层社会之所以仍保持稳定且富有活力，很大程度上与当前社会议价系统的开放性密切相关。再次，它是透视当前基层治理问题的一种路径。当前基层治理问题恰恰源自未能定型的社会议价系统。在转型期，治理者与被治理者之间、利益主体之间的边界都不够清晰，越界行为和角色错位时常发生，由此制造了基层失序现象。最后，它是重新审视我国基础治理体制的重要窗口。乡村治理是"乡政村治"的结合体，也是正式行政与非正式行政的交汇处，还是"上面千条线、下面一根针"的接点，这在社会议价系统的意义上，便是定价和议价的交互作用。

（文章删节版刊发于《南风窗》2018年第12期）

社会弹性的制度根源

最近20年时间,我国城市化以平均每年1%的速度增长,2019年已经达到60.6%。可以这样认为,我国在极短时间内完成了从"乡土中国"向"城市中国"的转变。按照现代化理论,这一转变意味着一个全新社会形态的出现,包括家庭小型化、中产阶层的兴起以及陌生人社会的出现。亨廷顿有句名言:"现代性孕育着稳定,而现代化过程却滋生着动乱。"今天我们离全面实现社会主义现代化还有一段时间,但我国在过去几十年的高速现代化过程中保持了政治和社会稳定,这无疑是一个奇迹。

一、保护性城乡关系的形成

这一奇迹源自何处?从社会学的角度看,我国政治和社会稳定源自社会弹性。如果深入到我国社会运行机制的内部,那些被普遍认为是制造了社会刚性的制度,恰恰是我国社会弹性的根源。简单来说,城乡二元结构并非一个完全割裂的社会经济体系,而是对立统一的体制——这就意味着,过去我国社会的问题和奇迹很可能出自同一根源。

城乡二元结构最让人诟病的是,它制造了城乡不平衡发展。确切地说,过去的国家建设是从农业和农村汲取资源服务于城市和工业的发展。据相关部门测算,1953—1978年计划经济时期的25年间,工农业产品价格剪刀差总额估计在6000亿—8000亿元,这完全源自统购统销等经济政策。哪怕是在改革开放后，我国还通过征收农业税的方式来服务城市和工业发展。为了实现农村的赶超发展，"三提五统"更是让农民负担逐渐加重，在20世纪90年代中后期出现了"三农"问题。然而，进入21世纪以后，中央在短短几年内启动了农村税费改革，最终在2006年全面取消了农业税。与此同时，通过财政转移支付等政策设计，我国进入了"以工补农、以城带乡"的时代。时至今日，我国城乡二元结构并未根本改变，但城乡关系却发生了巨大变化。简单来说，随着农村教育、医疗、养老等社会保障体系的全覆盖，以及交通、电力、水利等公共设施的大规模建设，农村正在享受城市化红利。

今天看来，当年的"三农"问题和今日的城乡融合发展，其实都是在城乡二元结构的框架内产生的。本质上，城乡之间确实存在两种结构。首先，两者的社会性质不一样。农村是一个熟人社会，同质性较强，有较强的地方性规范；而城市则是陌生人社会，异质性强，主要靠正式规范维持秩序。其次，两者的经济形态存在差别。城市的市场经济较为发达，且正规经济占据主导地位；而农村还存在较多自给自足的经济成分，非正规经济较为庞大。最后，两者的治理体系迥异。本质上，城市体制是一个典型的行政管理体制，绝大多数社会事务被纳入市政范畴；而村庄至今为止都是一种自治体系，人们需要自我管理、自我服务。

人们所诟病的城乡二元结构，其实是"二元体制"。这是因为，二元结构是一种客观存在，并无优劣之分，本是多元社会的自然表现；但二元体制则是一种社会设置，涉及城乡的功能地位、资源配置和制度安排等一系列命题。问题在于，如果把城乡差距视作二元体制，那么，这种差距是可以改变的。而事实上，当前的城乡二元体制确实是从剥削性的城乡关系转化为保护性的城乡关系。

城乡二元体制主要表现为两个方面：第一，城乡土地二元体制。

尽管我国土地都属于公有制，但城市土地属于国有性质，农村大部分土地则属于集体性质，土地价值和用途都有所不同。改革开放以后，随着城市化的发展和土地财政的形成，城市国有土地享有了绝大多数土地收益，而集体土地的市场价值明显较低。第二，城乡二元户籍制度。相较于城市户口，农村户口难以享有一系列较高水平的社会保障及公共服务，直到20世纪90年代，"农转非"仍然是许多农村人的梦想。与户籍制度相对应的是，城乡之间的人口流动受到严格限制，农村人口很难在城市就业、定居。

这种城乡二元体制是服务于现代国家建设及城市化战略的制度安排，人为拉大了城乡差距。城市从农村汲取人才、土地、农副产品等资源，却限制了农村人口享有城市较高水平的公共服务。并且，因城乡二元结构的存在，人为制造了城市人与农村人的社会阶层分化。改革开放以后，城乡二元体制逐渐松动，人口流动障碍逐渐消除，沿海城市的产业工人主要来自农民工。即便如此，农民工的工资、福利待遇并未获得相应保障，乃至于其在城市的居住、就业仍然受到严格控制。因此，城乡二元体制虽打破了城乡间的物理界限，但其矛盾却仍存在于城市内部。

然而，进入21世纪以来，城乡二元体制发生了本质转变。应该说，今天的农村很难说是落后的代名词，农民也不一定是所谓的"二等公民"。第一，国家不再从农村收取税费，反而通过"以工补农、以城带乡"的战略向农村转移资源。因此，城乡关系不再是单向性的，而是双向互动的。进入21世纪以来，流动人口管理的开放早已在事实上宣告农村人口有了自由迁徙权，农村人口流动到城市基本上不存在障碍。更重要的是，户籍壁垒逐渐被打破。一方面，城市户口中所包含的针对农村人口的居住、就业、社会保障等歧视性内涵逐渐在消除，农村人口在城市定居已不存在无法消弭的障碍。另一方面，农村户口逐渐享有了医疗、养老等社会保障，且其标准逐渐提高。当前正在推动的户籍制度改革，其最终目标是完全消弭城乡互动藩篱。

第二，城市不再依赖于从农村汲取资源来实现城市化和工业化，农村反而从城市获得了越来越多的资源转移，部分农村人口出于征地拆迁等原因获得了比普通市民多得多的利益。在这个意义上，21 世纪的农村和农民分享了越来越多的城市化红利。另外，现有的城乡二元体制存在保护农村的制度成分，使弱势农民免遭剥削。客观上，国家的农业补贴政策和限制工商资本下乡政策相互配合，事实上是将较为稳定的农业收益留给农民，从而保护那些出于各种原因而不得不继续务农的弱势农民的利益，使之免遭激烈市场竞争的冲击。

今天看来，城乡二元结构的客观存在，以及城乡二元体制性质的转变，构成了一个富有弹性的多元一体的经济社会体系。这个体系意味着，城市是发展极，负有拉动经济增长、提高国家竞争力的任务；农村是稳定极，是保障粮食安全、维系农民家庭再生产的场所，负有化解经济动荡、维护社会稳定的责任。城乡之间一静一动、一阴一阳，相互配合，恰恰是我国快速稳定发展的结构密码。

二、以代际分工为基础的半工半耕体制

得益于我国农业生产的家户制传统、社会主义集体所有制及市场经济在农民家庭内部的有效结合，我国富有弹性的多元一体的经济社会体系在微观上主要表现为以代际分工为基础的半耕半工体制。

家庭是我国社会的基本单元，家庭内部的性别分工和代际分工为农业生产效率的提高提供了保障。传统意义上的"男耕女织""男主外、女主内"，实际上是一种劳动分工。随着农业生产条件的改变以及打工经济的兴起，老年人可以在家务农，而青壮年劳动力则可以在城市务工。由此，家庭内部形成了相互配合的"城乡二元体制"。首先，家庭内部的年轻夫妇和老年人的收入、支出单独核算。

其次，家庭内部分工明确，老年人在农村从事农业生产，主要功能是实现养老、抚养小孩等家庭再生产；年轻人在外务工，主要功能是谋求家庭长远发展。最后，家庭内部二元制的终极目标是一元制，年轻夫妇如果在城市奋斗成功的话，可以实现全家进城的目标；如果进城失败，则可以退回农村。

农村集体所有制尽管是公有制的一种表现形式，却不同于国有制，现在在一定程度上是城乡二元体制的制度红利。众所周知，我国城市化的快速扩张，与集体所有制有密切关系。正因为农村土地是集体所有而非私有财产，各级政府可以低成本、高效率地实现土地城市化。并且，绝大多数城市化过程中的征地拆迁并未损害农民利益，反而获得了大多数普通农民的支持，为人的城市化提供了极大空间。因此，城市这一增长极的凸显，其隐蔽的制度基础是农村土地的集体所有制。同样众所周知的是，农民工是中国制造得以实现的主力军，这也与土地集体所有制密切相关。客观上，农民工为城市工业发展提供了廉价且高素质的劳动力。在社会保障不健全、工资待遇较低、劳动条件较差的情况下，大多数农民工还能在城市安心务工，其重要条件是进城务工者保留了集体成员权。它意味着，土地集体所有制客观上具有了社会保障功能，使得年老的农民工即便没有社会保障，也可以回到农村依靠土地养老。更重要的是，集体成员权使得农民具有极大的关于进城与否的自主权。相较于第一代农民工，第二代农民工的社会保障、劳动条件和工资待遇上等已经得到了大幅度提高。当前，返乡创业与进城务工都是农民工的重要选择。

富有弹性的经济社会体系，为进入21世纪后"三农"问题的解决和现代化进程的加速提供了广阔空间。2008年美国金融危机爆发，我国东南沿海和长三角地区以外贸为导向的工业受到冲击，大约2000万农民工因经济不景气失去工作或没找到工作被迫返乡。中央为了应对金融危机，出台了 4 万亿的经济刺激计划，缓解了金融危机的冲击。各级地方政府也采取了职业技能培训等举措，来应对大规模农民工返乡的问题。事后看来，约占总数 15.3% 的农民工返乡，几乎都被制度化了的半工半耕结构有效吸纳了，并未造成社会问题。保护性城乡二元体制恰恰是中国成功应对金融危机的结构性因素。

保护性城乡二元体制意味着存在两套经济体系，即进城务工的市场经济体系和留守农村务农的自给自足的小农经济体系。通常认为，相对于市场经济，小农经济是落后和无效率的。但是，就我国城市化进程而言，适当游离于市场经济体系之外的小农经济，不仅是有效率的，还具有意外的社会功能。其一，我国小农经济的主体是老人农业。老年人在市场经济体系中已不属于优势劳动力，被天然认为是需要退休的人群，他们参与小农生产，反而是对劳动力资源的最大化利用。其二，以代际分工为基础的半工半耕，意味着家庭是衔接两种经济体系的核心机制。换言之，一旦进城务工的年轻人遭遇市场经济冲击，成为经济危机的受害者，他们便可以通过家庭机制获得小农经济保护。故而，以家庭为基础的小农经济，使得农民工成为并非真正意义上的工人阶级，他们不存在失业问题。

保护性城乡二元体制还塑造了有保护色彩的农村社会结构。大致说来，当前我国的一般农业型地区由四类农户构成：进城户、中坚农民户、半工半耕户、老弱病残户。其中，进城户属于市场竞争的优胜者，他们已经在城市扎根，较为稳定。中坚农民主要依靠流转土地或从事副业，从而获得与务工人员不相上下的收入。半工半耕户和老弱病残户都或多或少地有务农收入，只不过，前者的务农收入基本上可以维持家庭再生产，而后者则不太可能。这些农户类型，其阶层分化不明显，且具有相互转化的可能性。简言之，城乡之间已不存在不可跨越的鸿沟，农村人转化为城市人的机会并不少；而农村社会内部分化主要源于家庭生产周期，并非不可逆。

三、农村是社会弹性之源

按照经典社会学理论，社会阶层的分化是职业、教育、财富等综合因素造成的结果。从改革开放 40 余年中国社会变迁的轨迹看，所有这些因素都随着市场转型而来，市场机会的增加是社会弹性的经济基础。其最为直观的结果便是，当前的城乡二元体制已不是刚性结构，而是一种弹性结构。农民既有进城的自由，也有返乡的权利。一方面，市场经济的发展让农民进城越来越自由，客观上促使越来越多的农民转化为市民。另一方面，通过节制资本和政策保障，大多数农村资源留在农村，为农民返乡留有巨大空间。如此，农村并非"底层"，而是成为充满多种可能性的战略空间。我国存在一个庞大的受保护的农村，并非现代化之耻，而是现代化之幸。它使得绝大多数农民都获得了在城市化进程中向上流动的机会；即便未能上升，也存在极大的弹性空间，在农村体面生活，等待时机继续上升。

无论是在理论上还是实践上，社会稳定都不意味着社会危机的解除。恰恰相反，超刚性的社会稳定很可能孕育着社会危机。过去一些年，社会学家曾用"倒丁字形结构""断裂社会"等概念描述迅速城市化的过程中所催生出的新社会形态。在这些理论看来，我国在城市化过程不仅未能形成西方意义上的"橄榄形社会结构"，反而制造了一个刚性的社会结构，如阶层固化、寡头统治等。最近几年城市白领阶层亦弥漫着一股阶层固化的焦虑，似是印证了这些观念。

应该说，有关社会结构刚性有余、弹性不足的观察有一定道理，亦有一些经验证据。这其中，最让人印象深刻的是城乡二元结构。一般人都认为它制造了一个庞大的社会底层，使之无法顺利向上流动，而这也是"倒丁字形结构"或"断裂社会"的罪魁祸首。但是，从实践逻辑看，这一解释显然有失偏颇。从历史比较看，当前的社会流动比过去方便得多。哪怕和 20 世纪八九十年代比，当前的社会流动也频繁得多。农民进城的渠道越来越多,且几乎破除了身份障碍;通过教育的阶层晋升亦顺畅许多,乃至于我们客观上已经有了一个较为庞大的中产阶层——这部分人群,不仅包括体制内的人员,还包括庞大的在市场竞争中获取较为稳定地位的白领阶层。从现实看,我国的社会转型还未完成,当前的社会结构处于变动过程中,仍存在诸多变数。这一变数,也许是向着阶层固化而去,但也可能是提供更多的机会让社会弹性更足。当务之急是,如何将我国社会中由保护性的城乡二元体制提供的弹性因素延续下来,而不是消除它。

乡土本色

费孝通先生的一本著作当中，用了"土地束缚下的中国"这个书名。用此书名，对于描述传统时代的"鸡犬之声相闻，老死不相往来"的乡土中国的面貌，应该是很贴切的，它表达的是乡土中国是如何建立在自然经济基础上的。费先生在本书之"乡土本色"篇中，更为具体地描述了农耕文明对于乡土中国的重要性。在他看来，直接靠农业谋生的人是黏着在土地上的、以农为生的人，世代定居是常态，迁移是变态，人和人之间在空间排列上是孤立和隔膜的，而这以作为乡土社区单位的村落为基础，乡土本色是区别乡土中国与游牧社会及陌生人组成的现代社会的关键词。

不过，进一步讨论乡土中国的图景，却会发现，费先生对于乡土中国的描述在很大程度上掩盖了以乡土中国特征为基础形成的农业中国在各个区域间的巨大差别。需要讨论的是：传统的中国农民在多大程度上受到土地的束缚？黏着于土地的形式在各个地方社会中存在什么样的差别？实际上，作为三家村的村落和几千户的大村落，其内部的人际关系及社会构成完全不同，呈现出来的乡土性也不尽相同。费先生提及四川山区种梯田的地方，大多数农民是聚村而居，与一户人家为一个单位的美国乡下构成不同，从而形成中国特有的乡土性。

一、土地与市场

但是，同样是在四川，川西平原上的农民，其聚居的程度与山区的农民会有很大不同。川西平原聚居的基本单位是"院子"，无数的院子散落在川西平原上，却在相当大程度上相互保持孤立和隔膜，可以这样认为，川西平原上的农村，或许只有院子而无村落。院子是一个非常小的聚居单位，多则十余户人家，少则三五户人家，并且基本上都由杂姓构成，换言之，院子内部的社会关系很大程度上只是地缘关系基础上的"邻居"，而没有形成牢固的血缘关系基础上的"家族"。极小的聚居规模以及血缘和地缘关系的分离，使得院子不太可能成为一个相对完整的功能单位。在这种情况下，川西平原上的农民就有可能超越院子及村落，将其生活的触角渗透到比村落高一层次的集镇上。美国学者施坚雅研究了中华人民共和国成立前川西平原上的市场体系在农民日常生活中的重要作用，提出了"市场体系论"，对于理解川西平原上的农村而言，是有道理的。实际上，川西平原上的农民对于市场的依赖的确比对作为地缘和血缘共同体的村落的依赖来得重要得多。中华人民共和国成立前川西平原上的集镇有两个独特场所：一是茶馆，二是帮工码头。前者在社会交往中起到关键作用，后者在小农生产中起到重要作用。如此，川西平原上的农民，已经深深地卷入市场体系当中，既束缚于土地，却又脱离于乡土而融入市场，如此形成的乡土性，可能已不是费先生所描述的那样了，至少，被市场所切割的川西平原上的乡土社会，是否有相对完整的乡土本色，是值得讨论的。

费先生在《江村经济》中所研究的20世纪30年代的太湖沿岸农村，市场化程度估计一点也不比川西平原上的农村低，但所表现出来的乡土社会的图景却似乎很本色。费先生讲述的一个故事令人印象深刻：江村的农民相互之间很少在家门口进行市场交换，而会不辞辛劳地到集市上去交换。费先生解释道，如此大费周章是为了避免市场交换受制于熟人社会的规则，换言之，集市本身具有陌生化的效果。在太湖沿岸的农村，村落社会中的生活规则与集市中的市场交往规则是并行不悖的，乡土生活与市场生活有较为明晰的界限，在这种情况下，集镇本身无法如川西平原上的集镇一样深深地嵌入到人们的日常社会交往中，人们的日常社会交往也不会进入集市。如果换一个角度，关心集镇本身，那么，太湖沿岸的集镇更具商业气息而缺少乡土性，而川西平原上的集镇更具乡土性而商业气息较淡。如果从江村的经验上去看当时的中国农村，乡土本色仍然是毋庸置疑的；不过，把川西平原的农村与之比较，却很可能引发众多的思考，的确，各个地方社会乡土本色的表现以及乡土如何保持本色是很不一样的。

从土地的束缚程度上看，无疑，川西平原上的农民和太湖沿岸的农民对于土地的束缚极不一样。川西平原的土地集中程度极高，大量土地掌握在不在村地主手中，并且地主具有完整的土地所有权（包括拥有附着于土地上的房屋），分散的佃户流动性极大，佃户并不固着在特定的田块上，这也就是川西平原上的院子地缘关系和血缘关系相对分离的原因。太湖沿岸的土地兼并程度也不低，不在村地主在《江村经济》时代也不少，但是，土地被分成田面权和田底权，而且农民具有永佃权，在这种情况下，农民很容易固着在特定的田块上，当然也容易由此产生血缘和地缘相重合的乡土社会。从这个意义上看，太湖沿岸农民的土地束缚要比川西平原来得高，由此形成的乡土社会更具有乡土本色。

从市场经济的渗透来看，20世纪30年代的太湖流域显然要比川西平原厉害。20世纪30年代的江村，手工业已经相当普遍，农产品的商品化程度极高，并直接受到国际市场价格的影响，还有不少村民前往城市务工，但是，强烈的土地束缚仍然使得乡土社会维系着熟人社会的规则；而川西平原上的农村，尽管市场化程度远不如太湖流域的农村，但是，分散而流动的佃户之间无法形成较为固定的共同体，个体之间的交往在相当大程度上要求助于市场体系，换言之，地方性的市场体系已经渗透进了人们的日常生活，尽管地方市场纳入国际市场体系的程度并不一定很高，农产品的商品化程度也不高。显然，土地束缚的形式和程度的不同，导致了乡土本色的表现不尽相同。

二、血缘与地缘

或许，有两个地区的乡土社会更加贴近费先生的想象，一是华北农村，二是华南农村。无论是华北农村还是华南农村，村落共同体的特征都比别的地区表现明显。不过，即便如此，华北农村和华南农村的差别却同样明显。无论是华北还是华南，血缘和地缘关系的重合都表现得比较明显，但是，从村落社会的形成机制来看，两种关系在村落社会关系中的比重却并不一致，总体上看，华北的村落社会主要是从地缘关系上延伸开来的村落共同体，而华南农村则主要是从血缘关系上延伸开来的村落共同体。

从既有的研究来看，华北农村的地缘性社会组织在村落社会中起到关键作用。以用水为中心，围绕着生产用水问题，形成了由地方士绅组成的水利管理组织；而围绕着生活用水问题，则形成了水井文化。此外，处理村落社会内外关系的地方民间组织，还存在别的性质的民间组织，比如祭祀组织。水利社会的特征不是血缘关系的表现，而是地缘社会的表现。华北农村较大比重的自耕农，对这种以地缘关系为基础的村落共同体的形成起到了基础性的作用。大量的自耕农可以导致两种后果：一是难以形成联系极其紧密的大家族，客观上不具备形成以共同财富为基础的血缘共同体的条件；二是形成了个体农户之间的合作，并以此为基础形成了村落共同体。华北农民没有如川西平原上的农民一样寻求于市场介入，而是求助于相互之间的合作，原因不仅在于他们因土地束缚更为深入，容易聚居，从而具备合作的基础，还在于其自然条件特别是水利条件较差，迫使分散的小农必须合作，形成水利社会。受惠于良好的自然条件特别是都江堰水利的川西平原上的农民，他们相互之间合作的紧迫性显然并不如华北农民那么迫切。

如果说华北农村的村落共同体是由地缘关系上分散的小农出于合作的需要而形成的话，那么，华南农村的村落共同体的形成则遵循着另外一套逻辑，即宗族。华南农村中占极大比重的土地集体所有性质的族田，使得以财富为基础的血缘共同体表现得更为彻底，每个人都生活在祖荫下，族田对于族人而言具有福利性质，聚族而居的聚居方式表现得极其彻底，人们可以几十年甚至几百年居住在祖房里。祖荫下不仅表现在信仰系统上，还表现在现实生活当中，因而华南农村以血缘为基础的祖先崇拜相对以地缘为基础的地方神灵信仰而言，显得更为重要，作为祖先崇拜组织单位的宗族也要比地方祭祀的民间组织来得重要。

从一定意义上看，华南的农民与华北、川西平原和太湖流域的农民都不相同，如果说其余地方的农民都是较为彻底、分散的小农的话，那么，华南的农民则在一定意义上有相对强大的集体的荫庇，组织化程度较高。不过，就地方社会的乡土性而言，华南的乡土社会相对于华北而言，其本色也并不一定就较为彻底，甚至也不一定比别的地方社会彻底。与川西平原、华北平原和太湖流域不同，华南的广大地区土地稀少，单单靠土地的产出并不能维持农民的基本生活，由此，华南农民兼业的程度估计比任何地区都高。川西平原的富庶，使得农业的产出足以让大部分佃户维持并不算低的生活水平；华北平原上的广袤土地，如果不是遇到天灾人祸，其产出也可以维持人们的生活；而太湖流域则在人多地少的情况下，较早通过市场化的方式（包括农产品的商品化以及工业化）松解了人地关系紧张所带来的矛盾，从一定意义上看，仍然是通过土地的产出解决了人们的基本生存问题。而八山一水一分田的地貌以及远离市场中心的状况，则使得华南地区相当部分的农村既无法通过土地产出本身来自给自足，也无法通过农产品的商品化来缓解生存压力，农民唯有通过土地之外的兼业来维持基本生活。就整个地方社会而言，农业之外的兼业（比如与林业相关的产业和商品流通业）维系了华南的乡土社会。

在华南农村，保持宗族社会存在的基础是族田，但是，真正维持宗族活力和家庭再生产的可能是兼业。也正因为此，华南地区的村落共同体呈现出与华北完全不同的状况：在族田的基础上，华南宗族村落的整合程度极高，差序格局的表现极为明显，也相对封闭，村落之间的孤立和隔膜要比华北彻底；但是，另一方面，兼业的发达使得村落社会与整个地方社会联系极为紧密，甚至直接面对世界。华南的村落社会面对的是较为虚幻的市场与地方社会，而华北的村落社会面对是实在的村落之间的关系，典型地表现在水利社会的特征上。华南的宗族社会可能是最接近于乡土本色的，但是，从土地束缚的程度上看，却可能是最脱离于土地束缚的地方社会。

传统中国的确是在土地束缚下的，但是，土地束缚的表现形式和程度却在各地表现不一，由此，乡土本色的表现和产生的逻辑也不尽相同。更让人感兴趣的是，乡土本色不尽相同的地方社会在面对城市中国，面对乡土即将褪色之时，其表现方式和逻辑又会呈现出哪些不同？

（原文刊发于三农中国网站 2007 年 10 月 29 日）

城镇化进程中的乡土传统

一、保守的城镇化道路

改革开放40多年来，我国的城镇化道路是比较保守的，表现为乡土传统对城镇化的限制，城乡之间并非对立关系，也未形成等级秩序。笼统地讲，保守的城镇化道路有两种模式：一是"离土不离乡"的小城镇发展模式，二是以代际分工为基础的半工半耕模式。

20世纪80年代形成的"离土不离乡"格局，意味着农村城镇化只是在生产方式上发生了改变，乡土生活方式并没有产生根本改变，家庭和村落都很完整。村落作为生产生活的一个共同体，基本上没有受到破坏。

"离土不离乡"的生产模式在某种意义上反而有利于乡土社会的再造。事实上，20世纪80年代传统文化的复兴跟这种经济模式有密切的联系，一些经济社会学的研究证明，乡镇企业的发展与村落、宗族等传统社会网络之间有共生关系。站在乡土传统的角度上说，当时城镇化路径是一个非常好的方式，虽然保守却能跟现代化过程相结合。不过，纯粹从经济发展角度来讲，这种方式显然有它的局限性。所以，到了20世纪90年代，乡镇企业开始进行大刀阔斧的改革，绝大多数企业实现了私有化，与此同时，大城市化发展战略取代了小城镇发展战略。这导致了20世纪90年代大规模民工潮的出现。

大城市化发展战略形成了以代际分工为基础的半工半耕模式。

意思是说，城乡二元结构已经体现在家庭代际关系中，年轻夫妇在外打工，融入城市生活体系中，老人和小孩在农村，仍然从事小农经济生产，家庭再生产仍然保留在农村。它不是一个完整意义上的城镇化，因此仍然是比较保守的，但是它比"离土不离乡"的生产模式要更进一步。与小城镇发展战略相比，大城市化战略中的以代际分工为基础的半工半耕模式具有两个鲜明特征：（1）家庭已经分化为几个生产生活单位，甚至有几个会计单位，家庭生活已经被撕裂了，村落也不再完整。（2）这种城乡二元结构富有弹性，家庭内部的几个单元是相辅相成的，可以相互沟通、相互衔接。年轻人在外打工如果成功，可以完全融入城市生活体系中；如果不成功，还可以回归村庄，家庭生活终究是可以完整的。

从政策上说，这种不完全的城市化模式是很要不得的，因为农民工不是真正意义上的产业工人，与资本主义生产体系并不相配。更为重要的是，这种模式仍然保留了城乡二元结构，这或许意味着城乡之间不平等的等级秩序仍然保留了下来。但是，从城镇化的中国发展道路角度上说，我们觉得这其实是非常好的方式。这是为什么呢？因为农民工恰恰为劳动密集型产业提供了廉价劳动力，这是产业工人所不能比拟的。况且，当前的城乡二元结构与中华人民共和国成立初期有根本差别，它富有弹性，对农民起到了保护（而非剥削）的作用。从国家发展战略的角度上说，正因为我国存在半工半耕的农民工，才使得我国经济在高速发展的同时，仍然保持了社会稳定。即便国际金融危机对若干产业造成冲击，却并不影响社会稳定；农民工在城市失业了并不是什么大事，"大不了回家种田"，还可以顺便过上完整的家庭生活。

二、城乡二元结构的优势

当代中国城镇化进程中的乡土传统，不是被改造、被消灭的对象,它完全可以适应现代性,在现代化进程中再造;它甚至是现代化建设顺利进行的稳定器和蓄水池。在这个意义上,应该从更加积极的角度审视城乡二元结构,警惕城乡一体化想象之下的激进城镇化道路。

很少有人去考虑我们现在表面上不合理的城镇化道路,它的合理性在什么地方。从民俗传统角度去考虑的话,富有弹性的城乡二元结构是真正的城镇化的中国模式。因为,与西方国家充满血与泪的城市化道路不同,中国的城市化过程富有乡土气息,并且在一个资本主义市场体系里非常有竞争力。比如,华西村是市场经济的样板,但实际上它骨子里面很传统,保留了村社共同体,也保留了共有制和家长制。有研究表明,恰恰是保留了集体主义传统的村庄,在市场经济中成为赢家,反倒是那些迷信私有制和现代企业制度的企业成了市场经济的输家。

城乡一体化当然不是指回归到农业社会,而是要建立城市主导的单一结构、一元制度的社会。这是一个理想的目标,但不现实,因为我们的经济体量还达不到支撑起城乡一体的社会福利体系的条件。在没有条件的情况下强力推行一元制度,有可能得不偿失。制度上的城乡一体化努力,前提是要适应弹性的城乡二元结构,要避免因为改造城乡二元结构而丧失弹性的制度优势。比如,我国的人口老龄化虽然已经到了必须作出政策反应的时候,但是与别的国家不同,因为有城乡二元结构,我国农村的家庭养老仍然发挥着基础作用。如果罔顾现实,按照福利国家的想象来建立社保体制,就太过于激进了,很可能摧毁家庭养老的制度优势,使其一去不复返。而新的社会保障制度还不一定能够解决严峻的养老问题。

从某种意义上看,现在的体制实际上是最适合我国国情的,尽管它有很多问题,但也解决了一些非常战略性、根本性的问题。为什么说农村是城镇化和现代化的稳定器和蓄水池?它的根源就在于,二元体制保留了乡土传统，保留了传统的稳定的社会结构，在政治上发挥了非常重要的支撑作用。

三、再造社区

在保守的城镇化道路下，如何再造村落传统？当前的社区建设包括两种类型：一是村落为了适应现实情况，借用现代性的元素重建社区，新的社区仍然保留了原有的自然景观和社会结构。很多乡土传统深厚的地方，通过"宗族理事会"等力量主导了新农村建设，国家政策被传统成功地消化掉了，就属于这一类型。二是在资本和政府的推动下，村落被动地纳入了城市化进程，村落传统发生了断裂。"逼农民上楼""平坟运动"等现象，都属于这一类型。假如说社区建设具有城镇化的内涵，那么，前一种社区建设方式是保守且可以再造传统的，后一种则是激进且会撕裂村落的。

赣南的新农村建设经验很值得借鉴。赣南村落里的老屋，比如围屋、土楼，融神圣性于自然、生活之中，长期以来，老房子一般是不拆的，只能维修，久而久之，村民都在老屋周围建新屋，老屋反而荒废了，形成了空心村现象。农民具有强烈的重建新村的意愿。赣南的新村建设与其说是政府主导下的社区建设，还不如说是宗族主导下的村落重建，宗族理事会代行了社区建设理事会的功能。很显然，这种社区再造的过程是乡土性的，社区建设的结果也必然会保留共同体的内涵，村落的家庭结构、社会结构都不会改变，政府在其中只是起辅助作用。

河南周口的"平坟运动"却值得反思。丧葬制度是村落传统最重要的载体，一系列的丧葬仪式不仅表达了人们的情感，且形成了一整套的村落交往规则。中原地区盛行土葬，人们极为反对火葬，强行推行火葬造成了民俗的断裂。为了避免政策干预，当地民众不能大张旗鼓地操办丧礼，只能在晚上偷埋，偷埋之后，过两年再举行二次葬仪式,这当然会对村落社会关系造成非常巨大的冲击。我们在调研时听到一个黑色幽默:有两个老人走在街上,其中一个老人病了一段时间,十几天没在村里露面了。十几天之后他出来了,另一个说:"我们所有人都以为你死了,你怎么还出现呢?"河南农民在抵制火葬中发明了二次葬,或许是当地传统的再造,人们仍然可以垒个坟寄托哀思,但"平坟运动"却有可能进一步摧毁这一传统的再造。

周口地方政府"平坟"的政策动机是通过土地制度中的增减挂钩政策,获取更多的用地指标,以此推行工业化、城市化建设。这与山东一些地方政府强推的"赶农民上楼"政策如出一辙。现有的土地政策只从城市化、工业化的角度去考虑,但土地承载的社会意义或许是更为根本的。所谓的乡土传统、乡土文化、乡土社会,根源就在于人与土地之间、人与自然之间需要密切交流,传统的土地制度本质上是一种共有制,它是村落共同体的基石。一旦土地政策倒向大城市大资本,就必然会出现"平坟""逼农民上楼"的极端状况,这种情况下的社区再造,是在撕裂人们的生活和村落的传统。

从社区再造的角度上说,需要警惕的是生造式的城镇化,在不符合农民意愿的情况下再造社区,显然过于激进。而只要是符合农民意愿的,都是保守的城镇化。比如,江汉平原一带的农村,由于村落发育不是非常成熟,呈现出散居的格局,农民的乡土观念并不是根深蒂固的,因此他们很容易接受城镇化的想象,主动选择放弃村落。与此相类似的是,东北的一些农村地区,年轻人结婚的前提是在城里面有一套房,他们也主动实现了城镇化。不过,即便是保守的城镇化,也需要重视乡土传统对缓解社会问题的作用。在城镇化过程中,"一对一"式的征地拆迁补偿谈判机制,很容易消解村民之间的信任关系,而征地拆迁到哪里,"黄赌毒"等丑恶现象就跟随到哪里,几乎成为一个普遍规律。这些问题的解决途径都需要在政策推行过程中最大限度地保护乡土传统。

从某种意义上来看,城镇化不是要不要的问题,而是选择哪一种城镇化路径的问题。我们需要保守的城镇化战略以适应乡土传统和村落结构,让社会转型转得平和一些,这是我们做民俗学和社会学研究大有可为的地方。

(原文刊发于《民俗研究》2014年第1期,原标题为《撕裂中的再造——城镇化进程中的乡土传统》)

解决基层政权衰退的核心

一、基层治理现状

就基层治理的样态而言,世纪之交的税费改革是一个明显的分界点。

简单地说,税费改革之前,也就是20世纪90年代的乡村治理危机,是由农民负担问题引发的,与之相关的是机构臃肿、基层政权腐败等问题。税费改革尤其是免除农业税之后,基层治理的问题主要是由征地拆迁和维稳等政策引起的,是城镇化与国家治理转型过程中,基层行政无序的问题。

两个时期的基层权力衰退,发生的领域不一样,且无必然的逻辑关系,但最终表现却是一致的:干群关系紧张。

这就不得不引起人们的深思:为何干群关系紧张的局面难以处理?

按照税费改革及乡镇综合配套改革的设想,税费改革已经将基层政权加重农民负担的途径釜底抽薪了,乡镇综合配套改革的目标也是要将乡镇政府建设成为公共服务型的政府。就国家与农民的关系而言,学者们主要担心的并不是乡镇政府继续剥夺农民利益的问题,而是乡镇政府变成"悬浮型"的政权之后,基层无法有效提供公共品供给的问题。很多经验也证实了这一判断,部分乡镇政府由于缺乏行政资源,只能变成"维持会"。近些年基层权力衰退的情况与这个背景有关。

"争资跑项"代替"要粮、要人"（农业税费征收、计划生育）成为乡镇政府的中心工作，造成了两个后果：一是基层政权在日常治理过程中几乎失去了与农民联系的纽带，无法有效掌握民众的所思所想，也不可能有效回应群众需求，因此，相较于税费改革前，基层干群关系弱化了不少，民众对基层政权的怨气主要是基层政权的不作为问题；二是基层政权为了实现"争资跑项"的目标，又不得不在特定时期完成征地拆迁工作，因此，"事件性"治理是不可回避的。

这很容易让民众对基层政权产生一种看法，即需要农民利益的时候，基层政权变得积极起来；一旦不需要农民利益，基层政权就本能地躲避治理责任。可想而知，民众怎么可能理解、配合基层政权的中心工作？当基层政权本身具有"厂商"性质时，官民之间的讨价还价以及纠纷的产生就几乎是必然的了。

此外，表面上看，税费改革后的基层政权转变成了一个服务型的政权，但是，其在政权体系中的地位并没有改变。简言之，在压力型体制并未根本改变的情况下，基层政权的行为逻辑很大程度上取决于上级的考核。在 GDP 考核并未根本改变的情况下，就不难理解地方政府为何急于招商引资，几乎所有的强拆事件都与此有关，"宜黄事件"就是一个典型。

在计划生育的国策并未发生根本改变的情况下，基层计生部门就不能不认真对待计生检查，或者认真应付，依靠造假蒙骗过关，或者铤而走险。比如，陕西安康县的基层计生部门，为了摘掉黄牌，闹出矛盾。在维稳变得越来越重要，甚至成为影响基层政府政绩关键指标的情况下，我们就不难理解基层为何不惜一切代价"截访"了。2010 年江西抚州发生了"宜黄事件"，宜黄县相关部门冒着必遭媒体谴责的后果上演"机场截堵""医院抢尸"的闹剧，原因是他们清楚地知道，遇害者家属赴北京上访且造成不良的社会后果对他们而言意味着什么。

总体上看，世纪之交的基层治理转型远未成功。税费改革虽然切断了基层政权直接向民众汲取资源的渠道，却也同时消解了基层政权积极参与乡村治理的动力。因此，基层政权转变为公共服务型的政府，既无资源，也无动力；同时，基层治理模式并未改变，基层政权仍然在压力型体制下运作，其日常运转仍然依靠中心工作的方法来维持。虽然税费征收退出了基层政权的中心工作，但却增加了维稳和招商引资的任务。而恰恰是这两项新的中心工作，导致了基层权力的衰退。

二、基层权力衰退的基本逻辑

那么，这些年基层权力衰退的基本逻辑是什么呢？它与20世纪90年代的乡村治理危机有何差异？

简言之，20世纪90年代的基层权力衰退，是在干群关系过于紧密的情况下，处于强势地位的基层政权不断侵蚀社会利益的结果；而近些年的基层权力衰退问题，则是在基层治理能力不足的情况下，无法真正满足民众的公共品供给需求导致的结果。这一逻辑的变化，是基层治理转型的必然结果。

20世纪90年代的乡村治理，无论是税费征收还是计划生育工作，绝大部分民众都是被治理者，且治理过程与民众的日常生活密切相关，因此，基层政权与普通民众有非常密切的接触。由于治理任务极重，基层政权几乎无法单独完成工作，因此，绝大多数村干部都成为基层政权的"代理人"，其结果是，基层政权进一步将国家权力的触角深入到了社会中。

国家权力的强大，虽然解决了基本的公共服务问题，基层政权较为有效地供给道路、水利、教育等公共品，承担了治安、纠纷调解等公共服务，但也制造了大量问题。

在近些年的乡村治理中，村干部普遍从"代理人"的身份中解脱出来，乡村利益共同体已经瓦解，基层政权也很难再从日常治理中汲取资源。

但与此同时，造成了两个意想不到的后果：第一，基层治理能力急剧弱化。20世纪90年代的乡村治理危机，已经让基层政权的合法性流失了不少，一旦村干部不再是政权"代理人"，对于基层行政而言，则无异于雪上加霜，基层政权基本上失去了做群众工作的能力，也失去了日常治理的功能。第二，由于失去了有效的国家权力监控，村干部本身有可能蜕化为"赢利型经纪人"，既获取公共利益，又侵占农民权益，广东"乌坎事件"中的村干部基本上属于此类人。更重要的是，村庄的边缘人开始崛起，"钉子户"和无理上访户大量产生，并因此慢慢改变了基层治理的生态。

这一生态的改变，决定了近些年基层权力衰退的基本逻辑。

首先，失去了基层治理能力的基层政权，无法回应普通民众对公共服务的诉求，导致其20世纪90年代开始的合法性丧失问题进一步恶化，基层行政面临更大的社会压力。

其次，无法从基层获得回应的民众，倾向于向更上级的政府上访，随着上访的增多，信访和维稳问题在考核体系中所占的比重越来越大，基层政权在压力型体制中面临更大的压力。

最后，处于上级和社会双重压力之下的基层政权，治理术越来越捉襟见肘，长期在踩法律和政治的高压线，终难避免制造一些恶性事件。

尤为重要的是，随着公共媒体的崛起，任何一次行政失误对基层政权而言都有可能是致命的。从"孙志刚事件"开始，媒体在个案推动公共政策变化方面的技巧越来越娴熟，无一例外地，地方政府都是媒体事件中的众矢之的。并且，从"宜黄事件"开始，媒体逐渐摆脱了报道者的角色，更为积极地介入"钉子户抗争事件"中，他们在一定意义上已具备抗争专家的功能。难以想象的是,如果没有媒体的参与,就不会出现"机场堵截"之类的闹剧,也不会将微博这一新的媒体技术运用于抗争政治中。客观上,媒体政治的出现,将行政结构所决定的基层治理困境放大了,且无形当中进一步改变了基层行政的生态,基层政权的行为愈加小心翼翼。

很显然,在这种基层治理生态中,理性的基层政权应该是消极行政的,他们应尽量避免与民众发生关系,尤其是要想尽办法摆脱"钉子户"和无理上访户的纠缠。可问题是,"维持会"的状态和压力型体制逼迫基层政权在一些中心工作上积极行政,而一旦积极行政,就会出问题。一言蔽之,表面上看近些年基层权力衰退是基层政权积极行政的结果,但本质上是基层治理能力不足的情况下基层治理术失效的结果,这是其与20世纪90年代乡村治理危机的根本区别所在。

三、基层政府的自我保护机制

让公众不太理解的是,尽管在每一个媒体事件中,地方官员都受到了问责,但多数官员仍可以在问责期过后复出,问责似乎很难"硬"起来。如何理解这一现象?还需要回到基层行政结构中去理解。

在村干部普遍成为"赢利型经纪人"的情况下,20世纪90年代的半正式行政渐趋消解,基层行政很难再依靠准官员进行"简约治理"。基层政权承担了绝大多数地方行政事务,一旦出现恶性事件,正式官员面临问责的风险便极大。

在1993年安徽利辛县的丁作明案中,村民丁作明因宣传抵制基层加重农民负担的问题而遭乡村干部陷害,在派出所被联防队员殴打致死,最终的责任追究主要在村干部和联防队员,关键的乡镇干部只因领导责任受到牵连。而现在很难再找到乡村利益共同体的案例,村干部难以成为基层政权的替罪羔羊。

广东"乌坎事件"的实质并非基层行政失控问题,而是村干部演变成为"赢利型经纪"的问题——尽管从宽泛的意义上看,也可以被看作基层行政失控问题。因为基层政权有监督、指导村民自治的责任,乌坎村所在的基层政权显然没有起到这一作用。2012年发生在陕西安康县的基层计生部门强制引产大龄孕妇事件,其中压根就没有村干部的影子,这在20世纪90年代几乎是不可想象的事。

基层政权及其官员为了保证行政的安全,会想尽办法解决这一问题。第一,大量创造新的非正式行政手段以弥补正式权力的不足。比如,在拆迁和维稳这些中心工作中,采用"连坐法",让地方官员做自己亲戚朋友的工作,通俗的表述是"你要我的帽子,我就要你儿子的饭碗"。

第二,大量雇佣非正式工作人员参与基层行政。这尤其体现在城市基层的治安联防、城管等领域,因此,一旦出现行政过错,担责的往往是"临时工"。农村的村干部不再具备基层政权"代理人"功能后,地方政府也开始在拆迁等工作中进行"市场化"运作。

第三,在基层行政中更加注重保护自己。在强制执法的过程中全程录像,甚至邀请媒体参加,这已是通行做法,"打不还手、骂不还口"等柔性执法手段也被大量采用。正因为如此,在2009年成都唐福珍案中,现场执法的金牛区城管执法局几乎免责。在2010年"宜黄事件"中的强拆现场和"机场堵截"现场,地方政府并没有明显违反拆迁条例和信访条例之处,否则很难有一幕幕的抗争表演,调查组的最终结论也是宜黄县政府"全程合法合规"。在2012年陕西"安康事件"中,基层计生部门显然也做了充分的免责准备,即为了避免遭到暴力执法的追责,通过征收4万元社会抚养费这一杠杆,迫使孕妇及其家人"自愿"接受终止妊娠手术。事件曝光后,镇坪县曾家镇人民政府也是这样回应外界质疑的，只不过，这一解释并未获得公众理解。

很显然，在基层政权想尽办法避免知法犯法的情况下，基层权力衰退的可能性是比较小的；一旦发生失控事件，上级政府严格追责的理由也是不够充分的。在成都唐福珍案件中，金牛区政府事后认定唐福珍暴力抗法，现场带队执法的城管执法局局长钟某只是以现场处置不力的原因停职接受调查。与此类似，2010年9月江西"宜黄事件"发生后，地方官员仍在原岗位上进行善后处理，只是在受害者家属持续抗争及媒体不断施压的情况下，抚州市决定处理地方官员。媒体曾一度欢呼这一处理是问责的，但事后证明，问责的理由是善后处理（维稳）不力，一年过后，宜黄原县委书记、县长双双复出。像2012年陕西"安康事件"中，基层计生部门具有明显的违法违规（国家明令禁止大月份引产）行为，是极为少见的，某种程度上呼应了"宜黄事件"过后一些当地官员所评价的，这是因为一线行政人员"工作能力不足"或"运气不好"。上级政府对这些官员进行追责并没有任何手软，"安康事件"相关责任人——镇平县计生局局长、曾家镇镇长及曾家镇计生办主任停职检查，事件查清后追究法律纪律责任。

猜度官员问责制度不够硬是没有道理的，因为当前的基层行政已基本上适应了现有的官僚运作机制，其行政技术也较为有效地应对了刚性的法律法规限制。在地方行政保护意识足够强的情况下，偶尔为公众关注，成为媒体事件，追查的结果也最多是有行政瑕疵，因此，为了平息舆论，主要是以另外的理由进行问责的——因为只要是媒体事件，无论地方行政是否有瑕疵，都必须负维稳不力的责任。

四、基层权力衰退的根源

很明显，基层权力衰退的关键并不在基层，而是基层治理转型与乡土社会变迁双向运动的结果；解决基层权力衰退的关键也不在基层，而在基层治理生态。

基层治理转型是自上而下进行的，这一转型的负面后果是，干群之间几乎没有日常互动，基层政权没有进行群众工作的动力，他们更愿意去"争资跑项"以维持基层行政的运作，满足GDP考核要求；群众也没有寻求基层政权满足其诉求的耐心，他们更愿意到上级政府上访。可问题是，上级政府不可能完全绕开基层政权直接治理基层社会，也无更多精力应对民众上访，因此，进一步加强了基层维稳的责任。由此，基层行政陷入了这样一个怪圈：基层治理能力不足→招商引资→群众上访→维稳压力→基层治理（上访）"钉子户"→进一步消耗基层行政能力。

造成这一状况的基础是，基层行政所处的压力型体制并没有改变，经历了20世纪90年代的乡村治理危机，中央政府的一些基层治理政策绕开基层政权施行，如粮食直补等惠农资金直接转移支付给农户，农村交通、水利、教育等基础设施建设通过部门以项目制的方式进行财政转移支付，一些扶贫项目也以类似的方式进行，这使基层政权失去了治理资源。但是，自上而下的考核体系却仍要求基层政权承担必要的责任，比如，计划生育工作仍是一票否决的考核指标，近些年增加了招商引资和维稳的考核压力，基层行政的困境可想而知。

加剧这一状况的因素是，由于乡村利益共同体已经解体，村庄权力结构发生了剧变，很多村干部蜕化为"赢利型经纪人"，无心也无力压制"混混"等村庄边缘人的崛起，基层社会出现了大量的逐利阶层。这一阶层呼应了基层治理转型，构成了基层维稳压力的主要来源，他们广泛存在于"钉子户"和无理上访户中，有证据表明，谋利型上访已成为信访体制中举足轻重的因素。

因此，解决基层权力衰退的核心是，从根本上改变当前基层行政的生态，在加强对基层政权监控的同时，大力强化基层行政能力，重新引导基层行政进入社会，有效规制村庄豪强和边缘人行为，既呼应群众需求，又接受群众监督。

（原文刊发于观察者网站2014年12月5日）

水利社会的性质

一、两种水利社会

传统中国存在两种意义完全不同的水利社会：一种是魏特夫所言的国家通过江河的治理而深深地嵌入到乡村社会当中，由此形成了整个官僚体制的东方专制主义社会；另一种是杜赞奇华北研究所揭示出来的地方水利管理中的民间组织发挥关键作用，由此形成了乡村自治的士绅社会。黄宗智在其华北研究中，描述了大江大河和散落的水井相交错的华北平原的乡村图景，暗含了官僚体制在士绅社会中的遭遇。在杜赞奇看来，民国时期的华北农村，当东方专制主义变成现代国家政权建设时，官僚体制在士绅社会中的遭遇并不令人满意，甚至可以说是失败的，最明显的体现就是士绅变质，从"保护型经纪人"演变成为"赢利型经纪人"。华北水利灌溉系统，很容易引发人们的无穷想象，以至于对华北水利社会的研究也成为中国乡村研究的传统主题。不过，以华北概言中国，以传统社会的研究窥视当代社会，似乎显得过于单薄。

中华人民共和国成立后的水利建设，实际上延续了国家政权建设的路径。不过，与自上而下的国家政权建设相应和的是，地方社会也进行了自下而上的彻底改造。从而，我们可以看到，纵横交错的沟渠把江河之水引入乡村田野之中，或者把雨水之涝排入江河之中，无数的机井散落在土地上，华北的水利系统发生了彻底的改变。在这个意义上，以治灾为主的江河治理及在此基础上形成的东方专制主义，与以水利为主的江河治理和水井改造以及在此基础上形成的国家政权建设，性质完全不同。前者的主要动员主体是中央政府，并且临时性的动员比较多，从一定程度上看，江河的治灾工作与乡村社会的日常生活还有一段距离，中央政府的所谓专制主义贯彻到底，成为乡村社会的日常治理方式，也正是在这个意义上，士绅社会才成为传统华北乡村的主要特征。而后者的动员主体则因为有乡村治理体制的彻底改造，民众的动员已经被纳入了日常治理过程当中。因此，中华人民共和国成立后的水利建设实际上成为最贴近于人们日常生活的治理活动，水利建设的成就与其说是国家建设的结果，还不如说是地方社会动员的结果。因为有国家政权建设这个强大的后盾，被动员起来的地方社会不是士绅社会的简单延伸，而是一个被组织起来的集体。

二、集体化社会

在这个意义上，中华人民共和国成立后的水利建设，塑造的是第三种意义上的水利社会：集体化的社会。集体化的社会并不是"国家化"的简单表现，也不可能是传统的东方专制主义的表现，更不是"地方化"的表现，也就不可能是士绅社会的延续。它说到底是一个可以吸纳地方规范的有组织的社会。

集体化的社会，可能在川西平原表现得更为明显。都江堰水利系统可能比华北的江河治理来得精巧得多，对乡村社会的嵌入也要深入得多，以至于人们似乎对川西平原上的"士绅"感受并不深，令人印象深刻的可能是"天府之国"的想象，以及以茶馆兴盛为代表的生活化的社会图景。中华人民共和国成立以后，国家对都江堰水利系统进行了大规模的改造，使得都江堰水利系统更为复杂，更广大的地区受惠于此，这显然是乡村社会"国家化"的表现。

但是，一旦水利系统变得复杂，水利社会的管理也会变得更加复杂。仔细观察都江堰灌区的水利设施及行政层级，可以发现，水利设施的技术管理与行政性的管理层级密切相关，每个主渠、支渠、毛渠、斗渠等都有相应的水利管理人员，而每一级政权都有水利管理人员。川西平原上的基层政权组织，很多地方连土地及财政管理部门都没有被纳入垂直管理系统，但是，却在很多地方实现了水利系统的垂直管理，足见水利管理在当地的关键地位。

不过，进一步考察乡村社会的水利管理却会发现，水利设施的技术管理与乡村社会的行政管理的交错使得乡村社会演变为集体化的社会。水利管理的垂直化是技术管理的内在冲动，但是，客观的条件在于，乡村社会的用水秩序并不可能依靠技术本身来完全解决，在这种情况下，只有引入乡村治理体制辅助管理才能保证用水秩序的实现，因而，乡村社会中出现管水主任、放水员等就不足为奇了。管水主任和放水员可能是技术官僚，并且也不可能科层化，他们只能来自乡村社会当中，这不仅在于技术管理体制没有渗入乡村社会的成本，还在于管水主任和放水员所要面对的是熟人社会间的乡土逻辑。例如，管水主任和管水员的角色被纳入了地方社会的乡村治理体制当中，并且这种乡村治理体制因为遵循了乡土社会的生活逻辑，而与正式的"国家政权"相去甚远。

从公共事务的经济基础来看中华人民共和国的水利建设，可能更容易理解"国家政权建设"表象下水利社会的集体化实质。都江堰灌区中的管水主任和放水员由于没有被纳入正式的水利管理系统，并不享受公共财政的工资待遇。在这种情况下，灌区的农民在用水过程中，不但需要承担政府财政要求的水费，还需要承担集体公益事业开支。川西平原的农民，尽管享受着都江堰的大型水利之惠，但是这种享受的前提在于乡村社会的集体化过程。川西平原上的水渠等级极其明显，国家所有和集体所有的渠道纵横交错，却精巧地连接在一起。农民的水费承担了国家所有的渠道的维持修缮，而集体的一事一议和公益统筹金则维持了集体所有的渠道畅通。如果说水费的缴纳表明了国家政权建设的成功,那么,一事一议和公益统筹金的形成则表明了乡村社会集体化的成功。

人民公社时代的水利建设,从其组织基础来看,关键的应该归功于国家政权建设的成功,但是,从实际的水利管理系统,甚而扩大到乡村社会的治理来看,应该归功于集体化的成功。以至于人民公社制度解体以后,乡村统筹提留这种集体化性质的财政体制在很大程度上让人民公社时代的乡村治理逻辑延续下来,从而使得改革开放以后的乡村社会仍然具有集体化的特征。

集体化有两个相关的特征:一是在公共事务的举办上,"取之于民,用之于民"的"财政"在集体内部运转,并且一旦发生,就必须在一定时期内惠及集体所有成员或让所有集体成员有受惠的预期,否则就无法良性循环。二是公共事务的管理无法完全官僚化,必须切合于乡土社会的熟人社会交往规则。从这个意义上看,无论是人民公社时代,还是在改革开放以后的相当长时间内,基层政权组织都热衷于举办公益事业,这不仅仅是国家政权建设要求的结果,还是集体化的乡村社会内在运行的结果。

三、后集体化社会

不过,人民公社时代形成的集体化的乡村社会运转逻辑,在人民公社制度解体以后面临与人民公社时代不一样的社会基础。当集体化的社会需面对千家万户时,集体化的成本也成为一个值得考量的问题。税费改革以前,税费的收取在很大程度上仍然表明乡村社会"国家化"和"集体化"的双层特征。但是,对于维系集体化存在基础的"费"的收取,却在相当多的地区遭遇了困境,甚至因此而影响了"税"的收取,乡村社会实际上面临"国家化"和"集体化"同时解体的危险。

这种变化在很多地区表现突出，尤其是在一些中部地区，"三农"问题在20世纪90年代末已经相当突出，其中表现最突出的治理危机是水利系统的难以为继。在"三农"问题的视域中，共同生产费的收取已经成为农民负担加重的关键原因，因而，税费改革的一个技术操作便是将乡村统筹性质的共同生产费变成一事一议。一旦变成一事一议，一家一户间的博弈进一步彰显，集体化进一步解体，客观的后果是公共事务举办困难。华北相当部分的农村地区，正在面临集体化的消解，他们不断将公共事业"私人化"，因而，人民公社和税费改革前的由集体所有的机井，都慢慢演变成私人所有；而一旦遭遇排涝水利这种无法"私人化"的状况，水利社会便将面临失序的困境。

川西平原可能为我们演绎了另外一种税费改革以后的水利社会图景，集体化的逻辑仍然贯彻到底。都江堰之大型水利的特征，导致了水利无法"私人化"。因而，即便农业税已经被取消，但大部分都江堰灌区的水费是无法取消的，在国家无法退出的情况下，集体也不可能退出。如此，作为与水费相应的公益事业统筹也无法完全取消，否则，不仅农民无法受惠于都江堰水利，作为国家象征的大水利也无法进入乡村社会。对于川西平原而言，水利灌溉是农业生产的日常需求，也是日常治理的重要组成部分。而一旦大型水利是这种日常治理的基础，就决定了无论是国家化的程度还是集体化程度，都会比较高。川西平原上的基层政权已经学会了如何与农民打交道，而川西平原上的农民也学会了如何在没有国家在场的情况下管理好集体事务。因而，一事一议只是作为制度的合法性贯彻于税费改革后的川西平原，实质上，人们已经习惯于在"队委会"和"社员大会"中集体决策。川西平原上的水利社会与华北等地方的水利社会很不相同，集体化的特征不仅从人民公社时代延续到了农业税费时代，还延续到了税费改革以后的后税费时代。

如果说传统的中国农村有两种性质的水利社会，一种是东方专制主义特征下的社会，一种是士绅社会，那么，中华人民共和国成立以后，以水利建设为主要表征的国家政权建设，便形成了第三种性质的水利社会：集体化特征的社会。这种特征的水利社会，在人民公社时代表现于全国各地农村，人民公社制度解体以后，尽管在农业税费的维系下，这种特征仍然存留于各地，但是，随着维系集体化成本的逐渐增大，一些地方的乡村社会治理陷入困境当中，税费改革既是这种困境的表现，也宣告了集体化性质的水利社会的崩溃，且为私人化的逻辑取代。但是，川西平原的农村在税费改革后，成功地实现了对集体化的继承，仍然是具有集体化特征的水利社会。

（原文刊发于《开发研究》2007年第6期）

城市中国的双面

一、大城市病的"无奈"

英国《金融时报》中文网 2017 年刊登系列文章《北京的无奈》，试图通过放大北京城市管理中的个别难题，挖掘这座城市作为国际化大都市所存在的包容性问题。

事实上，最近几年，为应对人口密集、交通拥堵、环境恶化等"大城市病"，北京、上海等一线城市适时对城市定位进行重新规划，并采取一系列措施加以落实。比如，北京将较为低端的工业、服务业等非首都功能转移，并加大了对城市内一些非正规经济的治理整顿力度，连带将相当一部分低端劳动力迁出了城市。这客观上也带来一个问题：在可以预见的一段时间内，中国还有 2 亿至 3 亿规模的人口需要从农村转移到城市，而人口城市化的门槛看似不降反升，中国城市包容性发展路在何方？

我国正处于史无前例的城市化进程中，进入 21 世纪以来，我国城镇化率差不多以每年 1 个百分点的速度增长。对农民而言，进城意味着社会阶层的向上流动。哪怕是在城乡一体化已初见成效的今天，城市生活总体上吸引着多数国人，乃至于最底层的民众也将城市视作家庭希望之所在。我国这么大的城市化规模，城市生活仍然保留着相当吸引力，说明城市发展总体上是健康、包容的。

但今日中国的城市化也驶入了十字路口：是让城市更具包容性，还是提高城市化门槛？一方面，体制上的城乡分割已基本不存在，只要有条件、有动力,哪怕是最底层的农民也有自由迁徙的权利;另一方面,"城市病"已经严重影响中心城市的活力。如何让希望进城的人口顺利进城,让已经进城的市民生活得更加舒适,不是一个理念问题,而是一个实践问题。

城市包容性考验着市政当局的智慧。在笔者看来,不能说中国城市治理已经尽善尽美,但每一个城市都在努力实现包容性发展,却是不争的事实。笔者生活的城市武汉,每到天寒地冻之时,民政部门都要派工作人员寻遍城市角落,主动救助流浪人员。让每一个城市居民都可以有生存之道,也是每一个城市都在践行的理念。为此,部分市政部门也做出了牺牲。将城中村比作"贫民窟"的学者甚多,但在实践经验上,这两者有可比性吗?域外国家的"贫民窟"有这么好的居住条件和公共服务(尤其是社会治安)吗?"贫民窟"里的"贫民"有居住在城中村的"蚁族"努力、充满希望吗?

二、小城镇的出路

2017年7月,有媒体刊文回顾中国小城镇兴衰简史,慨叹小城镇在大城市的扩张下,生存发展空间受到严重挤压。笔者那时恰好在无锡、苏州调研城乡关系问题,在"苏南模式"的发源地重温20世纪80年代费孝通先生提出的"小城镇、大问题",感慨颇多。因此,笔者试图借此机会就"小城镇向何处去"的话题做粗略探讨。

据统计,中国人口百万以上城市已达142个,其中人口千万以上的城市有6个。这意味着,是大城市而不是小城镇成为推动今日中国城镇化的火车头。不过,就此认定小城镇已经衰微,并否定费先生"小城镇、大问题"的理论和现实意义,却言之过早。

一方面,今日中国城市化的成功,虽直接源自大城市、大产业拉动,但其社会基础却与早期的乡村工业化实践密切相关。笔者对当年乡镇企业最辉煌时期的"神州第一郊"无锡市滨湖区(原无锡郊区）的调研发现，当年的"小城镇"至今仍在支撑着城市化这个"大问题"。正是改革开放以后乡村工业化的实践，使当地农民在"离土不离乡"的情况下实现了"进厂不进城"。当地绝大多数农民虽有"农民"身份，却早已习惯工厂生活，早已享受与普通农民不一样的社保待遇。并且，早在20世纪90年代，当地便通过村镇建设让农民过上了与城市无异的生活。

进入21世纪以来，乡镇企业虽然失去了中国经济"三分天下有其一"的地位，但是，当年发展乡镇企业遗留下来的建设用地、厂房等要素，却为村集体留存了大量集体资产，这为当地的工业园区发展模式创造了条件，苏南地区因此享有了高质量的城市化水平。其显著特点是，当地城市化进程难见"钉子户"和暴力拆迁，农民进城后可以迅速适应城市生活。苏南的城市化经验表明，小城镇虽在空间形态上几近消失，但其制度内核却在大城市中保留下来，大城市战略的成功恰恰源自小城镇的发展基础。

另一方面，在探讨小城镇问题时，应区分两种小城镇类型：一是主要以生产功能形态出现的小城镇；二是主要以生活功能形态出现的小城镇。那些具有活力的生产型小城镇，大都具备了产业集聚条件。例如，浙江的一些小镇，通过早期私营经济的发展，逐渐聚集了某个产业，形成完整的产业链，并具有较大市场占有率。中西部的一些小镇，地方政府通过建立工业园承接东部地区的某些产业，也可以激活小城镇的活力。

21世纪以来，大城市在积聚人才、资金和技术等方面越来越具有优势，生产型小城镇则越来越少。与之形成鲜明对照的是，以生活功能形态出现的小城镇越来越多。客观上，这与最近10多年的大城市战略密切相关。农民工进城后，村庄逐渐失去生产功能，其生活功能也逐渐衰微，尤其是教育、医疗等公共服务难以得到满足，小城镇恰是一个能够提供完整公共资源配套的生活空间。

更为重要的是，小城镇为城市化进程中的"摇摆人口"提供了蓄水池。那些没能力在大中小城市安家落户的农民工，可以退而求其次，在小城镇实现稳健的城市化：进可进城，退可回乡。在这个意义上，生活型小城镇是有序、稳健的城市化战略的必要条件。

在大城市战略主导城市化的前提下讨论小城镇问题，一是要重新评估生产型小城镇的历史定位；二是要准确认识生活型小城镇的现实与未来定位。从城市化发展的历史进程看，生产型小城镇已基本上完成了历史使命，乡镇企业和小城镇发展培育出来的城市生活方式和市民精神，在大城市更有用武之地。因此，小城镇战略与大城市战略与其说是相互竞争、互相排斥的关系，还不如说是一种递进关系。但这不意味着生活型小城镇没有存在的必要。恰恰相反，合理布局基础设施良好、公共服务完善的生活型小城镇，既关系到公共服务均等化目标的实现，更关系到城市化进程的顺利推进。当前的新型城镇化建设，其主导目标不是凭空制造生产型小城镇，而是合理配置公共资源，建设高质量的生活型小城镇，为半工半耕农民家庭提供实现家庭再生产的良好生活空间。

简言之，小城镇的出路不在于与城市竞争生产功能，而在于承接国家"以工补农、以城带乡"战略，发挥为半工半耕农民家庭提供人口蓄水池的优势。居住在小城镇的人口，既可以是农民，也可以是市民，他们因进退自如而安居乐业，为我国城市化顺利推进提供稳定器。

（原文刊发于《环球时报》2017年10月21日和2017年8月4日，原标题分别为《别夸大中国城市的"无奈"》和《大城市战略下，小城镇向何处去》）

都市研究刍议

一、都市生活的到来

都市社会是一种生活形态。在城乡一体化的今天,即便是农村,也是都市社会。这是因为,社会运转的发动机在城市。比如新农村建设,需要靠处于城市的政治权力和资本力量来加以推动。而由权力和资本所推动的新农村,事实上是由城市视角所支配的,这便是我们常看到的新农村往往千篇一律的原因。

更为根本的是,甚至于农民自身对新农村的想象,也是源于对都市生活的学习和向往。10余年前,笔者去大别山区的一个村子调研,发现当地讲究面子竞争,一家盖新房子有最新的样式,第二家马上超过他。有一家的主人是在广州搞建筑的,在村里盖了一栋欧式别墅风格的新房,说是从广州学来的。从此以后,村民盖房都按此标准更新,并且还不断创新。这已经不单单是为着生活更方便,主要还是心态——村民觉得城市里的一定是最好的,是最先进的。而实际上,老房子不一定不方便。

当前知识界和政策界对农村的想象,存在一些误区。比如说,"把农村建设得更像农村",以为"看得见山、望得见水、记得住乡愁"就是美丽乡村了。殊不知,山、水等自然景观已不是农村的特殊景观,像花园城市之类的城市设计理念,早就把乡村搬到了城市;而乡愁是典型的都市社会的产物。没有人口流动、没有城市化,何来乡愁?传统社会里,那些士子有乡愁,捆绑在土地上的农民就不会有乡愁。这些年来,"返乡体"盛行,这要得益于快速城市化和人口素质整体提高,大多数人都有了离乡经历,也有能力体验乡愁。

故而,在今天的中国谈论乡愁,与其在田园牧歌的想象中理解,还不如到都市社会的特质里去重新阐释。孤独是现代性的一个显著特征,是都市生活的产物。在乡土社会里,人的孤独感是很难找到的。因为,乡土社会是一个共同体,人们之间彼此熟悉,并在此基础上建立集体情感。个体在其中是依附于集体的,人的感情寄托可以轻易找到现实载体。但在都市生活中,人与人之间彼此疏离,激情与孤独并存。建立在共同体生活基础上的乡愁,自然而然就成为消解孤独的精神食粮。

二、城市问题的核心

笔者过去长期从事乡村研究,这几年则从事城市研究,对两者之间的差异有一点感悟。城市问题的核心很可能是空间问题。在乡村研究中,理解乡村的主要线索是时间。在整个 20 世纪,中国农村经历了革命和运动洗礼,发生了天翻地覆的变化,一些关键的社会问题诸如社会结构、村庄权力、婚姻家庭乃至宗教信仰,都与这些社会变革有关。尤其是进入 21 世纪以后,伴随着历史罕见的快速城市化,农村或许正在经历一个千年未有之大变局。应该说,从社会变迁的角度去理解乡村,是比较合适的。即便是站在农民本位的视角,他们对变与不变也深有感触。并不是说乡村研究中的空间视角不重要,而是说在各种乡村议题中,空间往往是各种事件的背景,而事件发生发展的序列则是由时间排列而来的。

但城市研究则相反,很可能是空间议题主导了时间问题。在芝加哥学派那里,城市社会学研究被视为"城市环境中人类行为研究",他们关心社会行为是在什么样的城市环境中呈现出来的。比如,为什么内城区最终会变成穷人住的地方,富人都跑到郊区去居住?这很显然和城市的空间规划有关。内城区的蜕化过程当然是个时间议题,但更本质的是空间政治问题。不同人群在城市中争夺空间,乃至于空间形态将城市阶层分化固化下来。一旦特定人群与特定空间形成匹配,城市治理的焦点就变成空间正义问题。公共资源投放在何处,公共空间如何分配,意味着公共政策向哪一个群体倾斜。

2016年,"开放式街区"突然成为社会关注的焦点,应该很是让决策者感到意外的。从政策上说,推动"开放式街区"的本意很可能只是从技术上考虑,如疏导城市交通,让更多的城市空间回归公共性。但社会反响那么大,多少应该和住在封闭式小区里的那些中产阶层主张私人空间及隐私权有关。试想,居住在城中村的居民、农民工、蚁族,甚至于长期居住在老旧单位制小区里的底层工人,怎么会反对开放式小区?

故而,城市研究中也有很多事件,但绝大多数城市事件的主角是空间,而非时间。比如,进入21世纪以来,我国城市在社会治安、征地拆迁、城管执法、业主维权等领域持续发生暴力冲突,可谓城市暴力大事件。仔细审视,这个城市暴力大事件显然与快速城市化进程有关,但其本质却是空间议题:人口流动打破了相对清晰、静态的空间布局,使得习惯了熟人社会治理的国家机器,突然之间要应对陌生人社会的治理,就势必会显得束手无策。

三、城市化是非预期后果

如何理解我们正在经历的快速城市化进程?无论是在乡村研究领域,还是在城市研究领域,都存在一股浪漫情怀。人们总觉得田园牧歌才是人世间的美好,是权力和资本在剥夺了这一美好,农民在城市化过程中是被动的,乃至于是利益受损者。深入经验里去就很有意思,这个浪漫情怀离现实太远。我们的城市化进程并不是由简单的政府或资本主导的,它不是单因素作用的结果,而是多种力量磨合发生的"不可预期"的结果。

为什么这样说?举个例子,华中科技大学10多年前还是个郊区,光谷步行街2007年才开街,到2020年已有13年。短短13年间,华中科技大学所在地成为武汉的城市中心之一。或许,连决策者也未曾想过,都市化运动来得如此之猛烈、如此之快速。这其中的核心动力当然是资本在起作用。在市政当局的眼中,20世纪90年代提出光谷这个概念之时,它本应是类似硅谷的创新中心。可是,对于普通市民而言,光谷这个概念,要是没有步行街这个商业中心,很可能是难以理解的。简言之,光谷的形成过程具有多个面向,而最为人们所熟悉的很可能是房地产运动,而这显然出乎很多人的意料。

在这个都市运动中,农民并不是知识分子所想象的那样,将家园视作安身立命之所,将权力和资本视作天敌。事实上,人们无不在欢欣鼓舞地等待着征地拆迁到来的那一天,在期待着从农民变为市民,或许更期待成为手握重金、拥有几套房的食利者。他们的城市化动力一点也不亚于权力和资本力量。只有真正深入农民的心理体验,才可以理解为何中国的城市化是不可逆的,也才可以解释,虽然城市暴力此起彼伏,但中国的城市化总体上还是在平稳而快速地推进着的。

四、中国城市的性质

如何认识中国城市的性质?今天看来,城市生活总体上在吸引着多数国人,乃至于最底层的民众也将城市视作家庭希望之所在。笔者一直在思考,为何所有人,哪怕是我们想象的最底层的民众,都可以在城市里找到安身立命之所?我觉得很可能跟我们的城市性质有关。

说一句"大话",无论我们看到了多少资本主义的"恶",毕竟我们还是社会主义国家,城市是弱者"希望的空间"。20世纪90年代,全国各个城市掀起了"创文创卫"活动。当时市场经济才刚刚起步,主要是行政主导的城市化运动。奇怪的是,其城市理念和西方新自由主义极为相似,都有一种想象的现代性,在实践中造就了一场具有鲜明空间排斥特征的城市运动。比如,纽约市政府要把街头流浪人员、小贩等全部"清除",将城市打造成曼哈顿那种光鲜亮丽的中央商务区。今天,中国的市场经济与20年前相比已不可同日而语,但城市空间排斥却要少得多。

这么些年来,笔者的研究重点在街头治理这一领域。和一线工作人员、街头营生的各色人等接触多了,才会深切地体会到,我们的城市空间实际上是很有包容性的。从理论上看,市政当局只能使用规划、法律等"策略"控制城市空间,而那些街头营生者总会有足够多的"战术"来制造自主空间,如打时间差、利用交叉地带等。更重要的是,在长期的街头实践过程中,治理者与被治理者之间还形成了一种均衡,他们之间没有想象的有那么多冲突。在笔者所接触到的一线工作人员中,几乎所有人都有过帮助被治理者摆脱生活困境的经历。尽管采用这些做法很可能是出于无奈,但谁又能否认,正是这种特殊主义的逻辑,避免了大规模的针对特定群体的"城市复仇主义"的上演?

我国已经步入了都市社会行列,都市研究既要回应城市化进程的一般规律,也要细致把握我国城市化过程及城市治理的复杂机理。从笔者自己的研究体会看,笔者认为我们的城市空间是充满希望的。权力、资本从来都不是抽象的,在城市化进程中,它们是具体的、可视的,其面貌甚为复杂,至少不像多数人想象的那么"恶"。这也就决定了,城市空间的公共性是可以定义的,也是需要在经验中具体把握的。我愿意把城市治理实践视作多个社会行动互动的意外后果,站在任何一个预设的立场,都很可能是在偏离事实。

(原文刊发于《华中科技大学学报》(社会科学版)2017年第4期)

众生相

富人治村新解

改革开放以来,"让一部分人先富起来,先富带动后富"渐成一个影响深远的政治社会现象。现如今,农村阶层分化已成现实,富人在基层政治实践中获得了优势地位。在"先富带动后富"的理念下,各地政府制定"双带工程"、乡贤政治、能人回乡等各种政策措施吸引富人入党,鼓励富人参政。"富人治村"遂成一个极其普遍的现象。田野调研发现,在一些私营经济发达的农村地区,村里主要干部中的富人比例普遍超过一半。甚至于在经济并不发达的中西部农村,富人治村也渐成潮流——比例不高,却示范效应极强。在实践中,富人治村具有高度合法性,富人的参与性极高,不仅受到基层政权的青睐,还受到大多数普通村民的支持。客观上,富人治村的绩效普遍较高。那么,富人是如何治村的?

笔者在访谈众多参政的富人时发现,富人治村的合法性并不建立在"先富带动后富"的理论假设上,而是有极其务实的根据。并不是说富人们没有"先富带动后富"的动机,而是说从治村实践看,仅仅靠这一"馈赠"的逻辑是无法实现村庄善治的。笔者遇到过一个曾有远大理想的巨富,其参政之初满以为依靠自己的无私、奉献和管理能力,不可能治理不好村庄。上任后才发现,自己不领一分钱工资,还垫资搞村庄建设,每天为村里的事情忙得团团转,却总有解决不完的矛盾。后来,经过"硬碰硬"地做群众工作,才把村庄治理好。可见,在已然存在阶层分化的农村地区,欲实现村庄有效治理,村干部需具备"富人"身份虽几近为必要条件,却非充分条件。

一、富人的公共身份

有效治理的关键在于村庄公共性的激活。当前,随着村庄阶层分化、原子化、空心化等趋势愈演愈烈,村庄共同体渐渐瓦解。如此,由血缘、地缘等社会关系驱动的公共性生产机制渐渐失效,转而需要通过市场、行政等现代因素驱动公共性的再生产。问题在于,在半熟人社会中,村庄公共性的生产往往是双重逻辑交替驱动的结果。哪怕是秉持了崇高政治理念的富人,也很难逃离乡土政治的约束。如此,真正考验富人治村的是,富人如何塑造自己的公共身份,并据此激活村庄政治。

概言之,转型期村庄公共性的生产包括以下几个要素。

一是无私。理论上,村干部身份具有公共性,对村干部有"无私"的内在要求。但在实践中,村干部往往具有相当的趋利性。尤其是在阶层分化较小的时期,村干部的公共身份反而有利于谋取私利,进而在村庄经济分层中占据高位。随着城市化和市场经济的加速推进,村庄社会分层已不局限于村庄内部资源的争夺和分配,更主要是通过在城市参与市场竞争获得上升机会。除了少部分资源密集型村庄,如城郊村、有矿产资源的村庄,村庄内部的资源竞争已不激烈,人们通过参与村庄政治以在基层社会权力竞技场中获取优势地位的动力也不是特别大。

对于那些已在市场竞争中证明了自己先富身份的群体而言,返乡回村参政有了"无私"的条件。比如,确实有很大一部分富人参政一开始并非出于自愿,而是基层党委政府将他们"劝"回来了,说明其动机"无私";很多富人在参与村庄选举时,可以宣布不领取工资、不占集体便宜,承诺捐资修路建校,给村民做好事。而对于那些欲参选的普通村民而言,不仅无法承诺给村民好处,还指望通过领取工资补贴家用。两相比较，经济条件一般的村民哪怕真有公益心，不指望通过做村干部牟利，也在道义上低了富人一等。在这个意义上，只要存在阶层分化，富人治村在熟人社会语境中就依然具有天然合法性。再加上"先富带后富"的政治话语，富人治村便更具光环。

二是公正。公正也是村庄政治的基本要素。传统村落往往容易产生家长式的村庄领导人，他们虽然霸道，却是村庄道义的代表。但在村落共同体解体后，村庄道义的人格化象征也随之退场，老好人式的，甚至是"赢利型经纪人"角色的村干部大行其道。在一些地区，村庄道义式微，"村匪村霸"横行，反过来又激起了"恶人治村"。

富人在村庄中的无私光环，为其敢于直话直说，甚至敢于用拳头提供了可能性。富人一旦治村就会发现，哪怕是有90%的支持率，也很可能因10%的村民的反对而陷入困境。因此，一个有经验的村干部，一定会想尽办法"摆平"这一类人。对于那些外强中干的无赖，在公共场合找一个机会羞辱其一番，或许是最好的方法；而对于那些有实力的村级混混，综合采用政治、经济和道义的策略，形成压倒式的优势，"以势压人"，让其死了反对的心是比较好的方法。务实地说，在村庄政治中，仅仅依靠以德服人是难以维护村庄道义的；以德服人辅以"以势压人"才符合村庄的政治实践逻辑。

三是民主。村庄公共性并不会自然而然地生产，而是通过说理、辩论，甚至斗争来实现的。换言之，村庄公共性是在村干部与村民之间，村民与村民之间的密切互动中生产的。那些秉持"做善事"理念的富人，在治村中之所以容易碰壁，是因为单向度的"施惠"并未激活村民的政治参与。某种程度上，这种高人一等的风格，根本就不适合经过社会主义改造的人人平等理念早已深入人心的村庄社会。故而，"施惠"并不必然带来村民的"回报"。而一旦村干部放下架子，踏踏实实做群众工作，哪怕其不是富人，也容易激起村庄活力。在村庄治理资源较为匮乏的今天，富人治村的好处是富人们可凭借自己的资源、关系及能力,"每年做一两件事",办好村庄公共事务。村民正是在关注公共事务,在讨论如何做好公共事务的过程中,寻找到了说理的平台。

二、在村是治村的前提

富人治村在保持无私、维护公正,甚至于践行民主方面,都有优势。但在实践中,真正能做到这几点并不容易。某种程度上,无私、公正与民主之间存在一定的张力。一个具有人格魅力,甚至威震一方的权势人物担任村干部,虽可压服村庄越轨者,却也可以减弱村民的公共参与性。并且,一旦村庄阶层分化被引入到村庄政治中,极易对普通村民产生极大的压力,说理和辩论很难开展,也就谈不上村庄民主。如富人夹杂私心,无视公共利益,则很容易演变成为典型意义上的"村霸",反而侵蚀了村庄政治生态。

关键是,村干部必须在村。只有在村,才能处理村务、与村民接触,并深度介入到村庄社会关系中。但对于那些有一定规模的企业主而言,担任村干部的最大挑战恰恰在于时间成本——绝大多数富人无法成为"专职化"的村干部。很多东部发达地区的富人村干部,往往只是名义村干部。他们竞选成功,一般并不亲自履职,而是在村民中寻找代理人,遥控代理人处理村务。久而久之,村庄公共性不仅未能被激活,反而极大地降低了村民的政治效能感。一方面,村庄选举成为富人间的游戏。欲有效动员村民,实现派系间的联合,势必要依靠金钱开道。因此,富人竞选一般会伴随着贿选。由于选举门槛高,普通村民只能是看客。另一方面,村庄治理成为一个毫无公共性的行政过程。代理人处理村务,只能按部就班,无力回应村民诉求。久而久之,下层民众聚集了诸多怨气,只能通过上访将矛盾上交。

哪怕是中等企业主,可以腾出一定的时间、精力来处理村务,也很难满足理想要求。近些年来,各地对村干部履职的要求越来越高,很多地方甚至提出了村干部专职化、坐班的要求;并且,随着城乡融合发展的推进,村庄事务也急剧增加。笔者调研的某个市郊乡镇,富人治村较为普遍,2017年当地党委政府根据纪委的统一要求,要求村干部专职化,并对村干部的履职及作风问题进行不定期巡查,很多村干部因不在岗而受到处分。这一做法受到了当地村干部的激烈反抗,乡镇党委政府不得不退一步:村干部只坐班半天。即便如此,也极大地打击了富人治村的积极性。而东部一些地区,则也通过专职化的制度设计,让一些欲参政的富人退而却步。当地竟然因此有效治理了过去很多年屡禁不绝的贿选风。

如今,富人治村的形态发生了微妙变化。治村的富人基本上是两类人:一是已成功交班的企业主;二是主要生意在当地的小老板。前者具有鲜明的"乡贤"色彩,造福一方的动机较为明显。后者担任村干部则具有明显的获利动机。他们往往试图通过担任村干部,来增强其个人信誉,扩展人脉,寻找商机。更为直接的是,小老板们很容易在主持村庄公益事业的过程中,为自己承包工程提供便利,从而获取利润。

客观上,"小富"担任村干部,具有较高的稳定性,也有较高的积极性。但是,这一类型的富人治村的确与"先富带后富"的政治初衷相距甚远,在实现村庄治理有效性方面,也较为困难。简言之,"小富"很难有"无私"的道德高地,也很难有"以势压人"的实力。不过,"小富"村干部有不亚于"大富"的制造村庄公共事业的激情——哪怕是出于获取个人利益的动机,这部分村干部群体也有极大的积极性去争取项目,调动村民参与公共事业。

在田野工作中,一位"小富"村干部对笔者说:"贴钱当村干部我做不到;但从村集体中捞好处,也不至于。"或许,这才是富人治村的常态:既不应将富人治村理想化,也应承认富人治村之不可逆性。

(原文刊发于《读书》2018年第8期)

80后基层干部素描

笔者2016年在中部地区某农业乡镇做过80后青年干部的专题调研,就以此为基础对80后基层干部做一个素描。该镇共有人口4万,乡镇工作人员近60人,其中80后年轻干部共8人(见表1)。

表1 中部地区某镇80后干部情况

编号	性别	年龄	婚姻状况	职位	工作时间	身份
A	男	33	已婚	镇长	10年	公务员
B	男	36	已婚	统计站站长	10年	事业编
C	男	30	未婚	党政办主任	6年	公务员
D	男	33	已婚	组织办工作人员	8年	公务员
E	男	31	已婚	组织办工作人员	7年	公务员
F	男	24	未婚	党政办工作人员	1年	大学生村干部
G	女	28	已婚	计生办工作人员	5年	事业编
H	女	29	已婚	财政所工作人员	6年	事业编

一、生活

由表中可见,80后基层干部中,男性还是占优势,有1位已经走上了领导岗位,2位是部门负责人,5位是普通工作人员。从婚姻状况看,只有2位未婚,其他6位都已经结婚。笔者深入调查发现,除了镇长是外地人外(但其妻子是本地人),其余7位都是本地人。

已婚的6人中,有4人的家都安在县城,配偶在县城工作,好照顾家庭。但统计站站长(B)和组织办工作人员(D)还面临着两地分居的问题。B的妻子之前也是乡镇干部,两人在不同乡镇工作,他们总觉得这样不是长远之计，就在市里面买了一套房，准备想办法进城安家。B的妻子经过公务员考试，考到了一个市级部门；但B始终未能成功。在笔者调研期间，当地刚好经历换届，B被提拔为另一个乡镇的副乡长，虽然职务提升了，但两地分居的问题看来更无法解决了。D的妻子在邻县工作，是名教师。因此，D也在一直努力想办法或者让妻子调过来，或者把自己调过去。但在现有的干部流动机制里，几乎没有空间。

该乡镇地处偏远，且是一个纯农业乡镇，几乎没有任何的娱乐设施。并且，除了统计站站长是本镇人，其他7位都不是本镇人，因此，他们在当地也无关系网。自然而然地，这8名年轻干部成了一个相对紧密的社交圈子。他们建立了一个群，由党政办主任任群主。其活动包括：晚上如都留宿镇政府的话，会一起相约去吃夜宵、打牌、打球；碰到圩日，也会相约去赶圩，由两位女干部帮忙买点水果。最重要的活动是，每个月大家都会轮流组织一次到县城娱乐、聚会的活动。并且，乡镇工作因无规律，各个时期的工作重点不一样，导致各部门的工作任务也不均衡。比如，因年底要做工作总结、考核，党政办的工作要重一些；遇到换届选举，组织办的工作要忙一些；办会务的时候，少不得要女同志做好后勤工作。因此，这些年轻干部私下也会相互帮忙。

总体看，在乡镇工作，因交通不便必定会有相当多的时间住在乡镇，而乡镇生活是比较单调、乏味的。这8名乡镇干部，无一没经历过刚到乡镇时生活太过于单调乏味的挑战。该镇近些年流失了不下10名年轻干部，其中最大的原因便是基层远离城市，生活实在单调。其中一位女孩在报到的第二天就卷铺盖走人了，理由是住在乡镇政府大院里，静得吓人，害怕。只不过，经过一两年的历练，留下来的年轻干部大都适应了乡镇生活。

二、工作

这8名80后年轻干部的工作,除了镇长(A)有点特殊外,无一例外从事的都是所谓的"内务"工作。这些工作主要包括:一是上传下达。尤其是党政办和组织办这样的部门,上传下达的事情比较多,亦比较杂。工作虽小却琐碎,且有时效性,其实是很考验人的办事能力的。尤其是涉及和村干部打交道的事时,上传下达工作往往意味着"督促"。二是写材料。现今,几乎所有业务工作都需要写材料。材料有很多种,如总结汇报、检查考核等。有些是常规性的,而大多却是非常规性的。常规性的材料如每年年底的总结大会、年初的人大会,这些都是乡镇党委政府的"大材料"。非常规性的如一段时间内的教育实践活动,或者检查考核工作,都需要大量的材料。三是报表台账。就目前的乡镇工作而言,报表台账几乎是上级推进任何一项工作必备的基础工作,它承担着"办事留痕"的功能。笔者在调研期间刚好碰到当地在努力推进精准扶贫,当时的填表工作主要是在村里,由村干部承担,故而村干部怨声载道,声称"打印费都可以让多家贫困户脱贫了"。尽管如此,乡镇政府的汇总工作仍然任务艰巨。

就笔者的调研看,该镇的80后乡镇干部几乎是没有办法接触农村工作,亦不可能了解一线工作实际的。一是"内务"工作已经够多了。可以毫不夸张地说,全镇所有办公室的文字工作,几乎都是由这几位年轻干部承担的。如那些大材料主要是由党政办主任(C)承担。C之所以担任这个职务,也主要是因为其笔杆子还不错。而这几年党建工作任务越来越重,规范化程度也越来越高,组织办有了两名年轻干部。二是"外务"工作的确没机会。与年轻干部不一样,绝大多数中年干部都是本镇人,且在本镇工作多年,有庞大的社会网络,尤其是和各村的村干部相识已久。所以,普通农村工作真的是这些中年干部"一句话"的事。而重要的农村工作,则需要乡镇领导参与协调，这些年轻干部也使不上力。比如，该镇有几名老上访户，每次来上访的时候，党政办主任只能陪他们喝喝茶、聊聊天，末了，还是要到书记、镇长那里去。

这些年轻干部虽然工作在基层，但未能扎根基层，其工作状态也很容易受到上级和制度的影响。简单来说，由于80后年轻干部长期从事内务工作，并不接触群众，很难从群众（尤其是村干部）那里获得工作反馈；而材料写得好坏、业务水平如何，其评判标准主要在乡镇主要领导手里。应该说，年轻干部作为乡镇工作的"稀缺资源"，乡镇党委政府都是比较重视的。但客观上，乡镇的空间也就那么大，如不安于平实，他们多少都会有怨言。这个问题，和激励机制有密切联系。

三、激励

绝大多数80后年轻干部在成为乡镇干部之前，都未能预估到激励机制对其工作生涯的决定性影响。大体而言，这8名80后干部进入乡镇工作，主要有两种类型：一是将乡镇干部当作一份稳定而有保障的"职业"。比如，刚刚进入该乡镇工作的F，大学学的是计算机工程，还在深圳工作过一年；在和家人商量后，他觉得还是回家乡做公务员好。更为典型的是两名女干部。这两名女干部，都对现在的工作比较满意，虽在乡镇，但业务都比较专业。计生办工作的女干部G是学医出身的，财政所工作的女干部H则是学会计出身，她们在单位都是业务骨干，对仕途却无甚追求。她们都觉得在乡镇从事专业工作，其实是很不错的选择，既稳定又不耽误照顾家庭。二是对仕途有一定想象，希望在基层干一番事业。除了两位女干部，其他6名在大学期间都担任过学生干部，有些在大学期间就立定了服务基层的志向。比如，已是该镇镇长的A，大学期间曾担任三农社团的负责人，有一番激情。他在33岁便已担任一届镇长之职，之前担任过一届县团委书记，在笔者调研期间，他被调动到一个偏远乡镇担任乡党委书记。他能走到这一步算是很成功的了，也是遂了其心愿。与之类似的是党政办主任 C，他也是带着服务基层的激情投入工作的，并也很快就到了关键部门主持工作。只不过，其仕途并不是很通畅，这么多年始终没有成功提拔为副科。年龄最大的 B 最为典型，他是第一批大学生村官，服务期满后考上了事业编制人员。这期间他一直在考试，希望能更进一步。直到笔者调研时，他终于被提拔为副科级。按照 B 的说法，最重要的原因是在这次提拔干部时，县委专门拿出了几个副科名额给他这样的由大学生村官转来的乡镇干部，他很幸运地被提拔上了。

  单从职业待遇和保障上说，乡镇干部不算差，亦不算好。笔者测算了一下这几位乡镇干部的工资收入，月薪均在 4000 元上下。最高的是镇长（A），4300 多元/月；最低的是大学生村干部 F，月薪 3000 出头。这种工资待遇，在当地算是中等。就当地的消费水平而言，双职工在县城买房是比较轻松的事，平常的开销亦不高，因此他们的日子过得还不错。

  只不过，绝大多数 80 后年轻干部进入乡镇工作之初都希望职位上有晋升，但客观上晋升的空间极其有限。平均一个乡镇，副科级干部大概有 10 人，从基层一步步提拔为乡镇领导，尤其是主要领导，平均都得有一二十年的时间。事实上，绝大多数乡镇干部到退休也只是普通干部。因此，当前的 80 后年轻干部，在短短几年内就容易出现分化。

  一是一开始就看不到希望的，立马就辞职走人了。这种类型的乡镇干部越来越多。尤其是对于那些外地考来的公务员，尤其不能安心扎根基层。A 是一个极其特殊的例外。据他所言，当时和他一批到该县做选调生的共 8 人，其他都走了，只留下他一人。他之所以留下，几乎是"天时、地利、人和"的结果。他特别会考试，副科、正科、全是笔试、面试第一名考上的。另一个关键因素是，参加工作后不久就认识了当地的姑娘，并结了婚，算是安了家。A 直言，乡镇要留住年轻人，其实安家比立业重要。毕竟，职位晋升空间有限，多数乡镇干部只能是普通干部；但家庭却是无限的，可以终其一生为之奋斗。因此，乡镇干部要么招本地大学生；要么就尽量让外地人在本地结婚生子。

二是工作几年后感觉晋升无望得过且过的。组织办的 D 是典型。D 坦言，从前两年开始，他对晋升就已经毫无念想。他有个人爱好，喜欢雕刻、拉二胡，在街上租了一个房子做自己的工作室。他自己有个计划，觉得时机成熟了，创业成功了，就辞职走人。只不过，现在还没这个条件。因此，他最大的念想就是，下班以后不要什么事都找他。

三是想尽办法离开乡镇调到别的单位的。就全县的情况而言，80 后年轻干部都是"稀缺资源"，只要做得好、能力强，几乎不愁没地方去。一些强势部门，如县委组织部、纪委等，经常从乡镇借调人员。B 在担任统计站站长之前，亦担任过多年的党政办主任，工作比较扎实。中间就被县直某部门借调了 2 年。只不过，最后没有成功调入县城。

四是安心在基层工作的。G 和 H 是典型。她们之所以能够安心在乡镇工作，是因为其工作性质相对而言比较专业、单纯，亦比较有规律，和一般意义上的乡镇工作有点区别。再加上她们的家庭都已稳定，压力不大。故而，乡镇工作虽然工资不高，且无晋升希望，却极其稳定，是一个不错的选择。

五是努力奋斗的。应该说，在刚去乡镇工作的几年时间里，这些基层干部都比较积极上进。他们中的相当部分虽未晋升，却可以得到"重用"，如主持党政办、组织办、农经站等大办的工作，几乎是晋升副科的必由之路。因此，凡是在这些岗位的年轻干部，工作都比较积极，亦有追求。这方面，B 和 C 都有这个经历。

中坚干部

最近几年,笔者每到一个地方做田野调查,都会发现有一部分干部在乡镇工作中起到了中坚作用,堪称"中坚干部"。非常有趣的是,不管是东部发达地区,还是中西部欠发达地区,各地的中坚干部都有共同特质。他们的年龄都在 50 岁左右,大都是乡镇政府的中层领导,作风踏实硬朗,熟悉地方风土人情,善做群众工作,是乡镇工作顺利开展的依仗力量。与最近 10 年左右新招考的 80 后年轻干部相比,中坚干部的特征就更为明显了:他们大都不喜欢处理办公室事务,亦不喜欢待在办公室里,而是喜欢下村入户和群众打交道。久而久之,在绝大多数乡镇政府,中坚干部和年轻干部之间形成了分工:前者处理外务,后者处理内务。两个乡镇干部群体相互合作,倒也适应了当前基层工作的要求。

一、中坚干部的特点

中坚干部是历史的产物。这一批干部大致有两个来源:一是 20 世纪八九十年代分配到乡镇政府和"七站八所"工作的大中专毕业生;二是在国家《公务员法》未实施之前,通过招工、招考等形式得以"转正"成为"国家干部"的原村干部、退伍军人、临时工等人员。20 世纪 80 年代以后,干部招录基本上都遵循"按原籍分配"或"本地录用"的原则,干部管理则依照"下管一级"制度,这导致了绝大多数乡镇干部都因"层级流动"困难而无法"异地使用",

最终留在本地成了"老乡镇"。

非常凑巧的是，恰恰是在20世纪八九十年代，中国的乡村治理任务急剧加大，基层工作异常艰难。一方面，乡村仍然为国家现代化提供人财物等资源，乡镇政府不仅得依靠自身努力维持运转、"自负盈亏"，且还得为中央和地方各级政府汲取资源。简言之，乡镇政府是典型的"汲取型"政府，亦是一个充满了自利性的"经营型"政权。另一方面，这个时期中国现代化进程提速，乡村社会的水、电、路等各项基础设施建设，以及计划生育、义务教育等各项公共政策都在实施"升级达标"工程，多项工作被提升至"国策"的高度。上级政府为了激励基层政府，设置了颇具竞争性的考核体系，让各乡镇政府在"锦标赛体制"中展开竞争。为了提高竞争的强度，一些关键指标如计划生育、安全生产等，还被单独设置为"一票否决"项目。在这种情况下，乡镇政府不但没有"退赛"的权利，还得想尽办法在各项指标中"争先创优"，具有鲜明的"赶超型"政府特点。

今天看来，20世纪90年代的乡镇工作具有如此鲜明的特征，经历过那个时代的乡镇干部也都被深深打上了时代的烙印。中坚干部的共同特质，几乎都和这个时代烙印有关。

一是作风硬朗。20世纪90年代的乡镇工作，几乎都是围绕"中心工作"开展的。"催粮派款、刮宫引产"，举凡这些中心工作，都是难打的硬仗。某种程度上，由于基层政府和群众之间具有现实的利益冲突，且在短期内难以调和，耐心细致、温文尔雅的工作作风是不合时宜的。因此，哪怕是大中专毕业生，在乡镇工作几年之后也会变得雷厉风行起来。作风硬朗的反面是作风粗暴。一旦出现时间紧、任务重的情形，乡镇干部往往来不及做好方方面面的工作，很可能和群众发生冲突。笔者在访谈过程中发现，几乎所有中坚干部都会讲出几个自己遭群众围攻，被骂为"土匪"的场景来，他们都会为自己当年的年轻气盛，当然也是对工作的认真负责而自嘲一番。

二是讲策略。20世纪90年代的大多数乡镇工作都必须和群众深度接触，需要与农民讨价还价，这就极为锻炼乡镇干部实际处理问题的能力。很多情况下，政策压力和群众的实际情况之间会存在较大矛盾，乡镇干部经常处于"夹心饼干"的境地。既要完成上级任务，又要照顾群众利益，乡镇干部就不得不想出各种策略来。概言之，中坚干部在实际工作中积累了大量经验，能够灵活处理上级要求。但从"完美行政"的角度上说，这种讲究策略的基层工作，通常也意味着"不守规矩"。当前，绝大多数中坚干部仍是各乡镇的中层领导，乡镇主要领导反而是上级部门下派的年轻干部。笔者在调研时发现，他们经常说的一句话是，"（有些工作）让书记镇长去，搞半天搞不下来。我去，就是一句话的事"。

三是重实际。中坚干部往往是土生土长的本地人。即便不是本地人，也因为在当地工作生活了一辈子，对本地的干部群众都有较深的感情，又因为他们是中层领导，是一线政策执行者，使得重实际成为他们开展工作的本能。因此，对于那些不切实际的政策，中坚干部往往是最大的抵制群体。在协商无效的情况下，很多中坚干部常常表现出疲软、消极抵抗的态度，甚至敢于和乡镇主要领导公开叫板，成为乡镇政府的"老油子"。

二、中坚干部的困境

进入21世纪以后，乡村治理发生了巨大转型，中坚干部的生存状态也随之发生改变。具体而言，随着免税及计划生育转型，乡镇工作的重心转向了招商引资、协调项目落地及维稳等。转型后的乡村治理有两个重要特点：一是无须和所有农民全方位、深入地接触，亦失去了做群众工作的常规性；二是上级对基层工作的规范化要求越来越高，讨价还价的空间越来越小。

简言之，群众工作不再主导乡村治理实践，乡镇政府逐渐通过别的途径来开展农村工作。第一种途径是村级组织行政化。国家免征农业税以后，村级组织的运转逐渐依赖于上级财政转移支付，这方便了乡镇政府支配村级组织。乡镇政府通过村财乡管、村干部职业化、"两委"工作规范化、制定绩效考核办法等方式，逐渐加强了对村级组织的控制，并让村级组织承担越来越多的行政职能。结果是，很多乡镇政府虽保留了包村驻点等群众工作机制，但包村干部的主要职责不再是直接做群众工作，而是管理、督查村干部完成乡镇政府布置的行政任务。第二种途径是公共服务市场化。当前，一种以"项目制"形态呈现出来的公共服务市场化机制在乡村治理中蔓延开来。上级政府将各类基础设施建设和公共服务"打包"成一个个项目，"发包"给市场主体实施，乡镇政府只负责"抓包"——做一些申请、监管、结项等文字材料工作，并不直接参与项目实施，也就谈不上做群众工作。

如此，乡村治理实践从处理外务转向处理内务，这对中坚干部而言无疑是一个重大挑战：许多策略不能讲，"硬碰硬"的工作作风也显得不合时宜；工作不管合不合乎实际，一定要办事留痕，符合形式规范。在相当一段时间内，许多中坚干部对此难以理解，工作状态较为消极。但近些年来，随着选调生、大学生村干部、公务员等年轻干部以及社会用工等人员逐渐充实到基层政权，中坚干部在乡镇政府中具有了较为稳定的位置，也在潜移默化地改造着乡镇政府（见表2）。

表2　乡镇干部的构成

干部类型	主要特征	主要工作
中坚干部	群众工作能力强	包村驻点
80后干部	政策和文字水平高	办公室业务
社会用工	懂现代办公技术	窗口服务

三、乡镇政府的定位

当前的乡镇政府呈现出复杂多面的形象。一是乡土性。无论如何改革,乡镇政府作为国家权力末梢的定位并不会改变,他们仍然承担着"上面千条线、下面一根针"的作用。因此,很多乡镇工作仍然需要与群众见面,需要通过组织和动员群众来完成。只不过,多数情况下,这些群众工作只要调动村干部即可完成。为此,乡镇政府除了加强对村干部的制度性支配,非常重要的一环是启用中坚干部。笔者在田野调查中发现,各地的中坚干部都承担着乡镇领导与村干部间的中间人作用。比如,绝大多数中间干部主导了包村驻点工作;有些规模比较大的乡镇,在乡镇政府和村级组织之间设立了管理区或总支,并让中坚干部负责管理区工作。这样,中坚干部可以依靠其在长期工作中积累起来的经验、人脉,熟练运用乡土社会的人情、面子等资源,有效调动村干部的积极性;在必要情况下,亦可面对面做群众工作。

二是科层化。乡镇政府一直是科层制结构,但其工作方式长期保留着"下去一笼统、上来再分工"的特征,各部门及其工作人员之间的职责并不确定,专业化程度亦不高。近些年来,不同"条线"的工作均加强了规范化建设,对专业化的要求越来越高,导致部门之间的界限越来越明显。很显然,中坚干部很难胜任这些严重依赖于文字、政策要求比较高的工作。但80后进入乡镇工作后,乡镇政府适应了科层化趋势。这是因为,年轻干部熟悉办公室业务,且善于学习,这些都恰恰弥补了中坚干部的不足。

三是技术治理。这几年,随着国家不断加强民生服务,再加上行政体制改革的深入,各地的乡镇政府普遍建立了政务服务中心,通过政府购买服务的方式聘用社会用工,为群众提供社保、医保、计生、低保、户籍等服务。政务服务中心本质上是运用信息化技术改造政府流程，将过去一些由科层部门"后台"承担的行政业务转移到窗口，由前台人员统一处置。这一做法既方便了群众，减少了群众工作；又提高了行政效率，提高了科层化程度——行政服务由技术"流程"控制，排除了"讨价还价"的可能性。

某种程度上，当前的乡镇工作之所以可以呈现出现代化的情形，即工作讲规范、讲流程、讲专业，是因为中坚干部承担了群众工作，将那些无法规范化，亦难以分类定性的细小琐碎的事务处理掉了，使之不至于影响乡镇的"常规工作"。比如，各乡镇的信访、综治、农经等需处理大量社会矛盾的部门，普遍由中坚干部承担。

这样看来，中坚干部在乡村振兴过程中，仍有举足轻重的作用。从乡镇工作的特性看，无论其现代化水平有多高，终归摆脱不了基层事务复杂性、与群众"面对面"打交道的情境约束。这就决定了乡村治理需要一大批懂农业、爱农村、爱农民的三农工作队伍，而中坚干部可谓是这支队伍的战略储备。事实上，一些地方已在采取措施充分激发中坚干部的活力。笔者在华北某县调研时，该县组织部门已经建立了一个以中坚干部为主的庞大的农村工作人才库，鼓励那些工作能力强、土生土长、临近退休或已退休的中坚干部回村担任村级组织带头人。该县最混乱的一个"软弱涣散村"的驻村组组长便是镇城管队长——而最近10年来，这个中坚干部已经担任过三个问题村的第一书记，城管工作反倒是放在了一边。一位资深的乡镇党委书记对笔者说："这批人（中坚干部）用得好的话，是乡镇工作的'冲锋队'和'防火墙'，党委书记可以省不少心。"在有些地区，乡镇政府也有意识地让80后年轻干部走出办公室，轮岗到管理区跟随中坚干部学习做群众工作，并将之作为干部提拔的重要依据。

可见，中坚干部虽是特定时代的产物，但他们所代表的群众工作路线却有极强的现实意义。

"小官贪腐"的制度逻辑

2014年,"小官巨贪"马超群现象引起媒体广泛热议,中央也加大力气治理"小官贪腐"问题。笔者认为,"小官贪腐"的机理和"大官大贪"的腐败机制不太一样,有其特殊性。一些地区基层干部贪腐现象极为普遍,人们对此见怪不怪,乃至成了地方性的"共识"。比较流行的看法是,这些"小官"从事着细小琐碎的工作,工作压力大,收益却不高;一些非正式的政府工作人员,社区、村干部甚至不是真正意义上的干部,更不是官员,谋取些许私利也是合情合理的。应该说,这种认识在官僚体系内部有一定的市场,一些所谓的"贪腐"也谈不上是违法违纪,只不过是上级对基层干部的激励而已。

然而这种共识显然要不得。第一,历史已经证明,哪怕是为制度所默许的灰色利益,也会严重影响党和政府在基层的执政基础。20世纪90年代末,"三农"问题的重要症结就是干群关系紧张,其主要表现是乡村干部吃、拿、卡、要等违规违纪行为普遍,让群众极为反感。第二,当前的农村形势发生了根本变化,乡村两级组织的财政保障机制已经建立起来,惠农政策、财政转移支付、征地拆迁等使得农村资源密集起来,"小官"也有了实权,"小官小贪"很可能变为"小官大贪"。第三,基层干部是国家与农民保持密切联系的纽带,也是各项国家政策的具体执行者,容许"小官贪腐"就会造就一个利益集团,侵蚀国家政权合法性。

总体上看，治理"小官贪腐"现象是一项长期的基础性工作，其前提是准确认识"小官贪腐"的内在机制。

一、"小官贪腐"的表现

当前，"小官贪腐"分布极为广泛，主要表现为以下几个方面。

第一，公权私用，在国家政策执行过程中谋取私利。这是表现最为普遍，也是危害最大的一种"小官贪腐"行为。首先，公权私用表现为选择性执法，利用执行国家政策的实权吃、拿、卡、要。比如，一些基层工作人员在税费征收、计划生育、治理违建、环境执法等政策执行领域，利用上下级之间信息不对称的客观现实，滥用一线执法的自由裁量权，对那些不给好处的个人和企业进行重罚，而对那些有利益输送的法人则睁一只眼闭一只眼。其次，公权私用表现为变通政策，在执行国家政策过程中，形式上依法依规，实质上是以权谋私。很多具体政策的实施只有原则性要求，并没有细致的操作细则，这为一些基层干部变通政策创造了条件。比如，农村低保名额的分配，由于大部分地区还未实现应保尽保，而符合低保政策要求的农户比较多，使得"人情保、关系保"较为普遍。一些村庄直接将低保名额平均分配给每个村干部，然后由村干部具体决定哪些农户享受低保。

第二，官商勾结，攫取公共利益。这也是近年来较为普遍，也比较隐蔽的"小官贪腐"方式。当前，一些社区和村干部本来就属于乡村能人，富人治村已甚为普遍。地方党委政府的本意是希望通过建设"双强双带"的基层组织来服务老百姓，鼓励政治素质、发展能力较强的人竞选基层干部，使他们能够带头致富、带领群众致富。然而，毋庸置疑的是，一些能人发展能力强，政治素质却不一定强；能够带头致富，却并不一定会带领群众致富。相反，一些商人因为具备了基层干部身份，反而更容易攫取公共利益。比如，在新农村建设中承包工程，通过虚高建设成本而非法获利；通过注册虚假专业合作社套取国家扶持资金。在一些集体经济较强，或集体资源较为丰富的村庄，村干部同时也是集体经济组织的领导人，非法侵占集体经济利益的事件也时有发生。

第三，胡作非为，"强人治村"。混混治村并非新现象，但新时期有了新表现。在农业税费改革之前，一些地方贯彻执行国家政策较为困难，一些家族大、拳头硬的村庄精英当选村干部，通过暴力威胁的手段征收税费、执行计划生育政策。这其中，少部分"强人"蜕化为敢于使狠、拉帮结派的恶霸势力。税费改革后，虽然"强人治村"已无政策空间，但乡村中的恶霸势力却并未清除。一些恶霸利用村民自治，通过暴力威胁、贿选、拉帮结派等手段当选为村干部，并在村干部任上挥霍、侵占集体财产，侵害群众利益，甚至与党委政府相对抗。比如，在征地拆迁过程中，一些恶霸村干部黑白通吃，他们既与开发商合作，强拆民房，损害群众利益；又组织"群众"集体上访、上街要挟党委政府，以获取更大利益。

二、"小官贪腐"的新特征

总体上看，当前小官贪腐的方式相较以往更为隐蔽，危害也更大，呈现出新特征。

第一，"小官巨贪"的趋势越来越明显。随着新农村建设和新型城镇化建设的持续推进，大量国家财政资金涌入农村，农村资源也不断资本化，使得农村资源密集度不断提高，一些看似不重要的职位也掌握着大量资源流量，"小官"也有了实权。比如，城郊地区的拆迁办主任、村干部，虽然职位不高，权力不大，却是拆迁政策的直接操作者，而拆迁补偿款却涉及上亿甚至十几亿的资金。近年来，全国各地发生过多起拆迁办主任伪造拆迁材料骗取拆迁补偿款的案件，涉及资金少则几十万，多则几千万。

第二，窝案越来越多。无论是非法套取国家资金，还是瓜分、贪腐集体经济，都非一个人所能为。因此，"小官贪腐"的相当大比例是窝案。由于一些村干部本来就是通过拉帮结派"组阁"竞选上台的，他们更容易集体作案。而涉及套取国家资金，则需要经过多个程序，必然是窝案。2014年，湖北襄阳查处了襄州区双丰收农机专业合作社理事长宋某套取农机补贴的案件，涉及农经站站长、农业局和财政局相关工作人员。

第三，贪腐行为更具隐蔽性。直接吃拿卡要、直接侵占集体财产、直接侵害农民利益的现象已经极为少见，"小官贪腐"的技术含量越来越高。一是充分运用合法的自由裁量权为自己谋利。绝大多数政策实施都赋予了基层干部自由裁量空间，这为一些基层干部的贪腐行为提供了便利。二是充分运用上下级之间信息不对称的现实为己谋利。一般而言，上级部门不可能完全监控基层干部的行为，而普通群众又很难知道上级政策法规的具体内容，这就为一些基层干部的欺上瞒下行为提供了可能。三是充分运用市场化的运作方式为己谋利。当前很多政策实施都要求进行市场化运作，尽管有公开招投标等程序要求，但这远不能控制亦官亦商的基层干部行为。一些基层干部本身就是商人，在承包当地工程上有天时、地利、人和的优势。一些基层干部即便不是商人，承包商为了更方便施工，更易拿到工程款，也常常主动邀请基层干部"入伙"。

三、"小官贪腐"的机制

当前的"小官贪腐"已经不再局限于蝇头小利，也不再明目张胆，而是充分利用了基层行政的复杂性、制度监管的漏洞、政策实施的固有缺陷来谋取巨额利益。应该说，"小官贪腐"有其内在的发生机制，其中一些机制是古已有之、难以解决的，还有一些机制则是由新制度环境造成的。

第一，乡村利益共同体。在农村税费改革之前，我国基本上是汲取型政权，各级政府需要从农村、农民身上收取税费，因此，乡村干部既是基层公共事务的服务者，也是基层政权的"代理人"，在国家、乡村干部和农民之间形成了相对稳定的利益共同体。一方面，国家和乡村干部之间有稳定的利益交换关系，国家借乡村干部从地方汲取资源，乡村组织获取部分财政保障，部分乡村干部在基层政权的默许下"搭车收费"，乃至谋取私利。另一方面，农民与乡村干部之间也有稳定的利益交换关系，农民希望乡村干部提供公共服务，也寄希望于通过乡村干部的渠道向国家表达诉求，而乡村干部则合法地从农民身上获取好处。总体上看，"小官"是国家与农民关系的桥梁，是相对独立的利益集团。

当前，虽然国家不再寄希望于通过乡村干部从农村汲取资源，但向农村输入资源同样需要乡村干部的配合，因此，乡村利益共同体并没有随着农业税的取消而消失，而是以另一种形态存在："小官"不再从农民身上汲取资源，却从国家财政转移支付中谋取利益。这主要表现为通过发补助、奖金的名义将公款私分，或借待客、跑项目、购物资等事项，虚列开支、虚报冒领。

第二，灰色利益链。当前，国家财政转移支付主要分为两种形式：一是普惠性的财政转移支付，如种粮补贴、合作医疗、养老保险等；二是专项转移支付，如新农村建设、水利工程、道路村村通、现代农业示范园、专业合作社补助等。一般情况下，随着政策制度的不断完善，群众认知水平的不断提高，再加上涉及面较广，普惠性的财政转移支付很难为"小官"贪腐。但是，专项转移支付却很容易为"小官"贪占、截留、私分、挪用，乡村干部、不法商人之间甚至形成了灰色利益链条。

国家财政专项转移支付一般要求进行项目化、市场化运作，项目落地不再依靠基层政权体系和群众自治组织，而是依靠市场化机制进行运作。具体而言，国家财政支持的农村基础设施建设，通过项目的形式向企业、个人发包。由于基层市场发育不成熟，与乡村干部关系密切的企业和商人具有竞争优势，再加上制度监管不够完善，使得"小官"的权力寻租空间非常大。为了有效规避风险，不法商人也乐于与乡村干部合作，共同从国家财政转移支付中获取利益。

第三，监管制度不健全。农村资源密集度的提高，调动了群众参与自治的积极性，但是，也造成了部分地区村民自治的变异，群众难以对村干部进行监督。主要表现为：村民选举过程中贿选现象严重，花费百万甚至千万竞选村主任已不是新闻；黑恶势力操纵选举，"恶人治村"的现象在一些地区较为严重；村干部一言堂，剥夺群众参与权、知情权、监督权现象较为普遍。

与此同时，既有的党纪、政纪、法律存在监管漏洞，"小官贪腐"处于失控状态。首先，"小官贪腐"具有相当大的隐蔽性、灰色性，游离在合法与非法之间，监管难度较大。平心而论，乡村利益共同体和灰色利益链有一定的历史合理性，在国家与农民关系未曾理顺之前，就难以杜绝灰色利益的存在。其次，多头监管体系使对小官贪腐的监察力量变得薄弱。当前对"小官贪腐"的监管分散在组织、纪检、民政、监察、公安、基层政府等多个机构，它们职权不一、权限不同，难以形成合力。造成的结果是，每一个部门的监管都处于消极状态，基本上呈现出"民不举、官不究"的现状。最后，缺乏相关的法律制度支撑。村干部并不是公务员，它们不受行政法规的约束，而村民自治组织法又难以保障实施，导致村干部成为"三不管"干部。

治理"小官贪腐"是一项系统工程，应该着眼于基础。必须进一步打破乡村利益共同体的格局，缩小乡村两级之间的利益交换空间，其关键是重新定位社区、村干部的职能。应将村务和政务明确划分,减少村干部的政务工作,切断乡村干部的合谋空间。需要完善财政转移支付方式,斩断基层灰色利益链,核心是破除对市场化运作的迷信,发挥群众自治组织在公共服务上的积极性。还要整合既有的"小官贪腐"治理机制,组织、纪检、民政部门应在两委换届中密切配合,保障村民选举依法依规进行,实现村干部贪腐的源头治理。要建立村干部的常规监察制度,对其经济问题、职务行为进行审查,实行过程治理。一旦发现违法违规现象,必须严惩不贷,贯彻结果治理。

(原文刊发于《人民论坛》2014年第33期,原标题为《小官贪腐发生机理》)

走出象牙塔之后

如今，大学之功能及其学习生态发生了巨大改变。受益于近些年来高等教育的改革发展，大学早已不是象牙塔，而是越来越与就业相关。大学教育早已不再拘泥于课堂，乃至于学校教育，而是与家庭、市场和社会密切相关，这也使得大学学习生态具有多样性。在这种情况下，当代大学生的学业观也出现了诸多变化。这一变化的核心是，大学学业到底是为志业还是为职业？

一、大学生的学业观

在计划经济时期，乃至于在更长一段时间，大学生就业并非影响学业的直接因素。对于多数大学生而言，能考上大学，最好是好大学，就意味着有一个较好的职业去处，而不管这一职业是否符合自己的愿望。这虽然限制了大学生们的就业选择，却在客观上塑造了大学作为象牙塔的功能。大学生的学习相对而言较为纯粹，更少功利考量，乃至于因此与就业脱节。也因此，学业与就业之间发生了较大的裂缝，专业不对口、知识与实践严重脱节，一度成为社会上怀疑大学象牙塔式的学业观的理由。近年来，大学教育做出了积极回应，在专业设置、课程体系建设、教育方法等方面，都强化了市场和就业导向。甚至于，近些年来，教育主管部门和各高校还在积极推动大学生创新创业，鼓励大学生参与社会实践，大学生走出象牙塔已成事实。在这种情况下，大学生的学业观也发生了改变。

第一，走出象牙塔。过去，大学生活以完成学业为目标，甚至于学业是大学生活的唯一，这是毋庸置疑的。而今，极少有老师、学生，乃至于家长，把完成学业看作大学生活的唯一。一个普遍流行的观念认为，大学是为走入社会做准备的。既然如此，何不为将来步入社会积累更多的经验？何不在步入社会之前尝试更多的选择？客观上，这两种观念都是在挑战课堂教学和图书馆学习，认为应该将更多的时间分配给课外活动，分配给丰富多彩的生活体验。乃至于，个别大学教授在毕业致辞上公然宣称大学欠同学们一场恋爱。这说明，以学业为重的观念已发生重大改变。大学不仅要学习专业知识，更要习得社会经验。

第二，围着指挥棒转。如今，大学教育制度越来越精细化，对学业有一套成体系的考核指标。除了修满学分，学生社会实践、参加社团、担任班干部、参加比赛、考证、获奖，甚至于听多少场讲座、参加多少次学术交流等，均有"加权"，影响大学生的学业成绩，并与奖学金、推免等核心利益挂钩。一种潜在地或有意识地围绕指挥棒转的学业观在大学生中蔓延开来。有上进心的同学，不仅要完成课程任务，更要积极参与各种活动。大学生活很忙，却未必培养了大学生的专业能力。

第三，部分专业忠诚度不高。就业导向和指挥棒的双重叠加作用，使得专业的重要性大大降低。尽管大部分高校为大一、大二的同学提供了转专业的机会，但对于大多数同学，尤其是那些学习"冷门"专业的大学生而言，仍要在大学四年学习自己并不喜欢的专业。于是，修双学位成为诸多大学生的重要选择；拓展专业之外的学习，主要是参与更多的社会实践，亦是很多大学生的现实选择。客观而言，在大学生的学业观中，因学习生态丰富多彩，他们有更多选择，因而使得很多专业的忠诚度面临挑战。

二、学业观的就业化

概言之，大学教育深深地嵌入到了就业市场体系中，就业市场的竞争性也在潜移默化地改变着大学的学习生态。因此，当代大学生的学业观有了显著的时代特征，主要表现为学业竞争深入骨髓。受泰勒制式考评机制的影响，大学生的学业竞争几乎深入骨髓。这种竞争不仅体现在课程学习上，还体现在其他一切能够"证明"自己的方方面面。有些竞争具有短期效益，如客观的奖学金；有些虽无短期效益，点点滴滴加起来却关系到"前途"。与一般想象不同的是，对于大部分大学生而言，"六十分万岁"早已是过时的口号；追求卓越才是处于竞争压力下的大学生们的主导学业观。只不过，卓越的定义往往并不由专业学习成绩简单定义，而是包括大学生活的方方面面。

与学业竞争并存的同时，学习的功利性得到极大提升。在相当部分的大学生学习过程中，学习功利性较为明显，主要表现为为分数而分数，为活动而活动；无长远规划，亦无价值追求。甚至于，为了获得好处，不择手段，损害同学情谊，成为"精致的个人主义"。为了在学业竞争中占优，大学生家庭也较为深入地参与了学习过程。绝大多数家长都极为支持、关心大学生的学业竞争。一些有条件的家庭，提前为大学生的学业道路做好了安排，如支持其赴国外名校交流，培训外语，做好出国深造的准备等。

如此看来，当前大学生学业观明显受社会竞争和就业市场的影响。很大程度上，是职业，而非志业在牵引着大学生的学业观。一个完美的学业观，最好是职业与志业相结合的。大学生从事专业学习，既是出于对知识的渴求，对求真的内在志向，亦可通过彻底的专业化训练，从而在知识领域获得自信，进而获得就业市场的认可。而现实在于，当前大学的分科体系与就业市场的职业体系并不完全匹配，甚至于因相当部分大学的专业化教育并不成熟，无法对大学生进行彻底的专业化训练，也就谈不上赋予大学生专业自信，使得其为了更好地适应就业市场而置专业化训练而不顾。过去，大学与社会之间相对隔离，大学通过各种方式将自身塑造为象牙塔，客观上为大学生提供了潜心学习的环境；大部分大学生在潜心学习的过程中激发了内在志向，至少在大学学习阶段具备了"以学术为业"的志向。只不过，这种人为隔绝而制造的志业观，因无厚实的职业保障而难以持续。一旦象牙塔轰然倒塌，学业观的职业化倾向就难以避免。

在不断强化就业导向的大学教育改革的牵引下，学业观的职业化倾向有其必然性。尤其是在一些市场接受度较高的专业，职业化程度越高，往往意味着学术志向越明显。只不过，大学生的专业训练，本质上不在于探求知识生产，而在于知识运用。反过来说，由于职业市场的竞争不断加剧，对知识的更新换代要求也更高，也就更有利于大学生充分学习、吸收新知识，深入融入社会发展的脉搏中去。这种意义上的职业化了的学业观，应该得到充分肯定。

但大学中存在相当一部分基础学科和专业，其价值本身就在于与职业市场保持一定距离；甚至于，哪怕是与市场密切相关的专业，其核心价值恐怕也是要与知识运用保持一定距离的，如此才能真正产生颠覆性的创新。如果这些专业的训练也为职业化所引导，对大学教育而言，未必是好事。

三、重塑健康学风

当前的大学教育，重新出现了"偌大一个大学，摆不下一张平静的书桌"的现象。在国破家亡的时代，大学生们因缺乏条件而无法专心学习，国人最大的志业是救亡图存，而非对学术的内在志向。当前，大学生们却因市场机会太多，教育资源陡然增加，使得每个人都有明确可见的目标，进而丧失了潜心钻研的耐心。出现这种情况，表面上看是因大学生的学业观发生了变化，本质上仍然是大学教育体制，以及大学教育如何与社会、市场互动的问题。因此，欲改善大学生学业观过度职业化的问题，需重新定位大学教育。

大学不是追求名利的跑马场。相当一段时间内，大学教育的功利性导向过于明显。不仅学校热衷于获取各种资源，老师热衷于追逐名利，他们还通过设置名目繁多的指标引导学生，导致大学教育过于浮躁。欲形成良好的学业观，需从塑造健康的学风开始。

一是需合理配置教育资源。总体上，大学应该塑造一个和谐互助的学习生态，而非激烈竞争、相互防备的生态。因此，针对学生不宜用企业化的方式来管理，绝大多数教育资源都应该是均分资源，尽量减少竞争性资源。

二是要优化专业设置。其前提是对专业与市场关系进行准确定位。对于那些与就业市场密切相关的应用性学科和专业，学业的完成主要是服务于就业，其职业化倾向并无不可；但对于基础性的学科和专业，其价值恰恰在于为知识生产提供更好的条件，反而适合于象牙塔式的生态。

三是应加强学业观教育。必须注意，学生工作并非辅导员等专业人员的专责，而是所有任课老师和教辅人员的共同职责。大学生正处于世界观、人生观和价值观趋于稳定的时期，正确的专业引导不仅有利于其健康学业观的形成，更有利于其创造性素质的习得。专业老师为大学生提供知识生产的乐趣，帮助其探寻未知世界的魅力，可以潜移默化地使其祛除浮躁的学业观。

青年创业心态：激情与理性

近些年，随着"大众创业、万众创新"口号的提出，以及相关支持政策的落实，全社会都掀起了创新创业的热潮。在高校，组织、鼓励和支持大学生创业成了学校学生工作的重要内容；在农村，返乡农民工创业也渐成潮流；甚至于，电视上也出现了不少创业节目。无论是哪个创新创业领域，青年都是主力。那么，青年创业者的心态如何？

总体而言，青年创业心态呈现出激情和理性相互交融的状况。从青年的群体特征来说，他们充满活力，富有创造力，在创新实践中具有天然优势。在互联网、AI 等新技术、新业态的牵引之下，我国的创新创业具有巨大机遇。再加上市场经济逐渐成熟，对知识产权的保护日渐深入人心，创业是实现人生价值的一条重要渠道。因此，对未知领域的探索，以及对人生成功的追求，催生出了青年巨大的创业激情。

同时，青年在认知世界、了解社会问题上也存在固有缺陷。本质上，创业并不等同于创新和创造，创业过程是一个社会过程，它同样需要传统的社会知识，包括链接资金、技术、人才、人脉，开拓市场、服务消费者等。这些知识并非可以天然获得，也很难从书本上习得，只能通过社会化和实践来实现。因此，激情并非创业成功的充分条件，它顶多是为创业提供了动力。客观上，创业之不同于传统的就业，本身就意味着高风险性。真正的创业成功者，少之又少。青年创业者如何正视自己所处的社会和市场环境,如何完成自己的社会化,才是创业成功的关键。正因为如此,绝大多数青年创业者都具有理性。

一、自我实现的需要

在对创业的认知上,绝大多数青年创业者都有自我实现的需求,但都立足于生计、发展的需要。青年创业者有一个共同的优秀品质:不甘现状、不甘平庸。

以大学生创业者为例,这一群体大致包括两个类型:一是创新主导的创业者。这类创业者本质上是创新实践者,创业反而是附带的结果。因此,他们大多不会放弃自己的学业,而是利用自己的专业特长,并充分利用大学的学术、校友资源安心创新。二是就业导向的创业者。这类创业者本质上可归属于社会实践,他们大多是为将来的就业创造另一种可能性。因此,他们往往不太拘泥于自己的专业,对创业项目也无明显偏好,而是哪里有机会就往哪里去。大学周围的服务业,很多都是大学生创业者的杰作。在这个意义上,大学生创业者是一群不甘寂寞的群体,他们的创业动机可能是出于激情,却也是出于对自己专业、未来的理性思考。

这一特点同样体现在返乡创业青年中。当前返乡创业者主要是农村青年,在他们的朴素理解中,创业就是"自己给自己当老板""自己给自己发工资"。获得多少收入一开始并不是最重要的,真正吸引其创业的,很可能是自己雇用自己的就业方式有利于个体价值的实现。正是通过创业,践行了"不能一辈子打工,要有自己的事业"的理念。在实践中,青年农民工返乡创业之所以被称作"创业",是因为他们的创业项目大多摆脱了传统的小农经营方式,而是将其融入了新业态中。比如,开办家庭农场,投资快递店、盆景等新型服务业,通过"互联网+"经营传统农业、搞乡村旅游等。

这些项目有一定风险,却隐藏着价值实现功能,且是新生的乡村市场,具有一定机会,对返乡创业青年的自我实现和发展都颇具吸引力。

二、小微创业

在对创业资源的运用上,绝大多数青年创业者都尊重现实,进行小微创业。青年拥有的社会资源甚少,他们往往缺乏创业的绝大多数条件,如资金、人脉、技术,甚至经验等。青年创业的激情主要体现在其个人价值的自我实现上,而不完全建立在外在的财富上。因此,青年创业者对支持其创业的各种资源都倍感珍惜。

当前,绝大多数大学都建立了创新创业实践基地,为大学生创业免费提供场所,甚至为其提供必要的启动资金,一些有条件的大学还通过提供校友资源等支持在校大学生创业。而很多地方政府和相关部门也组织了各种平台,为青年创业提供指导。只不过,创业资源的分配本身具有非均衡性,相较于创新主导的创业者,就业导向的创业者获得的资源可能要少;相较于大学生创业者,返乡农民工的创业支持可能要弱不少。我们访谈的一位大学生创业者,其最初的创业启动资金源自他高中时期自学的手机修理技术,共 10 万元。进入大学后,投资了手机配件店、餐馆等五六个项目,均不算成功,他却坦言其主要目的在于积累经验,用有限的创业资源来换取经验也是难能可贵的收获。

而绝大多数返乡青年农民工,其创业的"第一桶金"均来自打工积累。另外,返乡多多少少会有家庭支持,如从事农业项目,都会有土地;从事服务业,可能也会有家庭劳动力的支持。有限的资源,使得青年创业者只能是小微创业,但客观上,这种创业也避免了创业者因创业失败而陷入难以自拔的困境。就我们调研的情况看,青年创业者恰恰是因为资源不多,可以义无反顾地投入到创业大潮中。在他们看来，即便创业失败，也积累了经验，来日方长。对于返乡农民工而言，创业失败后大不了回到城市去打工。

三、创业者精神

青年创业具备可贵的"创业者精神"。"创业者精神"并非现在才有，也非现代社会专属，而是每一个社会形态下都存在的精神财富。在传统农业社会中，人们往往用"不安分""有想法"来形容那些敢想敢干的人。只不过，受制于技术条件，他们推动社会变革的作用并不激烈，而主要体现在常态社会竞争之中，并且恰恰是因为农业社会是静态社会，这些具有创业者精神的农民，失败的风险并不高。通常，这些不安分的农民也是发家致富者。

如今，社会变迁急剧加快，技术变革也迅猛发展，创业者精神既是社会变迁及技术变革的推动力，又是这一现代性的产物。从个体角度上说，创业者很容易成为大起大落者。一夜暴富者有之，一夜之间倾家荡产者也不少。一个成熟的创业者，其精神并不仅仅指冒险精神，还包括诸多要素。事实上，从我们调研的情况看，青年创业者逐渐趋于理性，越来越体现出多元、综合的品质。

这些品质包括：一是有梦想。无论是实现人生价值，还是造福社会，抑或仅仅是为了发家致富，青年创业者的基本素质都是有梦想。很多情况下，在青年创业者遭遇困境之时，梦想几乎是其支撑下去的唯一理由。

二是有计划。与传统农民不同，现代的青年创业者，无论是大学生，还是农民，抑或其他群体，都需融入市场经济的大潮之中。而经历过市场经济洗礼的人，都善于计算，有计划，而不是得过且过。因此，哪怕是那些返乡青年创业者，从事的是传统农业，使用的是家庭劳动力，他们也善于进行成本/效益分析，也追求利润最大化。

三是善于创新。创业者欲获得事业感，必定会赋予其工作创造性。因此，他们一方面善于学习，容易吸收新知识；另一方面，也善于从实践中总结经验。一些返乡青年创业者，乐于吸纳新农业技术，甚至还为此创造了新的农业经营方式，客观上促进了农业生产率的提高。

四是勤劳。勤劳不是青年创业者的独特品质，却是这一群体的共同特征。创业本身意味着艰难，绝大多数创业者对此都有充分的思想准备，他们不怕苦不怕累，就是为着有朝一日创业成功。在青年创业者中，不乏告别过去，下定决心从头再来的家庭、事业稳定者。尤其是在返乡创业者群体中，很大一部分人都在城市务工了相当一段时间，且获得了较好的经济收入，并有一定积蓄。只不过，这些人都觉得在城市务工已到了一定的事业瓶颈，且城市创业的空间狭窄，因而下决心回到农村准备大有作为。

可以说，青年创业者在创业动机、资源获得以及创业过程中，都渐渐走向了务实。尤其值得关注的是，创业者对创业结果的评价也逐渐走向务实与多元。所谓务实，指的是青年创业者并不强求创业成功。很多青年创业者甚至只是将创业视作火热青春的一个注脚，将其当作奋斗过、努力过、无畏过的一个证明。因此，创业失败并不是一个不可接受的结局。基于小微创业的现实，绝大多数创业者也可以从失败中缓过来。

所谓多元，指的是很多青年创业者对创业本身的价值评判渐趋多元，经济发展并不是唯一的评价标准。更多情况下，大多数青年创业者都将创业当作生活、工作的一种选择。我们对街头摊贩做过田野调查，发现街头摊贩中的相当一部分人是在校或刚毕业的大学生，和农民工摊贩相比，大学生摊贩对非正规经济持更加开放、多元的评价，他们将练摊当作积累资本、经营经验，甚至于人际交往能力的机会。因而，同样是摆摊，大学生将之视作"创业"，而农民工则将之视为"务工"。那些返乡创业青年,同样为返乡赋予多重含义。他们并不将自己视作城市失败者,而是将农村视作一个机会,并且一些已经结婚成家的返乡农民工,创业中还伴随着实现家庭发展的目标,如更好地照料老人、教育陪伴儿女等。

总而言之,当前青年创业者的心态在激情和理性之间寻找平衡,其创业行为嵌入于急剧的技术和社会变迁环境之中,赋予了多元社会价值观。创业是社会发展的重要动力,务实而多元的创业观,是健康创业环境的重要组成部分,创业者精神是极其珍贵的社会价值,青年创业者理应是时代责任的担当者。

(原文刊发于《人民论坛》2019年第20期,原标题为《激情与理性勾勒青年创业者心态》)

"农二代"：流动中的漂泊与迷茫

当前，"农二代"青年群体与其父辈相比，大都受到中国特色城乡二元结构的塑造。他们户籍在农村，这意味着其根在农村，或许未来也在农村，但绝大多数人都有城市生活经历，甚至于长期工作、生活在城镇。他们不再过着面朝黄土背朝天的生活，而是处于流动状态，奔波于城乡之间，其日常生活也深受市场经济、消费主义及网络、电视等大众媒介的支配。在这种背景下，"农二代"青年群体的思想意识与传统农民已有极大差异，主要呈现出明显的动态特征。

一、职业观念变强，乡村共同体意识式微

绝大多数"农二代"都有外出务工经历，深受工业化及市场经济的洗礼，具有较强的职业观念。传统上，农民不仅是一个身份，也是一种职业。但传统的务农是与自然经济联系在一起的，其职业性并不强。受地域特征、自然条件、家庭禀赋及社会关系的结构性束缚，人们基本上按部就班地继承祖辈面朝黄土背朝天的务农职业。哪怕是从事工匠、木匠等手艺活，也仅仅是作为务农的副业而存在。简言之，务农这个职业是相对稳定、静态存在的，因而是无须规划、无须选择的，一代代农民按照传统习惯继承之。

但是，进入21世纪以来，城镇化迅速推进，全国统一的劳动力市场已然形成，务农不再是自给自足的封闭经济中的职业。绝大多

数"农二代"被卷入了统一的劳动力市场体系中，一定程度上成为自由劳动力，务农不再理所当然，只是其职业选择之一。而在职业选择过程中，每一个职业的特征、前景、机遇及个人匹配度，都需要仔细考量。因此，"农二代"普遍具有较强的职业观念，经过一段时间的磨砺，他们在相当程度上具有了产业工人的素质——掌握一定的技术、具有纪律观念。哪怕是返乡定居的"农二代"，因不同程度地受到过职业训练，他们的务农工作也与其祖辈有极大区别。比如，他们不再将务农看作理所当然的生活依赖，而是更倾向于将之当作一种职业性较强的工作，计算成本收益，努力提高效率、扩大规模，将之看作一种与工商业等同的经营。

乡土社会是以血缘及地缘关系为纽带建立起来的共同体，共同体意识是传统农民最重要的思想观念之一。因此，尽管人口流动历史上就有，20世纪90年代还出现了以第一代农民工为主体的民工潮，但因其外出务工主要依托于老乡、亲戚等原有的社会关系，其日常生活逻辑也注重通过人情往来维持村庄内部关系。在这种情况下，第一代农民工的共同体意识并不因为离土又离乡而消解，反而让他们可以在年龄大时顺利返乡生活。

但"农二代"青年工的社会化过程大都不再局限于村庄社会，而是依托于学校、村庄及流入地，导致其共同体意识大大弱化。这主要表现在两个方面：

一是地缘观念已显著弱化。与第一代农民工不同，越来越多的第二代农民工在城市里工作、生活，不再依托于原有的老乡关系，而是充分运用市场、制度以及建构性的社会关系融入城市。因此，其深层观念里，老乡已非其城市生活的必需，更多的是一种情感寄托。在其未来的生活预期中，"返乡"虽是一个选项，却不再是唯一的选项，这在随遇而安的心态及走出村庄的选择上也有突出表现。

二是血缘观念逐渐弱化。尽管家庭仍然是"农二代"青年的价值所依,但宽泛意义上的亲属关系观念逐渐弱化。主要表现是,越来越多的"农二代"青年因长期生活在城市,其生活预期也是脱离村庄,他们对于维系村庄内的血缘关系丧失了热情。总体而言,越来越多的"农二代"青年不再将村庄视作其社会关系再生产、生活方式维系以及人生价值依归的场所,对他们而言,村庄与生俱来的共同体意义越来越不重要,他们是"脱域"的一代。

二、个体意识觉醒,焦虑和迷茫感蔓延

个体意识觉醒是改革开放以来中国社会的重要现象,这在"农二代"青年群体身上表现尤甚。在家庭内部关系上,"农二代"青年在代际关系中获得了更为主动的地位,他们在就学、择业、择偶、定居等重大家庭决策方面,都获得了相对自主的选择权,而不再完全遵从父辈压力;他们在夫妻关系中,也往往更加平等独立。

"农二代"青年与其父辈、祖辈的个体意识觉醒程度有差别,导致一些农村地区代际关系的不平衡现象较为严重,祖辈、父辈往往努力馈赠"农二代"青年,为其小家庭的顺利发展贡献力量,但"农二代"青年却并不一定遵循反哺逻辑,在家庭资源分配中更愿意将其倾向于小家庭的发展,而非用此来赡养老年人。而夫妻之间个体意识的觉醒,也在客观上增加了家庭的脆弱性。尤其是受跨省婚姻等结构性因素的影响,"农二代"青年的个体意识冲突更加显现,离婚率迅速上升。

个体意识的觉醒不仅仅表现在家庭内部关系上,也体现在一系列的社会行为中。比如,"农二代"青年更加强调个体及家庭权益,更为注重维护自己的利益。此外,就像在代际关系中表现出来的失衡一样,个体意识的觉醒却没有相应地生长出责任意识,"农二代"对家庭的责任、对家乡村庄的责任也随着村庄共同体意识的式微而

淡漠。因为流动频繁，个体和家庭之外没有归属的主体，在"农二代"身上我们似乎也很难看到社会责任和担当。

"农二代"青年处于快速变动的时代中，普遍具有焦虑感。从宏观上说，我国城乡二元结构的变迁处于历史性的变动过程中，"农二代"青年前所未有地融入城市生产生活体系中；作为互联网一代，他们甚至深度参与到全球化进程中；成长、生活在"流动社会"的"农二代"，比其父辈体验了更多的"不确定"。因此，"农二代"青年在思想意识上已完全融入现代社会逻辑之中，其社会生活充满异质性、不确定性、高风险性，且每一个个体都无法躲藏。但在实际状态中，绝大多数"农二代"青年处于社会下层，他们面临更大的竞争压力，机会少、资源少。绝大多数"农二代"青年都拥抱现代生活，都努力实现城市化，在这个过程中，成功者有之，但失败者居多。问题是，农村的社会关系已逐渐瓦解，对大多数"农二代"青年而言，返乡并非一个优先选项。

在微观层面上，"农二代"青年受制于结构性制约，每一项家庭决策及人生选项，都显得较为困难，在他们身上弥漫着焦虑和迷茫。在结婚时，很多农村地区的"农二代"青年面临择偶难的问题，高价彩礼现象已是诸多农村地区共同的社会问题，许多"农二代"青年及其父辈都焦虑于娶媳妇难的问题上；在儿女教育问题上，许多"农二代"青年焦虑于让子女做留守儿童留在家乡受教育，还是进城接受教育，甚至一些父母有更为长远的焦虑，到底是投资教育还是攒钱娶媳妇；在居住选择上，绝大多数"农二代"青年都面临返乡与进城，进大城市、中小城市还是小城镇的矛盾。总体上，流动中的漂泊和迷茫是绝大多数"农二代"青年的共同心理体验，而想象中乡村的静谧安定反而成为一种深层的心理向往，乡愁情绪在他们身上也有较为突出的表现。

三、生活经历独特，随遇而安、权宜的心态普遍存在

"农二代"青年群体基本上是在流动文化中成长起来的，其父辈大多有外出务工的经历，他们中的相当一部分人群曾是留守儿童，也同时是"流动儿童"——有些上过打工学校，有些寒暑假去城市生活过，有些甚至在父母的打工地出生并长大。因此，固守家乡及农民本色，已非其基本思想底色，多数"农二代"具有随遇而安的心态。首先，他们在居住地的选择上具有随遇而安的特征。事实上，绝大多数"农二代"青年群体已把离开村庄当作首选，很多年轻人结婚时甚至把城里有一套新房当作前提。至于说选择在哪个城市定居，则与职业、家庭及生活机遇等密切相关。其次，"农二代"青年的职业前途具有很大的不确定性。虽然"农二代"青年群体的职业观念较强，但大多数没有明确的职业规划，其职业更换较为频繁。"农二代"青年群体的知识文化水平较低，且多数没有经过系统的职业技能训练，职业依赖性及忠诚度都不高，再加上他们所从事的职业门槛较低、发展空间也较为有限，故而基本上是"哪里好赚钱去哪里，什么工作赚钱做什么"。最后，"农二代"个体的生命历程和生活轨迹很难归纳出一个清晰的路线图。在这个信息爆炸、价值观多元、剧烈变动的时代，传统农民所固有、坚守的一切已经被动摇了，"农二代"的家庭和婚姻、生活与工作也不能像父辈那样按部就班地来，当被问及关于未来的规划时，得到最多的回答是"走一步看一步"。

与焦虑感并存的是权宜心态。"农二代"处于快速变动的时代中，他们见识宽广、物质欲望强烈，且处于较低的社会阶层，缺乏足够的社会资源和完善的社会保障，不安全感在一定程度上比其祖辈更重。两者之间的巨大反差，使得其做出相关决策时显得不够稳重、不够安全，总是有后顾之忧。因此，"农二代"青年的行为逻辑，具有极

强的权宜性、策略性及投机性。比如,在择业过程中,其虽不乏职业观念,却无职业规划,而是"哪里有钱哪里去";在居住选择上,也长期处于返乡与进城间的两难选择过程中。这种权宜心态,甚至助长了一系列社会问题。比如,"农二代"青年的"变现"意识较为明显,他们更急于掌握更多的可控资源,以回应现实需求;为了进城,"农二代"青年更急于"盼拆迁",盼土地流转,想尽早将家庭不动产转化为现金。权宜心态也是一些投机行为的深层心理根源。根据笔者的调研,很多"农二代"青年在进城过程中,都不同程度寄希望于赚快钱、赚大钱,从而陷入各种传销、骗局等陷阱中。很多"农二代"青年甚至因此而不可自拔,最终失去了奋斗之心。

四、消费主义盛行,潜意识里以乡村为根

与父辈重积累、轻消费,外出务工主要是为了给农村家庭积累财富相比,"农二代"青年重消费、轻积累,外出务工主要是为了自身的消费需求,消费主义的意识形态在新生代青年农民群体中具有一定的普遍性。其主要表现是,一部分"农二代"青年生活的安顿、人生价值的实现,不再基于劳动生产过程,而是寄托于消费的快感以及欲望的实现过程中。会玩、敢花钱,是很多在城市务工的"农二代"青年的共同特质。

现如今,消费主义早已进入农村,并以一种潜移默化的方式改变了传统的风俗习惯,形成了消费主义与传统文化相结合的畸形风俗。比如,一些农村地区攀比之风盛行,房子越盖越高,没有条件也要借贷买车,吃不了那么多也要大摆筵席,为了彰显声势而大搞排场。乡间的市场秩序也随着消费主义的盛行而发生了很大改变。如今,很多农村市场最大的产业是那些为满足新时代农民群体消费而设置的第三产业,如各种手机店、茶馆、网吧、婚礼公司、酒店等。反倒是为农业生产服务的市场,如农药化肥、农机农技,甚至于交通运输等，都成了"夕阳产业"。吃得好不好，穿得时不时髦，过得潇不潇洒，出手大不大方，做事有没有派头，有事多不多人帮衬，几乎成为判断"农二代"是否成功的标准。

与一般想象不同的是，"农二代"青年群体虽寄希望于进城，并看似对农村不关心，甚至不少人因现实压力而有将农村不动产变现的需求，但他们并不认为农村生活不好，反而都有强烈的乡村是根的潜在意识。

细究而言，这种乡村是根的思想意识，一方面可以说是快速变动时代的心灵安慰，乡愁本质上是对处于流动状态的"农二代"青年群体的安慰剂。另一方面，也是对具有弹性的城乡二元结构的现实反应。"农二代"青年群体并未真正放弃农村，他们的生活里面永远存在一个最为确定的选项——返乡。工作不顺时，想着大不了回乡种地；城市生活不易，想着大不了回乡过田园生活；城乡之间无法兼顾时，回乡团聚也是一个选择。在这个意义上，我国的城乡二元结构对"农二代"青年群体具有保护性，"农二代"青年可以继承家业，包括农村房屋及土地承包经营权，而城市资本下乡却受到严格限制。他们确定，只要他们愿意，他们随时可以回乡。唯一的问题是，乡村已经不是经济发展的火车头，没有那么多就业机会，也不是消费主义的高地，在安顿"农二代"青年群体生活上，家乡客观上失去了物质支撑及价值赋予。

五、寄希望于未来，却在公共事务上"失语"

"农二代"青年群体虽存在一些消极思想，但总体上看，其积极的生活态度仍是主流，寄希望于未来是这个群体的总体特征。一方面，一些"农二代"青年群体对现实是不够满意的，也是存在迷茫的，父辈提供的生活路径和价值观，他们无法遵循；而新的生活路径和价值观，又未稳定，这导致他们处于不断的追寻、适应过程中，时有迷茫，甚至迷失。

另一方面，"农二代"青年群体对现实的不满，恰恰反映了他们对美好生活的向往。他们的美好生活不再是他们父辈秉持农业社会逻辑而产生的小康，而是基于物质极大丰富的消费主义社会而产生的美好生活想象。某种意义上，对"农二代"青年群体而言，美好生活有一些基本的要件，如有稳定的工作、居所、社会保障，以及美满的家庭，也有一些更为抽象的追求，如生活的自由、舒适、幸福，甚至于社会的和谐、稳定等，都是其追求的一部分。也就是说，尽管有迷茫和焦虑，但也有希望。相较于父辈，"农二代"青年群体基本上接受了义务教育，甚至有更高的学历和丰富的现代生活经验，他们与不同阶层、不同群体事实上共享着一套关于美好生活的图景，并接受着同一套关于人生成功的标准。只不过，与那些出生在城市的同辈人相比，"农二代"的资源禀赋较差，他们在未来成功的道路上要付出更多。

"农二代"青年群体尽管在家庭内部掌握了较大的自主权，且在社会生活中也有较为明确的个体意识，但是在公共事务上，他们基本上是失语一代。多数"农二代"青年群体只是在受教育阶段短暂生活在村庄，基本上未曾参与过村庄公共生活，而成年之后，往往又在城市务工，也很少有机会参与城市公共生活。这种特殊的社会化过程，导致其缺乏公共参与意识。再加上"农二代"青年群体对未来的生活预期基本上是离开村庄，导致其对村庄事务更是缺乏参与热情。在这个意义上，"农二代"青年群体的政治参与度是不高的，他们的一些基本政治权利基本上被留守家里的父辈，甚至祖辈所代表。

但是从客观上分析，"农二代"青年群体并不是没有参与意愿，亦非没有参与能力，而是在城乡二元体制下，其参与渠道不够顺畅。比如，"农二代"青年群体的工作、生活都在城市，但他们对城市并无归属感；他们户籍在农村，对自己的村庄有充分的政治参与权，但因不常驻于此，对切身利益的感受不深，又无参与热情。最关键的是，他们最为关心的权益，如劳动权益、社会保障等，也会因参与渠道有限而选择沉默。尽管在自媒体发达的今天，人人都可以通过移动终端发声，但我们看到的媒体中的"农二代"却多是专注于个人事务的形象。

归纳"农二代"的思想动态还有许多工作要做。如同上面所说，不仅他们自身是"失语"的，以上矛盾的归纳也是一种"失语"。"农二代"的迷茫和焦虑，乃至希望无不与这一背景有关。无论是物质欲望高涨还是个体主义觉醒，焦虑、迷茫与希望，甚或"不确定"的职业和未来，都在这个巨变的时代里不断地变动。尽管城乡二元是既定的结构和背景，但我们应避免在城乡二元的框架里刻画"农二代"的思想动态，因为许多"农二代"的成长和生活环境已非城市或者乡村。如果说他们父辈的生活轨迹是从乡村到城市然后从城市到乡村，那么"农二代"的生活轨迹就是在城乡之间的另外一种路径。与"城二代"一样，"农二代"是在市场社会、流动社会和网络社会中成长和生活的同一代人，他们的思想观念中也无不打下了时代的烙印。

"农二代"青年群体的思想动态，是当前中国社会思想动态的典型表现。总体而言，当前中国社会变迁加剧，机遇与挑战并存；各种社会思潮也随着新技术的出现而加速传播，不同社会阶层的思想动态专属性和易变性共存。"农二代"青年群体处于社会底层，对社会变迁的感触最为敏感，也较容易接受多元社会思潮。因此，想让"农二代"群体有健康和积极向上的思想，就既要注重正确引导各类思想传播，又要着力改善他们的发展环境，为其提供更多的流动机会。

（原文刊发于《人民论坛》2018年第22期，原标题为《流动中的漂泊与迷茫："农二代"青年群体的共同心理体验》）

小摊贩，大政治

2018年5月，媒体报道，河北邢台市在扫黑除恶斗争中，先后打掉了宁夏籍敲诈建筑工地恶势力犯罪团伙、桥西"拉面帮"恶势力犯罪团伙等多个团伙。公安部下发通知，要求各地学习邢台做法。利用少数民族身份及少数民族地区的宗教信仰、风俗习惯等作为掩护，实施犯罪行为的报道屡见不鲜。这些犯罪活动多数与街头利益的争夺有关。笔者这几年对一个城市街头持续做了多年的跟踪调查，希望通过客观呈现其街头利益分割及争夺，来揭示街头违法犯罪行为的复杂谱系。其中，街头治理的泛政治化问题，尤其应引起特别关注。

与人们想象不同的是，城市街头并非无主之地，而是聚集着巨大利益。争夺街头空间的不仅包括弱势群体，还有数量庞大的特殊利益集团。当前，我国城市的街头治理早已告别了"小脚侦缉队"时代，公安、城管等街头执法队伍投入了庞大力量维持秩序。总体上看，我国城市街头秩序良好，并未成为酝酿社会和政治动荡的温床。但是，也存在较大的城市安全隐患。其中最难以解决的痼疾是，很多城市的街头逐渐为少数特殊利益群体占据——他们以摊贩形式出现，以弱势群体面貌示人，却在行违法犯罪之事，对市民生活、城市安全以及真正的弱势群体生存，都造成了诸多困扰。

一、街头利益分割

街头占道经营是城市非正规经济的主要形式，因成本低、收益大，而成为各色人等的牟利方式。笔者对某街道有多年的田野跟踪调研，该街道地处城郊接合部，总长不过2千米，沿街除了若干个现代小区，还保留有一个城中村。因房租便宜，该村居住了近5000人的流动人口，再加上其特殊的交通枢纽地位，人流量极其庞大。因此，该街道聚集了大量占道经营摊贩，并成为该市有名的夜市。根据一手资料，笔者尝试对该街道非正规经济的利益分割做一个定性描述。大致而言，该街道包括以下几个利益集团。

1. 刑满释放人员团伙。该团伙由城中村的8个刑满释放人员组成。团伙头目是20世纪80年代"严打"期间入狱的，刑满释放后，因难以找到工作，就在村口（靠近街道）开辟了一个只有20个摊位的小型菜场。街道党委、政府及社区出于关心刑满释放人员，维护社会稳定的考虑，积极协调相关部门免于取缔这一非法菜场。作为交换条件，菜场收留了另外7位刑满释放人员作为管理人员。但是，这8名刑满释放人员反而以菜场为据点，逐渐形成了具有组织化特征的团伙组织。其主要营业项目是，将整条街道开辟为夜市，对入驻的摊贩实行公司化管理。为此，这个团伙还雇用了五六名社会青年作为管理员，主要是收取管理费（摊贩俗称的"保护费"）、调解摊贩间的矛盾、驱赶外来摊贩。据笔者统计，该夜市的摊位常年保持在100个左右，每个摊位每月收取管理费1200元（如果有熟人打招呼，可减免至1000元，但好的位置也可能收取1600元）。这样，仅仅是夜市管理费这一项，该团伙每月即可非法得利120万左右。

2. "河南帮"。"河南帮"是一个依靠血缘、地缘关系为纽带组成的摊贩群体。这个群体以一个外号"河南张"的摊贩为核心，聚集了三四十人。严格说起来，该摊贩群体并非团伙，其内部无等级关系。仅仅因为"河南张"是最早来此路"打码头"的，后面来的河南摊贩多少都与他有亲戚关系，再加上他与城管部门相熟，懂得抗争策略，且发生执法冲突时也会居中调停，在老乡群体中颇有威信。"河南帮"因人多势众，占据了该街道最好的位置。其中，"河南张"本人的非法占道摊位最大、位置也最好，一晚上的流水在8000元左右。为此，他专门雇用了两个老乡为其守摊卖水果。"河南张"经常到城管中队"谈判"，穿着体面，抽25元/包的芙蓉王，开着小车，还在繁华地带买了房，已是地地道道的小老板。"河南帮"白天做流动摊贩，与城管"打游击"；晚上则向地头蛇交保护费，成为固定摊贩。

3. 少数民族摊贩。该路的少数民族摊贩主要经营水果、大枣、烤馕、麻辣烫。在城管的日常执法中，少数民族摊贩因语言沟通、风俗习惯、行为方式等差异，普通城管并不敢前去执法。久而久之，他们成了特殊利益群体——普通摊贩容易遭到驱赶而成为流动摊贩，少数民族摊贩则因执法困境而成为固定摊贩。

4. 普通摊贩。普通摊贩大致分为两个群体：一是本地的弱势群体。比如，市郊的老年农民，自己种了一些蔬菜瓜果到该街道摆摊。二是外地农民工，他们多是将摆摊当成一个务工方式。本地弱势群体有20人左右，都是老人，其经营目标是将每天自种的农产品卖完，挣得几十元收入。外地农民工共150人左右，他们都有较强的经营意识。一般而言，摊贩的优势是灵活且有自主性，但缺点是外部经营环境不确定（包括城管执法的影响以及当地团伙的骚扰），因此，绝大多数外地农民工为了获得稳定的经营环境，都愿意向团伙交保护费。笔者访谈过超过10名外地农民工摊贩，他们的月纯收入都维持在5000元上下，他们也都认为这比进厂务工要稍微强一些。

二、街头内部权力关系

粗略计算,该小街仅仅是占道经营这一项,即养活了不下 200 名摊贩。但是,非正规经济的市场秩序是易变的,摊贩群体内部的权力关系也不是固定的。大体而言,街头利益群体的内部权力关系呈现出多元特征。

1. 支配关系。从调研中可见,一些摊贩并非自雇经营者,而是受雇者。基本上,那些已经拥有相对稳定摊位的摊主,都会雇用帮手,而自己做起了老板。甚至于,那些交了保护费的普通摊贩,如无家庭成员帮忙,也会寻找兼职的大学生来帮忙守摊。可见,支配关系在摊贩群体中是一个极其普遍的关系形式,这也侧面说明街头利益巨大,且分配不均。

2. 庇护关系。团伙与普通摊贩之间,通过管理费/保护费的形式,建立起了庇护关系。从笔者的长期观察看,该团伙的管理水平比较高:一是摊位划界清晰,管理有序。二是收费规范,不多收,也不重复收费。三是保证利益,不允许别的势力来扰乱市场秩序。四是确保清洁,以满足城市管理要求。根据笔者的调研,凡是形成摊贩群体的地方,基本上都存在庇护关系,都会有团伙介入管理,这几乎是一条铁律。区别在于,有些团伙的管理水平较高,不会过于压榨普通摊贩的利益,有些团伙则管理水平较低,从而制造出一些冲突。

3. 合作关系。摊贩往往都是老乡带老乡、亲戚带亲戚,他们之间有千丝万缕的关系。该街的摊位,至少有一半是两人或两人以上合作经营的。摊贩之间的合作关系,不仅仅体现在合作经营过程中,还体现在占领市场、应对风险等一系列事件上。比如,一旦出现新的同业竞争者,一些具有合作关系的摊贩(如"河南帮")就会联合起来通过降价、挤占摊位等方式,迫使对方退出。一旦出现执法冲突,他们也会毫无顾忌地相互帮衬。

4. 竞争关系。不同的摊群之间,同业之间存在激烈竞争,尤其是流动摊贩之间,为了获得较好的摊位,他们往往会爆发或明或暗的冲突。如果存在两个摊贩群体,则冲突更为激烈。团伙往往都是从竞争、冲突过程中形成的。一旦有团伙介入,反而有利于压制这种无序竞争。

这四种关系往往相互交织,但共同的指向都是街头利益分配不均衡。团伙组织获取了该街的最大利益,因为夜间占道经营的利益较少受到城管执法的干扰,且经营时间较长、空间较大。而那些老占道经营户,如少数民族摊贩、"河南张"等,因与城管执法的拉锯较有经验,很容易占据位置较好的犄角旮旯,免受城管执法干扰,从而获得较为稳定的利益。普通摊贩则只能在与城管的游击战中获取利益,并受团伙组织的盘剥。

但是,这种权力关系也是不稳定的。一是受城管执法的影响。从市政管理角度看,占道经营属于城管部门的管理职能,摊贩利益的产生及分配,都极易受到城管执法规律的影响。从城管执法的内部视角看,其管理行为呈现出松紧交替的规律。比如,工作时间的管理较为严格,街头利益会受到较大的挤压;而休息时间,尤其是晚上,则很容易出现管理空白,这恰恰是街头利益暴增的时候。碰到重大节日和检查,如"创文创卫"时期,街头管理极其严格,街头利益就会受到压缩。在这个意义上,哪怕是团伙组织,也无法维持自身利益,也就谈不上为普通摊贩提供绝对庇护了。比如,该街有一年碰到"创文创卫"复查,检查组不断更改时间,导致城管加班执法了2个月,这对普通摊贩影响巨大,激起了摊贩对团伙的不满。最后,团伙承诺复查完后免交2个月的管理费,事情才得以平息。

二是受摊贩群体变动的影响。摊贩是一个进入门槛低、淘汰率较高的行业，因而，摊贩人员随时随地都在变动。这种快速变动，很容易改变摊贩群体的生态。比如，新进入一个特别强势的摊贩或者摊贩群体，很容易引起激烈的竞争和冲突。甚至于，一个看似稳定的摊群，也会因不可抗拒的因素变化。比如，"河南张"因年纪见长，且事业有成，不太愿意为老乡出头，所以，最近其在"河南帮"中的地位已经动摇，另一名年轻的摊贩拉起了一帮人到别处去"打码头"。"河南帮"事实上已经分裂。

三是受地理环境的影响。近些年，城市建设极快，街道的地理空间变化也极快，这对非正规经济产生了根本性影响。比如，城市道路要升级，施工过程中就没办法再摆摊，升级成功后，因道路等级提高，管理标准也提高，非正规经济的空间也会受到极大压缩。总体利益变小后，那些支配、庇护关系就很难再维系。

四是受政治环境影响。摊贩夹杂着诸多意识形态竞争，有些人诉求城市有序，有些人诉求生活方便；有些人强调弱势群体利益，有些人强调保护中产者利益。尤其是涉及特殊利益群体，比如团伙组织，很容易受政治气候影响。2018年初党中央、国务院发出《关于开展扫黑除恶专项斗争的通知》以来，该街的团伙为了逃避打击，也不再收管理费。

三、被迫承认的秩序

摊贩管理看似事小，但涉及面却极广，比如弱势群体保护问题，城市秩序与活力的平衡等问题。时至今日，绝大多数的市政管理部门通过疏堵结合等措施，较好地处理了这些问题。鲜为人知的是，城管部门的真正难题在于行政执法问题的泛政治化。

一方面，近些年的舆论环境，已将城管执法陷入到泛政治化的执法环境之中，导致执法成本越来越高，执法过程蜕化为议价过程。就目前的城管执法力量配置而言，绝大多数城市都面临城管执法力量不足的窘境。在一线执法过程中，采用大量辅助力量是客观现实。笔者调研的这条街道，目前只有6名正式城管人员，协管员和保安分别有20人。这意味着，有执法权的城管多数情况下只能承担管理辅助力量的角色，很难参与到一线执法中，反过来说，一线执法必然陷入困境。因此，与人们想象不同的是，城管并不轻易采用执法措施，而是采用提示、告诫、"围观"等方式进行日常管理。能被媒体关注的执法冲突事件，必定是经过多次提示、告诫，乃至于采取"围观"等方式而无效，及至城管带队仍暴力抗法的结果。

由此造成的结果是，在日常街面管理中，城管与摊贩之间的讨价还价耗费了大量行政资源，从而为非正规经济的膨胀创造了空间。有经验的摊贩和别有用心的团伙，都会抓住城管害怕执法冲突这一软肋，寻找自己的牟利空间。根据笔者的调研，该街道拥有固定摊位的"河南张"等，在与城管的长期互动中，准确摸清城管执法的规律，且因与城管发生过多次冲突，并制造过群体事件，从而探清了城管的底牌，获取了城管的区别对待。而团伙组织更是利用城管晚间执法力量不足的弱点，并有意识地怂恿、制造执法冲突事件，迫使城管部门默认其非法开办夜市的做法。

另一方面，地方党委政府的不担当，让城管执法承担了难以承受之重。这尤其表现在特殊利益群体摊贩占道经营上。据笔者调研，对这类摊贩特殊对待，已渗入到日常执法程序中。一是协管员日常巡查发现时，连上前提示都不敢，而是选择向带队城管报告。二是带队城管接到报告后，绝不敢做出决定，只能是查明情况，向中队长报告。三是中队长了解情况后，也不会做出决定，而是要做缜密安排才能采取措施。

通常情况下，中队长的选项有几个：一是"围起来"。即调集全中队人马，迅速赶往现场，将摊点"围起来"。目的是不让对方经营，并乘此摸清对方情况，将其劝离。如果对方不听劝，则严格按照执法程序暂扣经营工具。二是"使阴招"。通常情况下，如果特殊利益群体摊贩下决心"打码头"，"围起来"和暂扣经营工具根本就不起作用，反而会激起对方的激进行为，如现场暴力抗法、到中队办公室"讨说法"、到市政府上访，从而引起无尽的麻烦。很多会动脑子的中队长，通常会借用外部力量"使阴招"。如半夜派工人将其经营工具调离，请团伙力量偷窃其经营物品，迫使其主动离开辖区。三是综合整治。请求执法大队联合公安、信访等相关部门联合执法，是最后一道措施。只不过，综合整治因无持续性，效果往往难以维持。

凡是涉及特殊利益群体摊贩的执法冲突，无论结果如何，均会给执法单位和队员带来无尽麻烦，其执法权威难以保证。

可见，泛政治化问题严重影响了城管执法。但泛政治化又是难以回避的现实，它超出了城管部门的控制范围。从笔者调研的情况看，"不出事逻辑"是一线执法的日常状态。因为，在泛政治化的氛围下，且在各级部门还未充分认识一线执法复杂性的情况下，有作为、有担当很可能意味着问责风险。即便不问责，也会因无尽的后遗症而影响工作。据此，绝大多数一线执法者会选择默认这种不公平的、非正常的秩序。

一个出租车公司的"乌托邦"试验

一、公车公营模式

贵阳致远城达出租汽车有限公司是一家股份制民营企业。2008年公司成立,2010年通过投标获得了300多台出租车经营权,并于当年12月30日开始运营。最近几年,通过出租车经营权配额,该公司运营车辆达到420辆,成为贵阳市一家较大的出租车公司。

致远城达公司从运营之初就雄心勃勃,希望在出租车行业创立标杆。公司高层对改造出租车行业业态充满热情,并将公司当作试验田。具体而言,其运营模式创新主要体现在两个方面:一是实行员工制;二是研发出租车营运状况监督管理显示系统,对出租车营运实施实时监控。

这一做法,完全符合行业主管部门近些年来鼓励出租车公司化经营和信息化建设的方向。交通运输部颁发的《出租汽车经营服务管理规定》于2015年1月1日正式实施,其中明确规定"国家鼓励出租汽车实行规模化、集约化、公司化经营"。过去一些年,交通运输部和工信部也一直在推行出租车行业信息化建设;面临网络约车服务的冲击,行业主管部门也在制定网络约租车管理办法。

但笔者前往调研时,致远城达公司的这一尝试基本上以失败告终,公司只有40多辆车实行员工制管理,其自主研发的监督管理显示系统已基本停用。一叶知秋,致远城达公司的遭遇或许可以解释,为何一些符合行业发展要求的创新会在传统业态面前束手无力?

出租车行业对公司化经营的定义涉及两个方面:一是出租车的经营权和产权归属;二是公司是否参与运营。从2010年开始,贵阳市即明确将公司化经营作为该市出租车行业发展的方向,并采取了一系列措施引导出租车进行公司化经营。

目前,贵阳市主城区共有出租车6900余辆,其中个体经营出租车400余辆,另外6591辆出租车为26家出租车公司营运。在这26家出租车公司中,实行"公车公营"(出租车经营权、产权都为公司所有)的公司有8家,营运出租车共4005辆;其余18家出租车公司均为挂靠公司,出租车经营权、产权都为个人所有。

从经营模式看,绝大多数出租车企业和个体车主都采取了承包制的经营模式,即公司和驾驶员既签订劳动合同,同时签订承包合同。公司并不直接参与出租车营运,只负责组织司机安全培训、车辆定期检查、处理乘客投诉等管理活动。

在实践中,不同企业因管理能力不一样,对司机的管理也存在明显差别。一般而言,挂靠公司普遍弱小,管理经费主要来源于运管部门配置的少量公车公营出租车的收入,导致公司管理经费来源不足,管理能力差。该类企业的组建由车主和车主之间整合而成,在管理上经常出现车主间意见不统一的情况,很难落实政府意图。贵阳市挂靠制出租车企业普遍只有100辆左右的车辆,管理人员只有两三人,运营非常困难,只能维持最低限度的管理。

相对而言,公车公营企业的管理能力相对强一些,公司和驾驶员有相对平衡的权利义务关系。致远城达公司实行的员工制,是一种完全形式的公车公营。企业不仅拥有出租车的产权和经营权,且参与管理,直接运营,出租车驾驶员与企业之间是单纯的劳动关系,而无承包关系。

具体而言，公司通过班组化管理和驾驶员薪酬管理来参与运营，即将公司管理重心下沉至班组，每个班组编制为7台车和18名驾驶员，将思想教育、经营管理、安全生产、优质服务、维稳工作落实到班组；驾驶员的薪酬包括基本工资、绩效工资、工龄工资和餐补，其中，基本工资为1000元/月，绩效工资根据每月产值完成情况按一定比例提成，工龄工资满一年为50元/月，第二年为80元/月，第三年为100元/月，三年后每年递增20元/月。公司希望通过合理的薪酬配置，来稳定驾驶员队伍。

二、精细管理的代价

公司直接参与经营，也意味着将对出租车营运过程进行精细管理。

公司在营运之初，就投入使用自主研发的出租车营运状况监督管理显示系统，以实现对出租车的实时监控。对驾驶员不打表、拼车等直接影响公司利润的违规行为，可以进行有效监控。公司对社会公开承诺，如发现驾驶员不着工装、不带上岗证、乘客上车不主动问候、运营过程中吸烟的，乘客可拒付车资；乘客有关于不打表、拒载、宰客、拼客的投诉，奖励500元。

相对于承包制而言，致远城达公司的管理模式基本上避免了"以包代管"的痼疾，也与行业管制目标相契合。因而，2011年，致远城达公司的服务质量在全市出租车行业首屈一指，也获得了行业主管部门的肯定。

不过，仅仅经过一年的实践，致远城达公司就发现，员工制在传统业态下基本上是"赔钱赚吆喝"的买卖。公司虽然赢得了声誉，但营运收入却远远低于行业平均水平，并且公司面临诸多无法克服的经营风险。

公司的经营绩效建立在产值基础上。致远城达公司员工的平均产值实际只有 9000 元/月，比行业标准低 1000 元以上。原因有二：一是相对于承包制，驾驶员压力不大、激励也不够，车辆周转率较低。贵阳市出租车行业内流行一个说法，说致远城达公司的驾驶员比较懒，出工迟、收班早。虽然从科学管理的角度上说，公司经过监测，计算出早、晚高峰时间的生产效益并不高，因而公司也乐于让驾驶员休息。但是，这却形象地说明了员工制下驾驶员的生产积极性很成问题。二是普遍存在隐瞒产值的情况。贵阳市出租车行业普遍存在拼车状况，2012 年贵州省在制定城市公共交通条例时，考虑到运力不足、节能环保、市民消费习惯等综合因素，规定在第一组乘客同意的情况下，允许拼车。

致远城达公司的系统只能监控出租车司机必须打表，但由于质检部门统一装置的计价器并不能同时计价两组乘客，使得系统无法监控拼车的那一部分产值。而根据出租车公司的核算，至少有 1/3 的产值来自拼车。笔者对众多出租车司机的调查也证明，这一核算是大体正确的。很显然，大多数驾驶员隐瞒了部分产值，这也就意味着企业丧失了对这部分产值的利润分享。

对出租车营运过程的监控可以通过技术革新加以解决，如致远城达公司下定决心推行其管理模式，说服运管和质检部门允许其配置合适的计价器并不是不可能的。问题是，即便可以对出租车司机进行有效监控，那也意味着要有大量管理成本的投入。

比如班组制，7 台车配置了 18 名驾驶员，相对于承包制下普遍实行的一台车配置 2 名驾驶员，营运成本显然要高很多。此外，班长每个月有 200 元的津贴补助，监控系统也需有人值班，与鼓励举报相配合，也意味着需配置更多的稽查人员，这些都是多投入的成本。更为关键的是，出租车营运中常见的风险，员工制很难应对（见表 3）。

表 3　承包制和员工制应对常见出租车经营风险办法对照

	出租车经营风险	承包制应对方法	员工制应对方法
1	车辆损坏	公司解约，驾驶员支付1万违约金并承担赔偿	公司解约，承担赔偿
2	交通事故	全部驾驶员垫付，车辆修复全部驾驶员负责	全部驾驶员垫付，车辆修复全部驾驶员负责
3	自己离职	不退2万元风险金	按劳动法办
4	车辆转他人驾驶、转包等	赔偿5万元	无
5	代班驾驶及其风险	承包人承担	公司安排
6	年检、审计价器	超期一天罚款50元，导致停运定额照交	公司统一完成，不存在超期
7	私自在外维修	不退2万元抵押金	公司自己维修
8	停车整改	份子钱照交	不发出勤工资
9	违规三次或一次给公司带来严重后果的	不退2万元风险金	扣5000元风险金
10	发生事故不报交警的；造成严重后果的	处罚1000元，不退2万元风险金	处罚1000元；扣5000元风险金
11	每月自行对车辆违法信息进行清理，不能影响审车	公司可以查询	公司可以查询
12	安全奖	同一班组驾员间"连坐"	单车考核
13	未定期消毒处罚	一次罚50元，二次罚100元	一次罚50元，二次罚100元
14	保险上浮	公司只承担寄出保费；上浮部分驾驶员承担	公司承担
15	聚众上访	一次罚500元，二次停车，三次不退2万元	暂无规定
16	车辆被抢被盗等，保险不赔付的部分	驾驶员承担	公司承担

如表3所示，从公司对驾驶员的约束而言，承包制反而更有应对办法。这是因为，承包制企业可以将政府法律法规、保险等转化为公司资源，用于约束驾驶员。签订承包合同时，驾驶员普遍需要缴2万元的风险抵押金。出租车企业以此为杠杆，对驾驶员的违规违法行为进行处罚。另外，出租车企业还普遍运用保险进行安全生产管理，将保费下浮部分转化为安全生产奖，鼓励驾驶员安全行车。

而致远城达公司实行员工制，完全按照劳动合同法进行员工管理，一开始根本就没有收风险金。这使得公司很难对驾驶员进行约束。毕竟，出租车驾驶员的流动性本来就比较大，即便被开除，驾驶员也很容易在别的实行承包制的出租车企业中找到岗位。

由于生产效益不好，致远城达公司的三个股东在2012年发生了内部纠纷，使得员工制难以推行，管理混乱，出租车安全服务质量信誉考核结果为不合格，被运管部门处以50万元的罚款。此后公司被拆分为三个车队，分开核算。其中两个车队完全实行了承包制，还有一个车队虽然坚持员工制，但也做了较大改革。第一，针对产值隐瞒的状况，公司规定了最低产值要求。要求每个员工必须完成9000元/月的产值，才能全额拿到1000元/月的基础工资。第二，针对员工约束力较差的情况，公司也学习承包制企业的经验，对每名员工收取5000元风险金。

这两个改革无异于抽离了员工制的精髓，造成了更深层次的危机：驾驶员离职潮。致远城达公司之所以对贵阳市出租车驾驶员有吸引力，就是因为员工制较为人性化，且收入有保障，但最低产值要求和风险金，无异于承包制下的"份子钱"，况且相对于承包制企业，致远城达公司对驾驶员的管理更加严格。

雪上加霜的是，由于实行员工制，公司对员工的合法离职并无约束办法，驾驶员只要提前一个月提出离职申请，公司必须按照劳动合同法要求给予同意。相反，实行承包制的出租车企业，企业与驾驶员之间签订了承包合同，驾驶员必须找到下一个接手的承包人才能离职，且还需扣2000元违约金，否则，将扣除2万元风险抵押金。因而，致远城达公司的驾驶员非常不稳定，出租车运力闲置多。

很快，改良的员工制也无法实行了，致远城达公司实行员工制管理的出租车数量，从2011—2012年的400多辆，下降到2013年的100多辆，到现在只有40多辆。由于对出租车营运过程实时监控的需求减少，反过来阻碍了公司对信息化建设的投入，其监测系统趋于停止使用的状态。

致远城达公司高层表示,对出租车营运过程的实时监测,在技术上完全不是问题。关键在于,承包制下的出租车营运,根本就没有监测需求。而事实上,这一监测系统对于提高出租车的安全和服务质量有重要意义。根据致远城达公司2014年下半年各车队投诉情况的统计,实施员工制的车队,无论是总投诉次数、有责投诉次数,还是有效投诉率,都要远远低于实施承包制的车队。

三、新业态难以形成

致远城达公司的努力代表着新业态:一是公车公营是一种规模化、集约化的经营模式,更容易与行业管制要求相契合。二是以信息化为核心内容的技术革新努力,已经被证明是出租车行业转型的必由之路。只不过,致远城达公司以一企业之力试图引领新业态,却又要与传统业态竞争,注定会在各种阻力下走向失败。

第一,与行业管制政策相悖。2012年贵州省在制定城市公共交通条例时,考虑到运力不足、节能环保、市民消费习惯等综合因素,有条件地承认了拼车的合法性。这无异于给致远城达公司当头一棒,使其提高行业标准、有效监控出租车产值的努力功亏一篑。出租车行业管制涉及多个部门,单个企业根本就无法与众多行业管制部门进行协调。仅以计价器为例,出租车计价器为质检部门统一指定产品。计价器审核本是行业管制的必需要求,可以防止乱收费。但是,审核很可能不符合企业经营要求。比如,质检部门往往把计价器流量调至最高,导致计价器使用寿命过短,从而让一些不明所以的企业和驾驶员吃了哑巴亏。对于致远城达公司来说,计价器是核算产值的唯一依据,也是公司利润的保障。因此,对计价器的要求较高,不仅需与其监控系统联网,且还要满足拼车规则下的二次计价需要。可是,质检部门很难为单个企业另外指定、审核计价器。简言之,承包制对出租车营运管理的技术要求很低,它压制了员工制企业的技术革新。

第二，与出租车司机的行业文化相悖。长期以来，出租车司机就是一个流动性和独立性都较强的岗位，他们习惯于在街头自由工作。客观上，承包制更适合出租车行业文化，生产效率更高。承包制下的出租车司机，可以较为有效地控制成本。如车辆的日常维修，司机可以通过各种办法节约成本。比如，有经验的司机会注重保养，使车辆维修成本大大降低；司机们也可组合固定到某个维修厂维修，通过谈判也可获得优惠。由于经营压力较大，司机也会想尽办法增加产值。员工制虽然意味着较为稳定的职业保障，可在驾驶员紧缺的情况下，这种稳定性对驾驶员并无吸引力。反倒是员工制下的严格监督管理，使得很多驾驶员难以适应——虽然它更能呼应行业管制要求。

第三，与投资者利益相悖。致远城达公司由3个股东持股，这3个股东之前分别从事汽车经销、个体承包经营出租车和房地产开发行业。除了一个股东怀着发展出租车新业态的理想进入出租车行业，另外两个股东都把出租车行业单纯当作投资机会。这是致远城达公司试验失败的内因。更重要的是，出租车新业态所带来的好处，必须建立在规模效应基础上。比如，其实时监测系统如能广泛使用，可以极大地节约管理成本、提高服务质量，但仅仅运用于仅有几百辆，甚至只有几十辆的企业，则意味着增加管理成本。贵阳市运管部门正在开发类似的信息系统，但功能远不如致远城达公司的系统，并不能满足员工制的管理要求。这说明，出租车新业态的发展存在双重困境，既有市场经济性不高的原因，也存在政府管理失灵的原因。

（原文刊发于《中国道路运输》2015年第12期，原标题为《一个出租车公司的公司化经营失败的思考》）

出租车"份子钱"的背后

一、罢运背后的"份子钱"

出租车罢运基本上都是针对"份子钱"问题，可见"份子钱"是出租车管理的关键。那么，"份子钱"意味着什么呢？简单地理解，"份子钱"就是出租车司机交给出租车公司的管理费用，出租车公司收取了"份子钱"后，就可以向政府缴纳相关的税费，支付相应的管理成本，结余下来的就是利润。可以这样认为，"份子钱"意味着出租车司机的无限压力，也意味着出租车公司稳稳当当的利润来源。

如果单从这个角度理解出租车罢运，那么很多人的看法是可以理解的。毕竟，"份子钱"意味着出租车司机和出租车公司之间是极不对等的市场关系。对出租车行业稍有了解的人都知道，很多城市的出租车公司极不负责任，既不承担市场风险，也不履行管理任务。因为很多城市的出租车都是司机自己买的，只是挂靠在公司而已，却得交不少"份子钱"。

不明就里的人也许会说，既然"份子钱"对司机不利，那就可以不开啊。这个说法貌似有理，实则逻辑不通，因为它假设的前提是真有那么一个"自生自发的秩序"。实际情况是，出租车市场从来就不是一个纯粹的市场，因为想开出租车的人实在太多，而每一个城市的出租车配额是有限的。

笔者家乡距离珠三角很近，周围一些村庄可是整村整村的人在珠三角各城市开出租车;前些年,这些乡亲都是浩浩荡荡地开着出租车回家过年的,别提多有面子啦!笔者在广州打车碰到一名来自赣南的师傅,20 世纪 90 年代就在广州开出租车,现在在广州已经有了两套房,一家都正儿八经地完成了城市化;他还自豪地说他把他和妻子双方的亲戚都带到广州开出租车了。想想 2000 年以前的经济形势,开出租车对农民工而言,的确是一个了不得的职业选择。即便是现在,开出租车的利润已经大大降低,但收入也还算不错,至少"自由"吧!笔者生活的武汉,以前本地人开出租车的多,现在很多武汉人觉得无利可图不开了。可是,不要紧,周围黄冈、黄石、咸宁、鄂州等地的司机,可以源源不断地进入武汉出租车市场。你说,武汉的出租车公司会怀疑"份子钱"的不合理吗?

好了,讨论到这一步,看官或许就应该了然为什么"份子钱"的管理模式可以存在这么长时间了。它真的符合这么多年来的市场供求关系。别看那么多出租车罢运,但要让这些师傅真的放弃这个职业,又有几个人愿意?(千万别以为笔者对出租车司机没同情心,我只是客观分析罢了)这也是出租车公司的底气所在。

二、"份子钱"的来龙去脉

其实,"份子钱"这个东西,最在意的真的不是出租车公司,也不是出租车司机,而是政府。政府真的不是贪小便宜,而是真的离不开它。道理何在呢?说一句套话吧:说来话长,这个问题很复杂,政府很难一时半会儿放弃它。

大城市的出租车历史已经很难考证了,"份子钱"的复杂性很难讲清楚。笔者暑假刚好在一个小县城调研了该县的客运市场监管问题,其中就有出租车的营运问题。这个故事比较好讲,也可以解释"份子钱"的症结所在。

故事是这样的:两年前,这个县为了解决县城市民的出行问题,想方设法引进了一个出租车公司。公司当然很愿意,因为它可以采用对自己最为有利的经营方式:让出租车司机自己买车加盟公司,而公司收取"份子钱"统一管理。刚刚营运,果然出了大问题:县城根本就没有出租车市场。市民还是愿意坐三轮车,便宜又方便;而县政府又无法取缔三轮车,因为它涉及社会稳定问题。迫不得已,出租车司机只好改走长途,而出租车公司基本上处于停摆状态,但它也没啥损失。麻烦的是,出租车跑长途后,又与长途客车产生了冲突,于是,政府又疲于解决这些纠纷。

这个故事说明,"份子钱"是有"原罪"的。但是,这个"原罪"真的不怪谁,要怪只怪政府的"好心"。一句话,政府出于公益,积极推进出租车市场建设,可是政府又没有足够的钱来组建一个国有的出租车公司,自己来营运,于是就想起招商引资这一招来。而那些出租车公司也不是傻瓜,它们可不愿意承担市场风险,也不会自己全额出资组建公司。于是,"份子钱"这个天才式的营运方式横空出世了,其目的在于把风险转移给出租车司机的同时,也用其约束出租车公司。

正是通过"份子钱",政府实现了其目的:建立起了出租车市场,并且通过这一措施有效监控出租车公司和出租车司机的行为——出租车行业秩序是通过"份子钱"实现的。对出租车公司的违规经营,政府最为有效的处罚手段就是减少它的牌照,减少一个牌照便意味着减少了一份"份子钱";出租车公司处罚违规出租车司机的最有效的办法就是停运 × 天,这意味着这几天出租车司机白交了"份子钱"。

绝大多数城市的出租车行业都存在对"份子钱"的路径依赖,没有哪个罢运出租车司机会提出要取消"份子钱"的。反倒是一些网民在瞎起哄,要求取消"份子钱",取消出租车公司,然而不要出租车公司是不现实的。

三、出租车行业改革

现在的问题是,出租车行业确实需要改革。只是,大多数看客不明就里,以为"份子钱"的博弈只是体现了出租车司机和出租车公司的利益分配矛盾,误以为这是出租车行业的核心问题。实际上,出租车行业的关键是,政府有没有可能找到一个更加有效的兼顾群众需要和实现行业监控的办法。如果有,取消"份子钱"并不是难事。可实际情况总是比想象的复杂得多。

办法一:放开出租车牌照管理,个人、出租车公司都可以申请牌照。这个办法看上去能解决现在各个城市的打车难问题,也能满足出租车司机的利益诉求,但牺牲的当然是出租车公司了。可这个办法的最大问题是,如何监控众多出租车司机的行为?一旦开放,凭现在的市场供求关系,出租车司机是否是个不错的职业,真的要打问号了。笔者敢肯定,没有哪个正在罢运的出租车司机希望出现这种情况。

媒体曾不断在热炒我国台湾地区的出租车管理模式,说1998年放开牌照后,没有"份子钱"的台湾地区出租车行业也挺有秩序的。言下之意是,台湾地区可以这样,大陆地区为什么不能?笔者真心觉得这种讨论得用点心,台湾能行,难道仅仅是因为放开了牌照?政府的监管措施何在?不谈别的,只讲一点:大陆没有建立个人信用档案,怎么能保证每一个出租车司机按照行业规范作业?难不成让运管人员天天上街执法,现实吗?

有人会说,市场调节呗,态度恶劣、违规多的出租车司机自然没人会去坐。笔者觉得,且不谈是不是真存在一个"自生自发的市场秩序"问题,就讲一个技术问题:信息不对称。在大街上打车,你怎么知道招手停下来的出租车司机是否合格?

办法二:把所有出租车公司收归国有,出租车司机变成公员工,"份子钱"自然就没了。这个办法倒是一劳永逸地解决了出租车公司和出租车司机之间错综复杂的关系问题,也比较容易实现行业监管问题,可这也面临难以解决的现实问题。一是"份子钱"的原罪表明,很多城市之所以有出租车,是因为政府招商引资的结果。换句话说,政府若有钱,早就自己组建一个国有出租车公司了。二是国有出租车公司实际上也存在一个麻烦,即公司成为既得利益之后,很难回应群众诉求。比如,出租车价格、投放量等问题,如果政府有经济利益在里面,实在是难以调节各方利益。

其实,真要改革出租车行业,功夫在其外。平心而论,各个城市的地方政府,哪怕是那些偏远小县城,的确没想着要从这个行业拿多少利润,大都希望方便群众出行。而出租车公司拿"份子钱",也没有天大的不合理,从现行的管理技术上说,这还算是不错的选择。出租车司机并没有觉得"份子钱"有多么不合理,罢运只是在现行制度下争取既得利益罢了。唯一需要认真对待的是市民的生活便利问题,而这和"份子钱"一毛钱关系都没有。大多数城市的市民觉得打车难,都是道路不畅所致。据说,因武汉市民抱怨打车难,政府打算再投放1000辆出租车;可相关部门一测算,发现如果这1000辆出租车投放下去,路面更堵,还是解决不了市民打车难的问题。罢了,还是等着把路修好了再说。

笔者建议,看客们凑凑出租车罢运的热闹也就行了。因为,你觉得你是在为出租车司机鼓与呼,要取消"份子钱",可按笔者这么一分析,你觉得出租车司机会买你的账吗?你觉得出租车公司昧着良心收"份子钱",可你能不能找出一个比这个更加有效的管理体制来?你觉得你得关心一下自己打车难的问题,可发现这和"份子钱"有关系吗?

(原文刊发于观察者网站 2015 年 1 月 20 日)

下层社会是如何生存的

今天中国的社会下层,已经不是过去的下层了,他们分散在多种职业群体中,其阶层处境主要取决于个人的市场能力,而不是相对稳固的身份制,但其命运却同时受到制度和市场的影响。

他们具体是由哪些群体构成?如果给他们画一幅社会学肖像,那会是什么?他们又通过哪些社会机制来影响社会接下来的走向?

一、阶层构成

当前处于阶层结构下层的职业群体大致包括如下这些(笔者没有把处于最底层的人们,比如丧失劳动能力的低保户包括在内)。

1. 农民。在城乡二元制度即将彻底终结的背景下,这里的农民已不是指户籍、身份意义上的农民,而是职业意义上的农民。当前,老人、妇女已成为农业生产的主力,但仍有相当一部分中年人,乃至青年人出于各种原因从事农业或与之相关的经济活动。由于农业剩余较少,纯粹从事农业生产活动的农民很难再发家致富,反而容易因自然灾害、价格波动以及家庭重大变故等陷入困境。

2. 农民工。绝大多数农民工在城市从事劳动,他们或是私营企业的产业工人,或是低端服务业的员工,工作强度高、生活条件差,没有多少社会保障,很难有上升空间。这是一群数量庞大、生活境遇较差的下层群体。

3. 流动摊贩。这部分群体相当大部分来自农民工群体,还有一部分来自城市贫困民众（如下岗工人、残疾人）。他们所从事的营生几乎不需要技术、资金积累，入行门槛低，但绝大多数流动摊贩是非法的，是城市管理部门的整治对象，他们的从业风险较高。对大多数流动摊贩而言，这种营生等同于"打工"，他们只是图个"自由"以便于照顾家庭。

4. 自雇经营者。这部分群体的境遇要比流动摊贩和农民工稍好一些，基本上依靠自身和家庭的劳动力组织经营，绝大多数还有一定的技艺。出租车司机、夫妻店主、菜场小贩等都属于此类。自雇经营者有一定的积蓄，不足以在大城市立足，但通过努力可以在二三线城市立足，他们可以做到不被迫返乡。

5. 半正式行政人员。这个群体人数相对较少，容易被人忽视，但在当前的下层群体中却极为重要。绝大多数城市基层部门都会为辖区的城市贫困民众提供公益性岗位，比如环卫工人、社区管理人员、保安、辅警，通过社会招聘，一些农民工也进入了这个行业。半正式行政工作强度大、收入却不高，有一定的劳动保障，但风险较高，社会声誉也不好。

综合而言，下层群体所从事的职业较为庞杂，但其生活境遇都比较差：工作强度大、工资不高、社会保障少、工作风险高，向上流动的机会不多，却很容易跌入社会最底层。

二、流动机制

我们可以看到，今天社会下层构成的变化，是托了社会流动机制的福。

当前，阶层的社会流动机制已由市场机制主导，身份制的作用大大降低，这使得下层群体与其他阶层间的流动有了更多的渠道。从20世纪50年代末到改革开放前，国家通过城乡二元结构，基本上排除了普通农民社会流动的可能；改革开放以后，原有的社会流动渠道大大拓宽，再加上新开辟的渠道，下层群体的社会流动机会大大增加。

在身份制并未完全消除的今天，稍有不慎，来自下层的政治风险就会随之而来。

1. 空间流动。物理空间的自由开放是社会流动的前提。在城乡二元结构下，城市与乡村是相互区隔的两个空间，从乡村到城市的人口流动被限制在极小范围内。改革开放后的"打工潮"，在事实上破除了城乡之间的空间区隔，这也意味着下层群体将与中产阶层、社会上层共处一个物理空间。

2. 职业流动。当前，职业已是阶层划分的主要标准。客观上，特定的职业与获得财富、权力和声望的多少有直接关系，因此，职业流动是社会流动的主要表现。曾经作为下层的农民，已不仅仅从事农业生产，其职业流动可能是横向的，如在农民工与农民之间流动，并没有脱离下层。但是，也有少部分人实现了阶层的纵向流动。

空间流动和职业流动的开放，意味着社会流动机制的改变。

开放的社会流动机制是化解下层社会怨气的根本手段，但同时也意味着主流社会空间将面临巨大的风险。尤其是在身份制并未完全消除的今天，稍有不慎，来自下层的政治风险就会随之而来。

三、暴力逻辑

为什么这样说呢？我们看一下下层社会的生存世界，是如何影响他们的社会行动的。

下层群体被其所依存的日常生活世界所限制，他们受制于现代社会的压力计算体系，无法从各个层面设计自己的人生。较差的生活境遇，迫使他们只能专注于维持基本的生存需求。

他们中的大多数人所从事的并不是具有技术、市场优势的职业，这注定了他们将长期处于"水深齐颈"的状况中，哪怕碰到一点挫折也可能遭遇灭顶之灾。

以农为生的农民，由于农业利润较少，抗风险能力较差，自然灾害、市场价格波动都容易使其生活陷入困境，一旦家庭发生重大变故，很容易迫使其陷入生活绝境，成为最底层的社会救助对象。在城市小工厂打工的农民工，由于社会保障不健全、城市生活成本高等，也很难有积蓄，一旦出现经济危机，或年龄过大无法从事体力劳动，就将被迫返乡。那些在城市街头巷尾开摩的、摆流动摊、经营小店铺的各种职业人群，其营生可能就是非法的，随时都有可能被取缔。

因此，在他们的压力计算体系中，最重要的是维持生计，而非谋求更为舒适的生活，更不用说获取较为平等的政治地位了。在这个意义上，其行为逻辑天然具有保守性，只要能有基本的营生条件，他们就容易安于现状。但如果不具备这些条件，由权力所掌控的再分配资源又无法惠及他们时，他们则可能破釜沉舟，冲击既有的社会秩序。

当下层群体从村庄、单位制中流动出来时，每个个体都被淹没在市场经济大潮中，他们之间很难形成明确的阶层意识。长期以来，村落共同体和单位制的核心机制是庇护主义，因此，从这里产生的观念并不具有改造公共政治的动力。当农民工、下岗工人、流动摊贩等从不同的村庄、单位流入城市时，他们所秉持的仍然是庇护主义的意识形态，即尽力将自己纳入亲人、同乡、朋友等构成的社会网络中。这种通过私人关系形成的庇护网络，并不具备组织能力，也没有超越特定群体的阶层意识，因此，即便是事实上存在集体行动，也很难说其具有公共性。

在身份制并未完全消除的今天，稍有不慎，来自下层的政治风险就会随之而来。

然而，这并不意味着下层就不会去影响公共政治。只不过，其影响的方式和中、上阶层不一样而已。

在个体面前,政府过于强大,没有哪一个处于下层社会的人会主动挑战政府权力,下层政治的基本面是逃避而非抗争。问题是,一旦政府过于漠视下层群体,他们唯一的讨价还价方式便是暴力。最近10多年来,在城市治理、征地拆迁等领域不断发生的暴力事件,包括在信访治理中暴力化倾向的不断加强,都表明暴力已经成为社会议价系统的一部分。由此,当下层群体与政府打交道时,即便双方都不愿意制造恶性事件,也倾向于通过暴力胁迫对方。

当暴力成为社会议价系统的重要砝码时,社会运行机制就将随之改变。

四、怎么办

在改革开放前的阶层结构中,阶层之间的等级秩序是通过空间区隔来实现的,这便是城乡二元结构。但社会演化到现在,阶层结构已不再建立在空间区隔的基础上,大家已经直接暴露在对方的面前。

这个时候,该如何对待下层群体?笔者想说,当前的新型城镇化战略以及城乡统筹政策可能没有注意到,将有限的资源用于投资,并鼓励农民包括农民工将有限的剩余用于在城市买房定居,表面上看是进一步让城市和农村实现一体化,却有可能是在固化下层结构。因为当前下层群体是基于职业选择而产生的,只要其仍然从事高风险、低收益的职业,哪怕真正实现了城市定居,也仍是下层。

就是说,国家应该提升下层群体在制度中的地位,在国民权利、公共服务上对所有人一视同仁,以提升下层群体在市场中的地位,从而不再是在同一个社会空间中,维持下层人数越来越庞大的刚性阶层结构,而是最大限度地提升下层,至少改善他们的处境。

完善再分配体系的关键还要让下层群体有出路。给下层群体出路不仅仅是要建立完善的社会保障体系,让生活失败者不至于陷入绝境,还要保障阶层流动的畅通。因此,在社会政策的制定上,应该避免把下层群体固定在特定的城市空间。比如,应当采取措施来避免保障房、公租房、城中村、棚户区等下层甚至底层聚居地成为城市边缘空间。

(原文刊发于《南风窗》2014年第18期)

县域黑社会的生存之道

黑社会是有组织的犯罪集团,组织结构较为严密、犯罪手段带有暴力性、反侦查能力较强,使得其社会危害性也比较高。

认定一个犯罪团伙具有黑社会性质是一件非常困难的事,因为即便某一犯罪团伙的社会危害性够得上"严重",其组织特征也不一定符合黑社会性质。因此,公安机关在打击黑社会犯罪团伙的时候,就会非常困难。在警务实践中,几乎没有一个黑社会团伙是在其内部组织状况被充分掌握的情况下受打击的,公安机关恰恰是从普通社会认知的角度对其进行侦查、打击,最后以黑社会性质犯罪组织对其加以清除的。

为什么这样说?从理论上来说,任何一个"组织",无论是机关,还是企业,乃至犯罪团伙,要有效率,都会很自然地采用等级制、部门制等科层组织的管理手段。因此,一个"成功"的黑社会团伙也必定是"企业化"运营的。

但是,一旦黑社会团伙达到规范的企业化运营水平,也就意味着它基本上摆脱了暴力等低水平、风险高的谋利手段。而一般的犯罪团伙最多只是松散的犯罪联合体,根本够不上"组织"要件,也不能被认定为黑社会组织。因此,真正能够被公安机关认定为黑社会组织的犯罪集团并不多。

一、熟人社会网络

要准确认识黑社会的"生存之道",需要有一种生态学的视角。

黑社会不是单个犯罪集团,而是由众多犯罪个体、松散的犯罪团伙、有经营头脑的组织者整合而成的体系。黑社会与正常社会之间有着千丝万缕的联系,它必定嵌入在市场社会、人情社会、权力网络之间,并从中汲取营养。

因此,一个完整的黑社会体系必定有一个联系色谱:黑、灰、白等成分都有。犯罪集团生存的秘诀在于,它努力保证其底色是灰色的,而不是黑色或白色。

一个县域社会有几十万人口,但真正有权有势的或许只是几百个人。这几百个人里面有两三百个科级以上干部,然后有几十个较有影响力的各行各业的老板,再有就是几个有头有脸的江湖人士。

笔者在县城调研时感触非常深的是,这几百个人实际上构成了一个熟人社会网络,他们之间即便不熟悉,也大致了解各自的底细。身处网络中的一个人,如果碰到什么事需要找到网络内的任何一个人,一定就可以不费力地找到。事实上,笔者的调研之所以较为顺利,恰恰是因为获得了这个圈子里几个关键人物的支持,由此可以不用过于费力地找到想要访谈的对象。

公安局是一个非常特殊的地方,它是权力的交汇点,也是信息集散地。说它是权力的交汇点,这很好理解,因为它是县城里唯一合法掌握并可施展暴力的机构。县政府如果要强力推行某项工作,就必定需要借重公安力量;而社会中的各方势力如果要顺利活动,也必须有公安局的保驾护航。说它是信息集散地,是因为公安局是唯一可以毫无阻力地接触社会各个角落的机构,它本身就是一个情报中心。

在这个意义上,黑社会的一些情况不可能不被公安局知道。笔者访谈了多个公安局的中层干部,他们在掌握信息上绝对是专业的。

关键在于，信息要呈现为无可辩驳的证据，就变得复杂了。

一般情况下，黑社会老大不会以犯罪分子头目的脸面示人，他们都注册有公司，或从事一些正当职业，许多老大都是跨行业经营者。这些老板也因此交游甚广，肯定可以进入这个县的经济圈子，和正经生意人相熟。他们也会因为从事经济活动，和地方政府领导、公安部门相熟。事实上，仅仅从生意的角度上说，黑社会老大也必须嵌入到地方权力精英网络中。

二、产业灰色地带

黑社会生存的基础当然是暴力，但纯粹以暴力为生的黑社会，则几乎是不存在的。因为黑社会的终极目的仍然是获取利益，而暴力获利的成本实在是太高。黑社会要长期存在，必须有赖于产业支撑；只不过，其产业利润很大程度上来自由暴力威胁所维持的垄断市场。

从笔者的调研来看，在地方社会中，黑社会从事的产业具有一定特点。

黑社会成员基本上都是草根出身，不太可能出自大资本，也没有多少文化知识，这就注定了这些黑社会组织只能从事一些低端产业，比如经营宾馆、娱乐场所，从事建筑等行业。这些产业基本上都是劳动密集型产业，也需要和各方打交道，黑社会组织因此具有一定优势。比如，宾馆、娱乐场所往往是黄赌毒等黑色产业的聚集地，一般生意人不愿意冒风险。排除干扰的最好办法是，和那些有势力的地方力量合股经营。

再比如，这些年城市资本开始大举下乡，各个县城都在搞房地产、工业园区，实力雄厚的老板们做一些资本运作，进行产品营销即可，也不在乎低端产业的一点小利益。但这些高端行业要在地方社会顺利发展，又少不得低端产业的配套。典型如碰到征地拆迁问题，大企业当然不愿意碰这个矛盾，而将相关业务"转包"给那些具有黑社会势力的拆迁公司是最保险的做法。在征地拆迁过程中，必定有黑社会主动或被动地介入其中。

黑社会从事的产业大多具有一定的垄断性，这个垄断产业或者是由于地域闭塞造成的，或者是由于产业单一性造成的，抑或是由资源稀缺性所形成的。笔者调研的这个县还没有星级宾馆，但有名的一家宾馆就是一个有名的"混混"开的。总之，只要稍微耍点暴力威胁之类的手段，黑社会便可以方便快捷地控制这个产业。

笔者调研的这个县，由黑社会控制的产业大致有三个：长途班线、米粉批发、土石方工程。

长途班线的营运需要交管所颁发客运许可，这就决定了每条线路可营运的客车数量是相对固定的，客运利润非常有保障。交通局当然只能把客运许可颁发给具有营运资格的客运公司，可绝大多数客运公司自己并不投资购买客车统一营运，而是让一些大大小小的老板"加盟"，客运公司获取管理费，而客车老板则自负盈亏。有资金实力营运客车的老板不少，但能够有效管理线路的老板却不多。为了避免被滋扰，绝大多数老板都愿意和黑社会势力合股。他们之间分工明确，台面上的老板负责规范经营，黑社会势力则负责维护垄断市场秩序。

2010年，该县交通局引进了10多台出租车，但营运没多久，就被庞大的三轮车市场挤垮了，大部分出租车司机改走长途，尤其是从县城到市区之间的线路。很显然，这对长途客车市场是个巨大冲击，从而导致两个行业之间冲突不断。

笔者调研的时候，就发生了出租车司机围堵县政府大楼的群体性事件，原因是一位出租车司机被一位客车乘务人员打了。很多人都心知肚明，这位乘务人员的行为是当地黑社会势力授意的。

米粉批发也为黑社会所控制，这多少让人奇怪。不过，仔细分析发现也符合常理，因为米粉市场太适合黑社会势力介入"管理"了。

笔者调研的这个县的人喜欢吃米粉,尤其是早餐市场,米粉的销量极大。可以想见,米粉虽然不起眼,但利润却可观,也有保障。然而,全县大部分米粉都来自县城几个较为大型的批发店,这就意味着,只要控制了这几家店的米粉销售,全县米粉的垄断利润就容易获得了。

这就为黑社会势力创造了空间:当地黑社会势力派人上门给这几家店的老板"做工作",要求每斤统一提价2毛钱,这2毛钱的额外利润给黑社会。2毛钱的差别,对老百姓而言几乎没什么影响,批发店的老板也没什么损失,黑社会势力却在不知不觉中获取了可观利润。于是,当地一些见多识广的人都发现了一个奇怪的现象,该县的物价和周边县没什么区别,唯独米粉价总是要高个几毛钱。

土石方工程的利润上升,则与近些年来县城房地产热有直接关系。县城房地产除了一两家外来大资本,很大一部分由本地资本投资。而无论是本地资本,还是外地资本,其大多数下游产业土石方工程都由具有黑社会背景的公司承担。

土石方有两个直接相关的垄断业务:河道砂石开采和拆迁。河道砂石开采是土石方工程的重要基础,它之所以容易被垄断,与这一产业的资源稀缺性有关:它同样受到相关部门的严格控制,一般老板难以进入这一领域。至于拆迁业务,大家心知肚明,因为只有暴力才能"突破"钉子户抗争难题:在政府对于使用暴力越来越慎重的情况下,黑社会的非法暴力已经成为一些地产商的依靠。

三、黑社会的两条"底线"

黑社会要长期生存、"发展"下去,需要解决几个问题:一是来自黑社会内部的斗争,团伙之间、老大之间,如果竞争失序,就有可能两败俱伤;二是来自精英网络内的变化,一个老大过于嚣张,或其保护伞意外落马,都有可能招来灭顶之灾;三是来自产业经营的能力,如果经营不善,也可能导致黑社会团伙难以为继。

一般而言,一个地方社会中总会有几个相互竞争的团伙势力,它们之间会呈现出不同的关系。如果只有一个老大,则老大需要处理其内部不同势力之间的关系,也需要审慎处理代际交替危机。如有几个势力相当的老大,他们很可能划界而治,不同的地域、不同的产业由不同的人马控制。

在笔者调研期间,这个县的娱乐行业极为萧条,县城中心广场的几家娱乐场所都因生意不好而关门歇业。客观原因是,这两年地方政府严格执行八项规定,对于这个内陆县城的娱乐业而言,这无异于釜底抽薪。直接原因是,当地公安部门严厉打击黄、赌、毒,使得这个行业的风险极高。但一个较为重要的原因是,当地黑社会势力在前两年元气大伤,势力最大的团伙老大被抓,他们所控制的娱乐行业当然也再难成气候。

一般情况下,公安局的主要领导(局长、政委)都必须是异地任职,这会对黑社会势力的生存网络造成冲击。如果新局长实力雄厚,且很想有一番作为,当地黑社会团伙要么屈就,稍微收敛一些;要么就想尽各种办法,尽量与其勾连上关系。

在笔者的调研中,负责治安的干警和派出所所长就直言,他们刚上任的时候,都有团伙头目通过各种熟人关系前来套近乎、请吃饭。甚至有头目明确请求,每年自愿缴纳一定费用,但要让其经营的色情场所少受检查。这当然遭到了严词拒绝。除了公安干警无法被收买之外,这个团伙承诺一年缴纳的费用,还不如被抓一次罚的款多。

在公安局内部人士看来,完全将黑社会根除困难重重,因为黑社会所赖以生存的网络很难拔出,需要非常艰苦的努力和高超的博弈技巧。

一个管理得当的黑社会团伙,马仔们犯事一定不会供出其小头目，而小头目犯事也不会供出老大，大多数老大被抓进去了，也会尽力保护其保护伞。为什么？这得益于黑社会内部的组织保障机制。

有经验的团伙成员都知道，供出其同伙很难减轻自身刑罚，严守秘密却会得到"组织"的奖励：不仅其家人会受到团伙的优待，出来后本人也会受到重用。而老大们之所以不会供出其背后的保护伞，主要是基于维护团伙的生存网络考虑。老大们如果出来还要混，就不可能做出损人利己之事，否则有谁还愿意提供保护？因此，江湖义气并不仅仅是黑社会的意识形态，更是团伙生存的技术要求。

前些年，该县最大的黑社会势力被端掉，某种意义上并不是团伙组织失败所致，而是黑社会生存网络剧变所致。这个团伙被端掉的导火索是团伙的一个小角色犯了命案，公安局掌握的证据无法指向团伙老大，但从逻辑上看，这个命案肯定是团伙的"组织"意图。

命案发生之时，刚好新市委书记到任，于是他很快将此案件作为典型，掀起了打黑除恶的运动。市局和县公安局联合破案，花了很大精力将这个团伙所有犯过的案子整理出来，先以开设赌场的治安处罚为名将"老大"抓起来，然后放出风说这个老大因命案被抓起来了。被抓凶犯信以为真，终于招供了。至此，该黑社会团伙被连锅端，但却没有涉及一个政府公职人员。

这个团伙的覆灭虽然不是组织失败的结果，却是技术失败的典型，因为他们破了这一行的两条"底线"：一是不要犯命案，二是不要影响地方政府的中心工作。

只要发生了命案，地方政府很可能将之从普通的刑事案件上升为政治案件来处理；而只要没有命案，就很难有这个可能性。从技术角度上说，黑社会团伙如果不犯严重的刑事案，安全性就会大大增加。

从公安局破案的内部视角看，案件的不同类型决定了破案力度的不同。治安案件和较轻的刑事案件一般由派出所和治安大队管辖，他们办案的技术条件有限，不可能深入追踪普通案件的背景。而如果让刑侦大队来主办案件，则可以非常方便地使用各种刑侦技术（如调取犯罪嫌疑人的所有信息，采取必要的监控措施），很容易掌握案件背景，并挖掘出案中案。理论上，只要刑侦大队不计成本地投入，绝大多数案件是可以侦破的。

因此，老道的黑社会团伙，一般都会尽力避免采用非法手段来做事。即便不得已采用暴力，也会有效规制暴力程度，尽量不发生刑事案件。他们都知道，一旦出了人命，就会把事情搞大，后果便难以预测。

黑社会团伙也要懂政治。现在一些普通的政治常识已经融入公安局的办案规律中，这个大多数黑社会团伙都知道。比如，在"严打"时期，大多数黑社会团伙都懂得这个时期要收敛一些。一些善于经营的团伙势力，甚至还会主动给公安局提供合适的"战绩"。

但一些更深层次的政治，就要考验老大的智商了。在笔者调研期间，县委、县政府的主要领导正下决心把该县的一个黑社会团伙打掉。因为他们在园区建设过程中，干预征地拆迁工作，一方面怂恿村民做钉子户，另一方面又和乡镇政府接触，要求承包园区土石方工程，试图"吃了政府吃村民"。

这种染指重点工程，影响县里中心工作推进的做法，等于是在公然露头，挑衅政府权威。结果必然是引发公安机关集中兵力侦查，找到更多有力的证据，加快打击的进程。

（原文刊发于《南风窗》2015年第5期）

看活法

美好生活的治理

党的十九大报告指出,我国社会主要矛盾已经转化为人民日益增长的美好生活需要和不平衡不充分的发展之间的矛盾。在对近些年乡村社会问题的观察过程中,笔者对这一判断深有感触。就"三农"问题的主要表征而言,当前"农村真穷、农民真苦、农业真危险"确实得到了极大缓解,而"农民真焦虑"却是很多农民的真实写照。乡村社会问题也从基于人际关系,尤其是国家与农民关系主导的传统治理领域,转向了人们如何安排家庭和个体生活的"生活治理"范畴。而今,农民"过日子"过程中出现的种种危机,已逐渐转化为带有新特征的社会问题。如何安置好农民生活,也许是有效治理乡村社会问题的必由之路。

一、生活安排的治理视角

生活与治理本无太大的关联。农民如何过日子,如何做好生活安排,其实是一个习惯问题。"春播秋收""日出而作、日落而息",说的就是一种"合适"的生活方式。如某人违背这些生活方式,也由社会协调,且自有一套矫正机制。其中,污名化就是一种极为常见的机制。比如,那些不遵循"日出而作",经常睡到"太阳晒屁股"的人,很自然地会被冠上"懒汉"之名。生活的逻辑如此强大,哪怕是国家强制介入农民的生活安排,也会被社会的一套系统所吸纳。比如,计划生育是一种强力地干预传统家庭生活的公共政策,可在很多农村地区，农民家庭面对"断子绝孙"的恐惧，抑或村庄竞争的压力，仍然顽固地坚持传统家庭策略的内核，如性别偏好。

可见，强大的生活逻辑不单单体现在家庭策略之中，还与农民的价值观念纠缠不清。对于大多数农民家庭而言，过日子不仅是一种生活技艺，还是一种价值信仰。尤其是在家庭资源有限的情况下，会不会过日子直接关系到其人生价值的实现程度。至今，在北方的大多数农村，每个农民仍陷于"人生任务"中不可自拔。对于很多农民家庭而言，让家里有个男孩，且让男孩娶上媳妇生下第三代，以对得起祖宗先人，是其最大的人生价值所在。由此衍生而来的是，家庭生命周期需围绕这一终极目的展开，刚生下儿子的年轻家长为着将来能让其结婚，就得"对标"安排未来十几年的家庭策略：盖一栋房子、准备不菲的彩礼钱、办一场热热闹闹的婚礼，或许还得有更多的积蓄，预备着突如其来的无法预见的开支。不能不说，对于处在一个地方性规范极其严苛的氛围中的农民家庭而言，其家庭策略是一种社会安排，其个体自主性并不强。何时何地干何事，是由未来决定的。一旦违背规律，为了眼前的、个人的想法而不顾（小孩）未来，便很容易被冠以不会过日子的骂名。

在传统农村，会不会过日子，取决于会不会安排劳动时间。农民理性，说到底是时间安排的技艺。一是勤劳。勤劳被视作中国农民的优良品质，殊不知，它其实是一个会过日子的农民的标配。在物质匮乏的农业社会，勤劳与否直接影响家庭生存。农作时间自有其规律，错过了某个环节，就会影响收成。因此，"抢收抢种"时节很能考验一个家庭、一个农民是否勤劳。每道工序干得如何，也很能体现一个农民家庭过日子的技艺是否合格。农业生产的非标准化及弹性化时间管理，也给勤劳提供了机会空间。一个勤劳的农民，总可以在农闲时间找到副业，从而通过增加劳动时间来与别的农民家庭拉开距离。哪怕是在工业化、城市化已经扩张的今天，很多农民家庭仍然按农时来安排家庭时间，农闲务工往往是过去副业的延伸。

二是计划。农民常说的安排生活涉及面极广，包括家庭劳动力如何分工、家庭财政如何开源节流、家庭资源如何分配等，而这些都涉及时间安排。对于传统农业社会而言，农业技术变革极其缓慢，人们长期以来自然而然地形成了一些毋庸置疑的家庭策略，计划性其实是在潜意识中的。比如，"男主外、女主内"的性别分工，说到底是一种高效率的、合适的农业生活方式。另外，乡间盛行的娃娃亲、童养媳等婚姻策略，本质上也是具有极高稳定性及预见性的家庭计划制度化的表现。

从某种程度上来看，传统社会的一系列制度安排，内含着农民生活自我治理的逻辑。只要农业社会的核心，如农民以农为生、依照农时生活、聚族而居等不变，其生活其实无须太多的外力介入。哪怕个别家庭的生活出现了问题，也自有一套地方性规范来加以规制。国家想要介入农民家庭生活的治理，其实也是殊为不易的，除非从根本上改变社会关系（而不单纯是生产关系）。可是，从实践中看，这种比政治革命更为彻底的社会革命殊为不易，一种游离于基层治理的生活轨道依然在延续。

二、巨变时代的生活安顿

或许，从来没有一个时代像今日这样，生活议题会成为国家治理的中心话题，婚姻、反贫困、性别平等等生活政治俨然主导了现代政治。实际上，在农民的日常生活中，一些议题本有其内在规范，属于自我治理的范畴。如，人们普遍将吃喝嫖赌视作越轨行为，且会对犯戒者进行社会规制。对于偶犯者，其家庭成员会出于过日子的家庭理性加以规劝，如吃喝嫖赌不仅浪费，同时也违背家庭生活的时间安排规律，耽误生产。笔者在乡村问题的长时段观察中发现，家庭主要成员的懒惰、无计划的吃喝嫖赌等行为，曾一度主导了家庭矛盾与纠纷。在 2000 年以前，南方青年妇女的高自杀率是一个严重的社会问题，而案例研究显示，农忙时期恰恰是年轻妇女自杀的高发期。人们在解释妇女自杀时，通常都会言及年轻妇女因不满丈夫在干农活过程中过于消极，"一气之下喝农药"的事例。可以这样认为，传统农业社会对农民家庭潜在的生活理性有极强的规制力。过好日子并非个人的事，亦非政府的事，而是家庭共同体成员的集体事项。

问题在于，进入 21 世纪以后，中国农村发生了史无前例的巨变。这一巨变的内核之一便是，那些不言自明的生活习惯普遍受到质疑。人们都在问，美好生活在哪里？一个传统农民，虽是穷一点，但只要勤劳本分，按照通行的家庭策略行事，就可以稳稳当当地完成人生任务——娶妻、生子、盖房，直到老去。一旦出现挫折，那也是命运作弄。但是，今日中国农民面临的问题是，人生任务的内涵已发生巨大改变，其实现途径也大不相同。因而，如何安顿生活成了问题。

大体而言，依据代际的权利义务关系，北方农民的父代对子代有极强的责任，为儿子娶妻、建房的任务极为明确，很多农民在生子之日就着手家庭积累，以保证儿子将来可以顺利结婚生子。与之相应的是，父代对子代也有极高的期待，子女如不孝顺，会发生剧烈的代际冲突。南方农民父代对子代有一定责任，为儿子娶妻、建房只有道义上的责任，却并非如北方农村一样是刚性责任，但是子代对父代却有不亚于北方的赡养（包括精神抚慰）责任。长江流域地区的农民，代际关系较为薄弱，其相互之间的道义责任都不算高，更多的是依据情感投入来平衡关系。在一个相对封闭的农业社会中，这几种代际关系都属正常。从长时段看，父代和子代之间仍然维持着"抚育–赡养"的反馈模式，只不过他们之间权利义务的交换程度有所差别而已。但是，巨变时代的中国农民，都面临着生活安顿的困境。

一是相当一部分农民实现人生任务的难度越来越大。多数中国农民第一次感受到人生任务带来的挑战。现如今，也许是计划生育政策的原因,多数地区的农民通过生育观念的转变,化解了多子多福带来的人生任务压力。哪怕是在生育偏好极为明显的农村地区,多子多福也并非生活理性。对生子数量的自我限定,适应了计划生育政策带来的挑战。当前,一股更大的、全方位的挑战席卷全国,即在婚姻市场竞争及农村消费升级的双重压力下,为儿子娶妻、盖房等带来的现金压力,几乎成为相当大的一部分农民,尤其是村庄竞争极其剧烈的华北农民的梦魇。如果说计划生育政策带来的挑战,还可以通过躲避、抵抗甚至于基层政府有意的政策执行偏差来缓解,直至人们转变生育观念,建立新的生活习惯的话,市场经济所带来的现金压力则无可逃避。每一个农民家庭都从骨子里面感受到了人生任务带来的压力。

二是一部分农民因闲暇时间增多而对生活无所适从。对多数中国农民而言,为子女而活是其生活习惯,也是安排其晚年生活的重要考量。因此,大部分农民哪怕已经年老,也在为着减轻子女负担而力所能及地参加劳动,承担家务。在这个意义上,在传统农民的生命周期中,其实是无退休生活的。在节日期间短暂的闲暇生活,也被家庭或社区的公共活动填满。但生育观念转变较快,且外出务工较早的地区,第一代农民工已经返乡,且因子女较少而早早完成了人生任务,他们有大量的闲暇时间,正面临着如何为自己而活的问题。正是在这个背景下,农村地区感官刺激性的消遣活动,迅速蔓延开来。典型如赌博行为,在10多年前这还是一个严重影响家庭生存,甚至过日子的越轨行为,如今却已经去污名化,乃至于各种形式的赌博行为被赋予了娱乐消遣的正面意义。甚至于,地下教会的迅速传播,很大程度上也是因其解决了农村中老年妇女闲暇生活的功能性需求。

这两个困境,看似南辕北辙,却同根同源:农业生活已经渐行渐远,建基于此的一系列制度安排也随即失去了安顿农民生活的能力。举例而言,如果说"日出而作、日落而息"是一个农民勤劳本分的表现,也是其时间安排的习惯,那么,能否在流水线上扎扎实实地待下去,最好还可以适应晚上加班的生活,才是判断一个农民(工)是否合格的标准。在对不同类型的农民工进行调查时,会发现一个非常有趣的对比:年轻的农民工几乎都不喜欢进厂,他们认为不自由,反而喜欢那些自由度较高,最好工资也还不错的工作;一些在工地干活的农民工,虽工资高、自由度高,却也不见得攒钱多。原因何在?关键在于他们是否适应了工业社会的时间表。工厂流水线上的工作不自由、工资也不高,却可以培养一种现代生活理性。因有明确的时间表,其闲暇(假日)本质上也是为了更好地工作,使得在工厂工作的农民工更具有生活规划能力。从结果来看,他们的家庭积蓄或许还更多、更稳定。如果这些农民工有一定的见识,进正规工厂(可交五险),那么,他们返乡之后或许可以真正过上退休生活。

现实情况是,人生任务轻重与否,农民(工)都更倾向于那种工作自由度高、单位时间内工作强度高的工作,他们不愿意创造一种属于自己的退休生活。对于人生任务较重的农民而言,只有最大限度地获取现金收入,才能让儿子娶上媳妇盖上房,自己的未来仍然是属于子代的;对于很多人生任务较轻的农民而言,打工已经极大地改善了他们的生活,何必太苦太累呢?因而,一种农业社会的生活习惯,在市场经济环境下仍然顽强地延续着,新的生活理性并未建立起来。在这种情况下,因农民生活无法安顿而导致的社会问题凸显出来。

三、乡村问题的驱动机制

家庭是社会的细胞。传统社会为何可以无为而治,乃至于有所谓"皇权不下县"的说法?本质上是因为,在通常情况下,乡土社会的一系列制度安排,能将农民的生活进行有效安顿。而农民生活的有效安顿,恰恰是建立在家庭稳定基础之上的。正是在这个意义上,我们才可以理解中国农民为子女而活的内涵,也可以理解夫妻关系何以较为稳定。问题在于，巨变时代的中国农村，农民家庭的深层价值，与农民生活安顿密切相关的家庭形式和家庭策略都发生了极大变化。观察今日之乡村问题，其驱动机制很大程度上源自家庭的不稳定性。

一是家庭共同体解体后，农民为谁而活？稳定的家庭关系是由夫妻间的纵轴以及代际的横轴这个三角关系构成的，任何一对关系变得脆弱或不平衡，家庭稳定性都会受到影响。现如今，农村离婚率上升已是不争的事实，这说明家庭关系的横轴已经逐渐变得脆弱。从性别平等的角度看，这当然与妇女地位上升有关，也说明妇女权利的觉醒。但公平地说，当前夫妻关系的不稳定，恐怕不能简单地归咎于此。

在深层意义上，所有中国农民，无论男女都面临着为谁而活的问题。传统时代，一个丈夫，哪怕其在家庭内拥有绝对权力，依然没有吃喝嫖赌的权利，因为他必须为全家负责。但在个体权利觉醒、物质丰裕的今天，吃喝已是所有家庭成员的基本权利，赌也是适当的娱乐活动，唯有嫖是不允许的，但那不是从家庭生计（浪费）角度来考量的，而是从夫妻间的忠贞（爱情）来考量的。对于很多仍有选择权的中青年农民而言，家庭共同体解体或许并非一个根本性的挑战。对于那些仍秉持传统价值观念的农民而言，他们会通过打工拼命积累，甚至牺牲老人的利益来为小孩结婚打算。对于那些已转变价值观念的农民而言，自己生活得快乐、潇洒，或许才是最重要的。但对于那些已经丧失了选择权的老年农民而言，他们则面临着巨大尴尬，他们仍秉持着传统的生活轨迹，寄希望于将生活的安顿建立在子女孝顺的基础之上，可突然发现，子女开始准备为自己而活了，代际冲突就难以避免了。代际冲突而导致的老年人自杀问题，在若干农村地区甚为常见。它本质上是新旧社会制度交替所导致的社会问题。

二是当农民都为自己而活时，如何才能寻找到一个合理的生活方式？当前，以代际分工为基础的半耕半工是大多数农民家庭的基本形式。这一家庭形式在缓解当前农民人生任务的压力方面，发挥了至关重要的作用。某种意义上，正是这一家庭生计策略，使得农民大致还可以承担高价彩礼，维持高额的人情消费，承担建房、买车等带来的消费升级压力。可是，这一家庭生计策略的最大问题在于，它极大地损害了家庭作为农民日常生活安顿的功能。

概言之，农民个体，无论是老人、中年人，还是小孩，都难以从家庭内部获得生活安顿。家庭已无统一的作息时间表，家庭内部也难有共同活动，天伦之乐很难日常化，如此，每一个农民都亟须安顿生活的去处。问题在于，恰恰是在家庭分裂的过程中，中国农村的居住格局发生了根本性转变，家庭私密性极大增强，邻里、社区也逐渐丧失了生活的公共性。而至今为止，政府在农民生活安顿上是缺位的，于是一些带有市场性质的公共空间越来越重要，麻将馆几乎成为很多农村地区最重要的，乃至于唯一的公共空间。很显然，让麻将馆这个只提供感官刺激，具有消费主义色彩的场所来安顿农民生活，显得过于单薄而无力。那些能够为人们提供更为刺激的娱乐工具，如赌场、脱衣舞秀场等，一定会借势起来。

最近一些年来，最为吸引人们眼球的乡村问题，如离婚、自杀、光棍、高价彩礼、赌博等，与过去由国家与农民关系驱动而来的"三农"问题，主要是由农民生活无法安顿驱动的。而农民生活安顿问题，无论是在传统时代，还是在现代政治观念中，都属于社会自我安排以及私人生活领域问题，国家介入的合法性并不高。问题在于，在可预见的时间内，人们很难寄希望于社会的自我治理，继而形成新的社会制度来解决这些问题。也正是在这个意义上，如何有效安顿农民生活，考验着基层治理能力。

（原文刊发于《文化纵横》2018年第3期，原标题《巨变时代中国乡村生活的重建》）

乡礼在哪里

过年期间是农村举办各种仪式的集中时期。笔者和妻子 2015 年春节回到岳父母位于湖南省桃源县的老家农村过年,对乡村礼仪的变化深有感触。都说礼失求诸野,可乡间的"礼"变了味道,又该怎么说呢?有些礼制倒是还在,可空有其表,没有内涵;有些礼制根本连形式也没有了,乡礼没有道理可言。世道变了,"礼"又能怎样?

世道变化的原因可能还要归咎于农村生活方式的变化。对于大多数内陆农村而言,村庄很难具有生产性,人们不再依赖于土地获取财富。大量人口流出,使得村庄主要成为消费性的,如那些城市竞争失败者的退栖地。当前的农村,常住人口的主体是留守老人和留守儿童,但真正主导乡村秩序的却是那些直接或间接受过城市消费主义观念洗涤的中年人。于是,农村生活呈现出光怪陆离的景象,消费主义和传统的人情面子讲究相结合,让农村的人情与面子消费异常繁荣,并衍生出了一整套的礼仪经济,制造出了各种社会乱象。

笔者将 2015 年过年期间听到的故事,择乡间礼仪的几个侧面进行描述,算是乡土中国的真实记录吧。

一、现代"封建"礼生

乡间婚丧嫁娶等重要生命历程,都有一套由儒家规制的仪式,主持和传承这些礼仪的民间知识分子,叫作礼生。礼生这个行当,或许是农村最为保守的势力,因为他们所传承的知识仍然是"封建文化"的那一套。可仔细想来，要不是"封建文化"在起作用，乡村秩序指不定成了什么样。而今，礼生们普遍觉得这个行当不好干，原因是世道变化太快，农村社会真的有点乱套了，他们所传承的那些知识与这个时代显得有点格格不入了。

小舅才 40 岁，小学三年级文化，却已是乡里小有名气的礼生。他本是出色的厨师，也是县城一个知名饭店的老板，却从小就有一个礼生梦。终于，在事业有成、衣食无忧之后，他于 2012 年踏入了礼生这个行当。为此，他花了 1 万多元置办了乐器、音响等全套设备，刻苦钻研，竟然写出一手好祭文。

小舅一直觉得，他是在传承儒家文化，言谈之间处处透露出其文化使命感。只是，乡间世道的变化，让这个礼生深感无力。

近些年，乡里"过事"越来越讲排场，一个丧事没有个三四万是办不下来的。实际上，小舅之所以能在短短 3 年之内在礼生这个行当中出人头地，与其花费巨资打造全套音响设备，制造热闹场景不无关系。丧礼讲究个热闹，越是有排场，孝子孝孙越是觉得有面子。一般的礼生只有一种乐器，几个礼生凑合在一起才能勉强凑足礼乐演奏所需的全部乐器，而小舅一个人就有全套乐器；一般的礼生班子也不可能有扩音设备，但小舅是个小老板，财大气粗地把老一辈乡间礼生给压死了。小舅这个礼生班子的最大特色就是，其主持的礼仪甚为"先进"，扩音设备可以让方圆五里之内的人们听到主人家的丧事盛况。老一辈的礼生唱功虽然了得，现场的人爱听，可毕竟受众有限，不够热闹。在扩音器面前，再好的唱功也甘拜下风。

小舅狠下功夫琢磨祭文写法，凭着小学三年级的文化底子竟然也能写出辞藻华丽、大致押韵的诗词来，读起来也是朗朗上口。可是，祭文的写作实在是有些难以克服的障碍。

有些障碍当然受制于文化功底。比如，小舅就觉得，老人如果在夏天去世，祭文就不好弄，而如果在春、冬去世，祭文就好写一些。因为,每个祭文的开头都要结合世间万物咏叹一番,咏叹春、冬的语词特别多,而古诗词里面似乎少见描写夏天的语词。正月过世的祭文最好写,单单那些春联体的诗词就够用了。大年初四,小舅就要去主持一个丧礼。大年初一我去给他拜年时,他现场就把主祭祭文的开头写出来了:光阴似箭度人生、人生如梦过光阴、万马奔腾辞旧岁、三阳开泰闹新春、大雁展翅回向北、紫燕南归绕门庭、正是高歌尧舜日、举国上下齐欢腾。

更大的障碍则来自世道的变化。祭文讲究诉苦,要把死者的生老病死苦都描述出来。唱念祭文时,孝子孝孙越是觉得悲恸欲绝,亲朋好友越是痛哭流涕,祭文就越是成功。可有些死者祭文,实在是无苦可诉,很是让小舅这样的礼生费神。比如,那些"官二代",家境本来就比较殷实,一生过得大富大贵,祭文怎能写出个悲痛味道来?这样,祭文就只能以奉承为主,哀悼的意思却是没有了的。

"官二代"毕竟少见,麻烦的是很多普通百姓,一生过得好不正经,不符合儒家精神,祭文自然不好写。近些年,乡里乱象频出,荒唐事不少,很是考验礼生的祭文创作水平。小舅就碰到过几个难办的案例。

1. 有一个过世的老太太,一生改嫁过三四次,年老的时候还改嫁。按照传统习俗,这实在是不像话。祭文要描述其一生经历,可这样的经历怎么描述?祭文要体现死者一生的苦难,可这个死者哪有什么痛苦可言?本来,这种情况可以不用怎么办丧礼的。可对于孝子孝孙而言,毕竟老人过世,还是得办啊。小舅没办法,只能把死者这段不堪的经历模糊处理。前些年,乡里还有一个尽人皆知的案例,这个死者的祭文估计更不好写,幸好当年小舅还没进入礼生这个行当。这位老人有七八十岁了,和一个五六十岁的老太太偷情,结果死在了老太太床上。家人当然还是要把丧事大办一番,可这种事在祭文里怎么说呢?对死者又该作何评价呢?

2. 2014年春天，乡里有一个爱打牌的老人被赌债所逼，跑到一个荒山喝药自杀了。过了15天，公安机关才确定此人身份，一直在外打工的独生女赶紧回来，把丧事大大操办了一番。可是，因赌自杀这个死因在祭文里实在不好说，也是为了照顾孝子心情，小舅只好在祭文里为死者辩护，说死者自杀是"被逼无奈"的。

3. 有一种情况极为常见，即现在好吃懒做的人非常多，为老不尊者也不少见。如果"官二代""富二代"一生没受苦还情有可原，在祭文里还可以写出奉承之意的话，因好吃懒做而未受苦的普通逝者，既不能为其诉苦，又不能奉承其"命好"，祭文根本就写不出韵味来。因此，这种人去世，祭文写不好也不能怪礼生水平低了。

话又说回来，只有像小舅这样把礼生当成人生乐趣，做礼生还做出文化使命感的人才对社会乱象有无可奈何之感。对于大部分从事"礼"这一行当的人而言，何尝对礼仪有尊重呢？在乡里，礼生这个行当还算受人尊敬，主持仪式、写祭文也还算尽职尽责，那些个"道士"就不太正经了，纯粹将礼仪工作当成"做工"。因为一个工有150元，一场丧事下来是3个工，轻而易举就是450元的收入。由于"道士"不尽职，一些人家干脆不请，其主持的仪式也让礼生代替了。

就是主人家，举办丧礼也未必就是出于对礼仪的尊重。乡里人对礼仪的理解，对热闹、排场的讲究远远大于对仪式所内含的道德追求的尊重。乡里有一户人家，户主是出了名的不孝之子，可老人去世时，他却把丧礼办得像模像样，"热闹"水准在乡里也算是首屈一指了。在这个"孝子"心里，或许把丧事办热闹了才算是孝顺老人，至于平时却是不重要的。或者说，丧事办得热闹，只是自己有面子，和逝去的老人又有什么关系呢？

二、礼仪经济学

乡里人爱面子，却被面子折腾得够呛。简单来说，支撑面子的是里子，热闹、排场都是需要经济条件支撑的。由于大部分人家都是穷讲究，在人情往来中寻找经济利益就成了必然。于是，一整套的礼仪经济就出现了。

乡里近年流行一句俗话，叫"三年不过事，变成穷光蛋"。意思是说，一个家庭如果三年还不办一场酒，就会亏得一塌糊涂。我到处"讲白话"，所有人都会聊到人情负担不可承受的话题。这也难怪，普通人家一年大概需要2万元的人情开支，如果办一场酒，可以赚个一两万，三年办一次真不算多，因为人情的纯支出还得4万元。

于是，所有人都在计算人情经济。为了把人情支出减少到最低，街上一户做生意的人家这几年每年都办一场酒，去年甚至一个月内办了两场酒。他明明知道家里老人撑不了多久了，赶紧给小儿子"抓周"，过6岁生日；结果，小儿子的生日酒刚摆一个月，老人就去世了，又害得大家和他走人情。大家都知道他2015年肯定还要摆酒，因为大女儿当年高中毕业考大学，摆上学酒是必需的。和他有人情往来的其他生意人都不干了，没事的时候都在他面前调侃几句，"找点事摆两场酒……"。

有些人拉不下面子来多摆酒，就在心里盘算着什么时候可以不走人情。比如，家里儿女在外工作定居，铁定不会回老家的，就想着家里老人过世以后，就坚决彻底地减少人情往来——像街坊邻居、朋友之类的"白客"，就可以不来往了；远房亲戚也可以断了来往，只和至亲进行人情往来。很多人之所以还在苦苦支撑着走人情，就是因为家有老人，而丧事是最能体现面子的。丧事凭什么热闹？除了让礼生之类的来摆排场外，最重要的就是宾客盈门、帮忙者众。2013年，有一户人家老人过世，结果竟然没有一个人前来帮忙，原因是他从不走人情。最后，不得不由他姐夫出面，召集亲朋好友来"过事"，总算把丧事办了下来。

在外打工的中年人，如果预期自己会回来定居，也要苦苦支撑人情往来。可有时候也事与愿违，会因遇到一些意外而断了自己的后路。2013 年，乡里有一户在外打工 10 多年的夫妇回家盖了新房，大摆筵席准备迎客。可中午开饭时左等右等，只来了两桌客人；晚上竟然一个客人都没有。儿媳妇着急了，问在家带孙子的婆婆这是怎么回事。婆婆知道隐瞒不住，就说了实情。原来，婆婆爱打牌，天天带着孙子去街上茶馆打牌，而茶馆服务实在是好，不仅管接送、管饭，还管帮忙带小孩，婆婆把儿媳妇每次寄回来的钱都拿去打牌了，并没有去走人情。儿媳妇顿时大怒，当下把所有饭菜倒到鱼塘喂鱼去了，并立马带上儿子返回广东打工。

为了显示排场，办酒的主人家要给前来喝酒的人礼包，里面有烟、糖果、饮料等，价值少则一二十，多则三五十。近年有些人家发明了新风尚，礼包被红包替代，直接返还 20 元的红包。我觉得这种形式值得提倡。可一交谈，却有不少人表示这种风尚其实不好。原因是，红包虽然减少了浪费，可礼包里的物品本来就属于礼仪经济之重要一环。比如，街上的生意人摆酒，向各个商户购置礼品，本来就是一种人情往来——这就意味着，往后别的商户也得照顾自家生意。礼仪经济计算到如此程度，可见人情是多么重要的社会纽带。

对于一些家庭关系复杂的人家而言，"过事"过程中的算计更是微妙。有一家人是组合家庭，男子"上门"到女方家，两人努力盖了新房。过年前，男子在新房为自己 80 岁的老父办生日酒。因为有四方亲戚（夫妻双方各自的家人，再加上各自已过世配偶的亲人），来的人情特别多。在办酒期间，男子与前妻的女儿、女婿从浙江赶回来，住进了爸爸的新家。可妻子偏偏不让女儿、女婿同房居住，因为按当地习俗，作为"客人"的夫妻同住一房会对主人家不利。可在女儿、女婿眼里，这里是自己家，他们没觉得自己是客人。于是，继女和继母大吵一架，女儿、女婿过完事立马就离开了。事情还没完，4 万元的人情钱，通通都被妻子收入囊中，说是要还盖新房的钱。可实际上,这只是一个说辞。造成的后果是,儿子为老父亲办80岁生日所收的人情,被"外人"收归囊中,真有点不可思议。

说起来,办酒对很多人而言,的确是个营生。乡里有10多名礼生,10多个乐队,还有不知道多少职业"丐帮"。乡里办酒,礼生和乐队都是少不得的,这项礼仪开支就得花费几千元。而主动上门舞龙灯、唱渔鼓之类的职业"丐帮",给他们的开支得一两千元。如果把督管、厨师、帮厨和其他杂务开支算上,办酒成本至少要1万元。另外,至亲除了送礼,还需耗资买鞭炮、竖拱门,一场酒办下来花费上万的礼炮钱,再耗费几千元放上几十个拱门,也算是正常的。2013年,舅舅给外公过生日,竟然竖了36个拱门,两个人专职放了一天鞭炮。如果是办丧事,礼仪开支则要增加一倍以上,因为各种形式的"讨喜钱"也是不小的开支。

乡里有些人家喜欢图个"彩",使得乡里职业"丐帮"的群体不断增大,一些并不懂规矩,也没什么技术的人混入其中,到处招摇撞骗。问题是,绝大多数人并不懂相关的礼仪知识。比如,舞的龙灯合不合规矩,喝的"彩"对不对,讲的话中不中听,他们都不懂。因而,只是按照行规无差别地给舞龙灯的100元,给打渔鼓之类的20元。一些主人家因为不懂,也觉得职业"丐帮"实在讨嫌,就在门口用粗大的毛笔标上"谢绝龙灯""谢绝丐帮"的标志。

乡里人都在算怎么能在人情往来中达到收支平衡,都把目标指向亲戚朋友。可算来算去,就是忘了算每次"过事"都要耗费巨资讲排场,而这可是大家的公共消费——走了人情未必有情,唯一可以确定的是大家都图了个热闹。

三、茶馆里的面子江湖

小姨2014年下半年在街上开了一家茶馆,生意出奇地好。她本是好打牌之人,可现在对打牌没多大兴趣了,兴趣转向了数钱。因为她计算了一下,她每隔两分钟就要收入2—10块钱不等:茶馆有四个麻将桌,基本上天天爆满,平均两分钟就要胡一把,她要在四个桌子间轮回收钱。

乡里喜欢打牌的人实在太多。大年三十上午有人还在茶馆打牌,甚至还有人问茶馆晚上开不开门。小姨觉得自己得回家吃年夜饭,还是不开为好。可年夜饭后,亲戚朋友提议去她的茶馆打麻将。小姨觉得这是个做生意的机会,就立马打电话通知那些老顾客,晚上茶馆照常营业。不多时,还真有一桌人抛开家人来茶馆打麻将。

茶馆为了招揽顾客,想尽办法提供各种优质服务:请专门的厨师做可口饭菜,保证有四个钵子菜(当地饭菜丰盛的标志)。据说,有些茶馆生意一落千丈就是因为饭菜不好吃。甚至于,家里只要有一人在茶馆打牌,茶馆就可以为其家庭成员提供免费饭菜,家庭主妇可以不用回家做饭。另外,茶馆还提供专车服务,村里人想来街上茶馆打牌,可以由摩托车免费接送。茶馆还免费帮人带小孩,大人打牌,茶馆尽心尽力地为其照看好小孩。大年初一,小姨回娘家,顺便带了一个2岁多的小男孩。亲戚一问,原来是常在她茶馆打牌的一个老顾客的小孩。令人惊奇的是,这个小孩大年初一晚上竟然就睡在了外公家,第二天早上小姨又把他带回茶馆,一切照旧。

为了维系生意,茶馆也可以借钱。可以这么说,没有一定的资本,茶馆是不可维系的。因为,没有哪个打牌之人愿意把手头的钱拿出来消耗,他们多少都希望从别人那里赢钱,所谓"牌桌里来,牌桌里去"。可问题是,几乎没有一个常年打牌的人真的会赢钱,真正赢钱的是茶馆。茶馆为了维系生意,就不得不借钱给输钱的人,只有这样才能有回头客,也才能每两分钟就"抽水"一次。刚开始,小姨并不知道这个道理,和她合伙的人也不懂。结果,开了一个月,钱是赚了不少,可基本上都记在账本上。合伙人不堪压力退出了,小姨只好另选合伙人。年底,小姨忙着打电话催要欠款,可很多人一接电话就说：我儿媳妇在旁边，你怎么打电话来了？小姨马上很配合地挂电话。

显然，选择借钱给谁也是一门技术。首先，得看准这个人的还钱能力，判断其能力的重要指标是家庭状况和所从事的职业。其次，还得把握好借款额度，几百上千块钱当然不是什么问题，但到了几千元就要慎之又慎，也要想尽办法把款追回来。还有一个重要指标，就是借钱要借给那些爱面子的人。比如，那些怕小孩知道自己在外打牌欠钱的人，大可不必担心收不回债。

实际上，绝大多数喜欢在茶馆打牌的人都是好面子的人，并且打牌就是有面子的表现。甚至于，跟谁打牌，打多大的牌，也是一个身份象征。街上有几家专门打大牌的茶馆，老板都是社会上有头有脸的人物，有一个老板是乡里最有实力的黑社会。一些在街上做生意、家庭条件还算可以的中年人，以在这家茶馆打牌为荣，认为这些茶馆招揽其打牌是这些人给面子。可实际上，这种具有赌博性质的茶馆，对绝大多数人（无论是老板还是打牌的人）而言，根本就不能长期维系。于是，这些茶馆基本上是开张一段时间，歇业一段时间，把债务收得差不多了再继续开张。

很多时候，总有些人把持不住，失了面子也伤了里子。有头有脸的人物当然不存在把持不住的问题。街上那个开茶馆的黑社会老大，"过事"时乡里人都争先恐后地送人情，所有人都觉得哪天一旦有事了可以求其帮忙。但实际上，这位老大或许根本就不知道是谁送来的人情，即便记了礼谱也不会回人情。而在追债的时候，也根本上就不会顾及别人的面子，甚至可以赤裸裸地威胁他们还钱。因此，被追债的那些死要面子打牌的人，在此时就显得极没有面子。想方设法还钱后，还是架不住对方的笑脸，又到其茶馆打大牌。如此，茶馆生意俨然成为黑社会老大利用其威势合法敛财的工具，而可怜了那些好面子也害怕恶势力的打牌人，失了面子还伤了里子。

有点能力的人还可以勉强维持其茶馆生活，也可以抖擞其面子。可对于那些好打牌却又能力不足的人而言，其悲剧人生或许就成为必然了。

2014年腊月十一，乡里发生了一起至今不明不白的案件。李某系一名50多岁的中年男子，平时以种田、做豆腐为生，却也喜欢到茶馆打牌，在各个茶馆都欠了数目不等的债，也欠了一个开赌场的"混混"5000元的赌资。腊月初十深夜，"混混"派了几个"马仔"到李家索要赌债，并将其胁迫到"混混"家。十一凌晨，李某不明原因死亡。"混混"将其送往乡卫生院，卫生院检查后发现，李某嘴角残留农药，且有瘀伤，宣布其已死亡。家属拒绝将其尸体拉回家，经乡政府调解，由"混混"赔偿17000元（同时免除5000元赌债），另乡政府补偿21000元了事。乡里人都说，李某是最新一个因赌酿成悲剧的典型案例。仅在2014年，乡里就有3人因无法还赌债而（疑似）自杀，最近每年都有人因黑社会被逼还赌债而自杀。每自杀一人，派出所就要求街上所有茶馆歇业一个星期，乡里人戏称茶馆要为自杀的人致哀一周。

茶馆是所有好面子的乡里人离不开的地方，也是滋生各种复杂关系的场所。有些人在茶馆醉生梦死，结果被逼自杀；却也有些男男女女因天天在一起打牌，而发生了不明不白的关系。茶馆里经常发生桃色事件。2014年，一位离婚男子和一已婚女子在茶馆打牌结识，两人都欠茶馆一万多元的债，竟然相约双双到广东打工去了。已婚女子抛夫弃子和男子同居，却公开宣称不会和自己的丈夫离婚，因为小孩长大后，她还要回来的。乡里人觉得这种现象很正常，没什么好评价的，因为此类事件实在太多，分分合合是再正常不过的事情，关键是分也容易，合也容易。有一对夫妻育有一女，妻子在婚内出轨和另一名男子生了一个儿子，男子此后也找了一个已婚女子，双方竟然带着各自的相好给共同的女儿过生日。

（原文刊发于观察者网站2015年2月26日）

"女人不上桌"现象透视

一、流动的中国

过年期间随着外地媳妇回夫家、外地女婿回娘家,网上便出现了对当地某些传统习俗的一些吐槽,且引起了网民的争论。此后,更多所涉地区的年轻人在网上讲出自己的亲身经历,也道出了那些习俗其实已经是很局部和个体化的现象,很多东西都在随着代际的更替和社会的发展而发生改变。

然而,这种局部的、特定时段的心理冲击,在网络上被放大了,让不少人忽视了在现实生活中,所谓的"民俗"早就发生了改变。事实上,类似于妇女不上桌吃饭的"民俗"几乎不存在,即便存在,亦很难再是性别不平等意义上的社会结构再现。

民俗学早就有一个说法,所谓民俗,并非仅仅是传统,更不是遗产,无论好坏,它们都会随着生活实践而发生改变。极端意义上,民俗就是日常生活。因此,在笔者看来,与其说人们所"吐槽"的社会现象是一种民俗,还不如说越来越多的"外地媳妇/女婿",越来越方便地"吐槽",才是一种值得关注的新民俗。

今日之中国堪称一个流动的中国。大致而言,流动的中国主要有两个阶段:一是20世纪90年代的"民工潮",这是一次纯粹的人口学意义上的流动。确切地说,这一流动主要是服务于建立全国统一的劳动力市场。因此,当时的流动具有极强的经济意义,却未必有社会和文化内涵。毕竟,第一代农民工虽处于流动状态,却极少有人想要融入城市，更谈不上和来自不同地域的人相互融合。

第二个阶段是新世纪以来以新生代农民工和大学毕业生为主体的快速城市化阶段。这个阶段的人口流动，就不仅仅具有经济含义，更是创造了以人口融合为特征的新的社会和文化形态。

这一新的人口融合，无论是在宏观上还是微观上都体现为半工半耕特征。一方面，城市化已经成为最近20年农村发展的主线，和第一代农民工不一样，新生代农民工和大学毕业生不仅在城市就业，还力图在城市安家。因此，城市成了社会融合的重要场景。作为一种有别于乡村的社会体制，城市是高度理性化的，其社会关系趋于冷漠，社会治理高度制度化，人口的异质性也较强。因此，它很适合那些暂时脱离农村而在城市工作生活的年轻男女生活在一起。

另一方面，半工半耕又是一个典型的二元一体的制度。它意味着，绝大多数家庭内部都存在二元制度，即年轻人在城市务工，老年人和小孩在农村务农并完成家庭再生产，二者缺一不可。如果说平时的空间隔离主要体现为二元制度的分离的话，那么，如过年这样的关键时间节点，则是二元制度的重要交汇点。须知，这种交汇，不仅是人口学意义上的，更有社会和文化的复杂内涵。

正是半工半耕制度的复杂性，导致了所谓的民俗文化冲突具有极端复杂性。有些文化冲突的确具有"传统/现代"或"城市/农村"的二维内涵。大体而言，现代城市几乎都摆脱了过去的军事和政治内涵，大多是商业城市，在社会和文化的制度竞争上，总是占据优势，代表着现代。因此，那些生活在城市的年轻男女，或多或少地受到现代文化的浸润。比如，青年人更提倡独立、平等、自主，对社会关系的评价更趋理性。

而农村文化建立在熟人社会的基础之上，对人际关系具有长期的、稳定的预期，当然也就有许多"不自觉"的特征。很多地方的文化，是经过长期的社会实践而形成的，自有其惯性。指望地方文化在现代化的进程中完全清除,既无必要,亦不现实。在这个意义上,评价"传统/现代"视野下的文化冲突,需慎之又慎。

或许,我们这一代人,是所谓"传统/现代"文化冲突的最后见证者,见证这段历史也成为我们的一种宿命。只要半工半耕这个社会制度仍存在,就难以避免文化冲突。问题在于,我们对文化冲突的体验,大多只存在于过年等极为短暂的时间中,而在一年四季的绝大多数时候,我们其实是在享受多种文化并存的好处的。

别的不说,最近20年中国以平均每年一个百分点的速度在迅速推进城市化,这个过程规模之大、程度之深,也算是古今中外都极为罕见了,但这个社会过程却又极为平稳。这个结果,在多大程度上与老年人基于"恩往下流",为子女无私付出的"传统"价值理念有关?在这个意义上,传统没有好坏之分,只有与现代社会调和与否的差别。

就好比说女性不上桌吃饭的"民俗",它或许彰显了男女不平等的传统价值,但更多的是生活实践的产物。一旦家庭小型化和男女在家务上的分工趋于模糊化,这种现象就极为少见了。这说明,哪怕是最为传统的地方,也终究会适应现代社会。

二、客观看待文化冲突

有些文化冲突本质上还是不同类型、不同区域文化之间的冲突,谈不上先进与落后的差别。在某种程度上,夫妻、代际关系所支撑的家庭制度,以及在此基础上形成的熟人社会的差序格局,无不是地方文化的核心内容。不同地方社会关系的连接程度不一样,就很容易衍生出不尽一致的文化模型。

大致而言,南方村庄大多是"团结型",家庭内部的代际关系和兄弟关系的强度都比较大;又因单姓村较多,血缘和地缘关系高度重合,村庄内部集体行动能力较强。华北平原村庄的主流是"分裂型",村庄内部的"门子"林立,"门子"内部的高度团结和"门子"之间的激烈斗争互相强化。中部地区村庄多是"原子化",核心家庭之间联系淡薄,代际关系的变数也极大。总体而言,华北和南方农村的文化都更加趋近于人们对于传统文化的想象,规矩多、人情重;中部农村的文化则更接近于人们对于现代文化的想象,规矩较少,人情也极为理性化。

一个城市人和一个农村人结合,当然会有城乡文化冲突,而南、中、北不同地域的人走在一起,也难免出现不同文化模式之间的冲突。然而,这种意义上的文化冲突,实在谈不上孰优孰劣。过去的婚姻缔结,都有相对稳定的通婚圈,一个通婚圈其实就是一个亚文化圈,结婚是很难产生文化冲突的。而在流动中国的场景下,过去的通婚圈已被打破,这也就意味着不同亚文化之间会进行深度碰撞。冲突仅仅是碰撞的一种形式,其实还有融合。

过年期间外地媳妇回夫家,外地女婿回娘家的吐槽很多,但感受到的家庭温情恐怕更多。就当前的情况而言,跨省婚姻的夫妻双方因长期生活在城市,又因半工半耕而缺乏和对方父母长期生活的经历,他们对对方从小生活的地域文化其实是缺乏深度体验的。而过年恰恰又是文化的集中展现时期,对外地人的心理冲击当然也就比较大。

不过,这倒是给流动的人们提供了一个可供参考的意见。那就是,就中国社会而言,无论是哪一种文化模式,家对于每一个家庭成员,意义或许都是差不多的。正因为家庭不仅具有经济和社会意义,也有价值内涵,这才使得不同阶层、不同群体和不同地域的人们都会珍视和维护家庭。在日常生活中,如果人们在和长辈相处的过程中做一个有心人,更有同理心地去理解对方,或许在过年之时就会少很多文化冲突。

中国文化历来有多元一体的特征,地域文化虽多,却能融合为一体。这说明，中国文化本有其共同的内核。可以预见的是，流动的中国必然带来文化大一统。只不过，这种大一统的文化，并不意味着哪一种文化模式的胜利，而是不同地域文化对现代社会的适应。"现代性"也不是唯一的，它本身也意味着异质性。在这个意义上，无论身处何处，我们最好能持文化相对主义的态度。

如果超脱一点的话，我们应该珍惜我们的文化现在还有多样性，还可以有那么多的"槽"吐，这是健康社会的具体表现。如果从民俗的角度看，"吐槽"何尝不是文化融合的一种表现？开始似有不解，或有冲突，但只要大家能了解各地的地域文化，想来也会理解其背后深刻的生活逻辑，进而相互尊重。哪怕是那些被留下来的文化糟粕，吐槽之，改造之，也是文化融合的一条道路。

（原文刊发于观察者网站2019年2月13日）

学会做老人

一、老年成"细仔"

说说我的父母亲,以及他们这一辈的普通老人们吧。

2017年春节回乡期间,家人团聚甚是热闹。母亲一天到晚忙个不停,又要做家务,又要照看小孩,歇下时还要到两个儿媳妇的房间说上几句话——她在为子女们营造宾至如归的氛围。而父亲还是像往常一样和客人喝茶聊天,过他的个人生活。他像是家庭生活中多余的角色,家务事插不上手(实际上也不会做),连吃饭时间也被安排着。小孩调皮,虽是童言无忌,但有些话总归是不好听,却也只能忍着。

我父母均已年近古稀,却开始悟出些人生道理来。母亲谈家事时,经常会说出"要学会做老人"的话来。这大概是母亲和她的妯娌们经常在一起而体味出来的道理。细嚼起来,此话大概有两个意思:一是要"服老"。子女大了,该交权的交权,且交权要彻底,哪怕看不惯,也不要干预。二是要学会忍。只要有吃有喝,对子女就不应再要求太多。就如母亲"教育"父亲时常说的话:"难不成(子女)还要(把老人)当皇帝供起来不成?"偶尔,父亲很是不服,回敬母亲说:"那我生儿子来干吗?"

20世纪七八十年代,父母生了我们兄弟姊妹5人——我妹妹是母亲结扎以后意外怀孕的,我排行老四,是家中的第二个男孩。当年,父母大概真的是秉持了"多子多福"的观念。在我小时候,爷爷辈的那些老人多少还是有"当皇帝"的感觉的。母亲、伯母

看活法 | 157

和婶婶们聚在一起时，不时会聊起爷爷"闹分家"的过往。本来，爷爷是随着我父母生活的，但自从我出生后，我家的生活水平就比大伯家低一些。于是，爷爷就闹着要跟着大伯家过。大伯母当然不愿意。但爷爷极其强悍，买了几把锁将我父亲兄弟几家的厨房门都锁住并宣称，"我没饭吃，你们也别想有饭吃"。大伯母见状，只能缴械投降。后来，爷爷在大伯母家也是一如既往，逍遥自在，每天带着我这个小孙子到各家串门、游玩，给我买好吃的。

谁能想到，随着20世纪90年代末"打工潮"的兴起，中国农民家庭会发生如此剧烈的变动。我的兄弟姊妹们都想尽办法进城，他们虽未能在城市立足，但也能将城市作为谋生之地。父母亲或许未曾料到，生了5个子女，末了，年纪大了，反而成了"孤寡老人"。母亲觉悟得早，总是安慰在外的我们，说她很好，也会照顾好父亲，让我们放心。只是，偶尔打来电话，要是我和妻子没接到，她便会心急如焚地把电话打到我的兄弟姊妹那里，问到底是怎么回事。这就是牵挂吧！父亲却一直难以接受这一现实。按我大姐的说法，父亲这些年的脾气越来越古怪，"老年成细仔"。

前些年，事有凑巧，我连续两年未回家过年，而是改在暑假回家探亲。父亲莫名其妙地对我发了一顿脾气，说我是个不孝子。当时的我颇感委屈，和他争执一番：我以为自己做得还不错，二老在家衣食无忧，平常嘘寒问暖也算尽心，我几个兄弟姊妹也极为关照他们，内心觉得他们应该知足才是。再说，我又不是故意不回家过年，凭什么这样说我？可是，这一争执，反倒将他的情绪挑动起来，从他年轻时受到的苦，到现在生活中受到的各种委屈，他声泪俱下地一股脑倒出来。我从未遇到过这种情况，甚是震惊。隔日，父亲又如往常一般生活，似乎这件事就没发生过。

二、相聚不易

细想起来，父母亲和他们的同辈人遭遇的尴尬，也许是史无前例的吧。父亲习得的老年生活经验是像我爷爷那样的,一大家人居住在一起,天天吵吵闹闹,没完没了。他又何曾想过,相聚也会变得如此不易?

我和大哥都是在各自生活的城市结婚生子的,父母亲根本就没有跟儿子儿媳、孙子孙女一起生活过。家庭空间的重构,在某种程度上使他们失去了习得现代家庭生活经验的机会。多年前,大哥大嫂邀请父母亲去城里住一段时间。母亲倒是住得习惯,每天帮忙操持家务、带孙子孙女。但父亲却觉得很是不适应。他多年已经养成了诸多嗜好,一日三餐要喝酒,闲下来烟不离手、茶不离口,在狭窄的城市居住空间里,他根本就不能适应。不用说别的,仅仅是幼小的孩子就不太能适应屋里烟雾缭绕。于是,过了一段时间,不仅父亲不适应,连大哥大嫂也不适应。前两年小孩出生后,我和妻子也邀请父母到我们生活的城市来生活了一段时间。父亲很是注意生活细节,抽烟时也会到阳台上去。可不小心,烟灰掉到了楼下,引得邻居敲门提醒,他感到很是尴尬。

这些细节,虽不是什么大事,却也足以引起父母亲的警觉。我曾经开玩笑似的建议父母亲,要是他们愿意,干脆跟我们住一块算了,但两人都断然拒绝。千万不要和子女长期生活在一起,这几乎是父母亲这一辈老人的共识。母亲经常会跟我说,某某的儿子儿媳都很孝顺,可真住在一起了,最终还是不习惯。她举的例子,有些她有切身体验,有些虽无体验却可想象得出来。那些看似是生活习惯的问题,其实是代际相处的问题。关键在于,无论是老人,还是子女,我们其实都很难再有动力和条件去彼此适应。久而久之,连在家的老人也渐渐习惯避免和子女同居共处。

那些还和子女住在一起的老人,更要习得如何做老人。到了一定年纪,老年男子就主动戒烟戒酒,老年妇女就不再管家。公开的原因多是身体不允许,但细究起来,恐怕没那么简单。当老人们还未放权时，不良嗜好及家庭时间安排是一种权力，儿孙们得适应。可问题是，鱼和熊掌不可兼得。一旦老人们放权，就得适应年轻人的生活方式。而儿子儿媳们却在培养新的特权，比如打牌赌博，一日三餐想吃就吃，不吃就不吃，早上睡懒觉……哪怕是过年期间，再怎么看不惯，聪明的老人都会将就着。因为他们知道，相聚不易、相处更难。一旦发生代际冲突，这一辈的老人，可没有我爷爷当年的那份豪迈。

想来，父母亲这一辈老人，多数已经学会如何做老人了。至少都学会了"服老"，学会了忍。父亲前几年还发脾气，但只能在儿子面前发，现在在我面前没脾气了——毕竟，我们之间相处的机会也不多啊。也是，不学会做老人又能怎么办呢？按母亲的口头禅，人要认命！

是啊，他们主动或被动地学会做老人，是命运使然，也是时代要求。过去，主要是子女要学会做子女，并且是首先向父母亲学习如何过日子。老人日子若是过不好，人们多半认为是"不孝子""恶媳妇"造成的。而今，谁会这么认为呢？连我父亲和母亲都认为，不能怪子女，子女也是没办法——我刚换工作，其实工作环境是变好了不少的。可我母亲听说新单位那一片房价太高，整天担心我没房子住，每次通电话都说她和父亲还有生活费，不用寄钱。言下之意是，节省一点钱买房子吧。

父母亲这一辈老人为子女着想的做法，与城市化这个滚滚洪流竟然有高度的契合之处。他们虽不一定有能力支持儿女们实现城市梦，却都愿意为此牺牲自己，包括物质、情感、相处等。这个体验，看似波澜不惊，实则汹涌澎湃。这个过程，我的祖父辈没有，将来我们老了估计也不会再有，只有父母亲这一代老人有。理解他们，就是理解这个时代。

（原文为李永萍所著的《老年人危机与家庭秩序》一书序言，有删减）

快递的都市性

"一切都变得越来越快",用这句话来描述当前我国正在经历的社会巨变,再合适不过。最近20年时间,我国城市化速度以平均每年一个百分点在增长,2011年城市化率已达51.3%,2019年城市化率更是超过60%。可以说,我国近20年城市化的速度和规模都属世所罕见,我国理论上已从乡土中国演变为城市中国。那么,一种新的都市精神是否形成?在笔者看来,如此高速的城市化进程本身就是都市精神的表现。更重要的是,它在短期内的确塑造了一种新的都市生活方式。这其中,最为明显的莫过于快递行业的井喷,他们将"一切都变得越来越快"的都市体验带给了每个人。

一、快递与新都市生活方式的兴起

无论是在经典社会学家的论述中,还是在都市研究的谱系中,"快"都被认为是都市精神的重要内核。相较于乡村生活,都市生活方式至少有几个特征:一是都市作为一个增长机器,将人口、技术、资本等聚集在一起,形成了一个高度复杂的物质结构。在这个意义上,都市生活方式是服务于城市机器增长的,效率是其重要特征。二是都市作为数量庞大且高密度的人口聚集区,将不同社会关系、职业群体和社会阶层聚集在一起,形成了独特的社会制度。简单来说,都市生活方式是一个彰显个性,人际关系相对冷漠却又高度依赖,必须依靠正规制度和一系列专门机构整合的形态。三是都市本身就是一个观念集合体,它在某种意义上代表着现代。因此,它既充满激情,又处处留有冷漠;既自由,又处处受到严格规制;既充满理性精神,却又容易制造非理性。

基于此,快递是典型的都市生活方式的产物,亦在进一步构筑都市生活。

1. 快递是一种新业态。自古以来,物流都是衡量社会现代化水平的重要刻度。封建时代可否实现"八百里加急",或许是各朝各代有效治理的前提。邮政是现代国家的重要装置,没有以电报、铁路等为技术基础的邮政,就不会有近代国家转型。快递业的兴起,不仅仅是邮政市场开放的产物,更是建立在高铁、航空、互联网等新兴技术聚合基础之上的。归根到底,它是基于快而构筑的新业态。有趣的是,这个新业态紧扣最新的互联网技术,为资本提供了新的自我循环场域,却是通过聚集"快递小哥"这类新一代农民工而形成的。

2. 快递代表着一种新的都市生活方式。快递业有一个漫长的产业链,将各个职业群体和不同的社会阶层聚合在一起。从风投玩家、各大平台的规则制定者,到各级快递代理商,再到数量庞大的"快递小哥",一种统一的行业规则将存在巨大鸿沟的不同社会群体聚合起来,并在此基础上生产出新的都市生活方式。正因为有了快递,才有了网上购物。人们因为有了快乐,吃喝玩乐不再依赖于原有的城市设施。假如说现代资本主义的兴起让商业中心代替了教堂、市政广场等成了城市中心,那么互联网经济的兴起,很可能意味着一种去中心化的都市生活方式的诞生。"网购"这一消费行为,将虚拟空间和现实空间联系起来,创造了一个有无限可能性的第三空间。

3. 快递彰显了都市精神的内在张力。快递业是创新的产物,代表着都市激情,但它恰恰又在某种程度上恢复了传统的劳作方式。互联网治理超越了泰勒制,它让那些快递点的自主经营者和高度独立的"快递小哥"有了进入现代商业系统的可能。在这个意义上，看似传统的个体经济，恰恰被纳入了高度协作的社会化大生产体系中。也正因为兼具创新性和传统特性，它徘徊在坚持规则和越界的模糊地带间。比如，快递业的极速发展，对城市的市场监管、交通规则等都造成了难题。仅仅是从"快递小哥"这个群体的观念看，他们的工作虽高度自由，并无典型的泰勒制的身体规训，但处处受制于苛刻的"计件制"和服务评价。

快递本身就是关于"快"的都市经济、社会和精神的综合体，它传递到都市体系中，很快便影响着城市运转的逻辑，并连带影响着城市治理。

二、快递与非正规经济的转型

传统上，非正规经济被认为是一种"集市经济"，它是指那些经营规模小、不需要职业门槛、亦无太多资金要求的，以自雇经营为主的经济形态。这其中，最为典型的便是摊贩经济，他们不纳税，甚至不受政府的市场监管，且并未纳入正规经济体系。在这个意义上，以摊贩经济为代表的非正规经济，一度被认为是低效率的，是与现代市场体系格格不入的经济形态。但是，哪怕是传统的"集市经济"，也并不一定与现代的全球市场体系相隔绝。事实上，很多产品都是经工厂生产而来，亦通过现代物流体系流通到自雇经营者手中，进而到达每个消费者手中。甚至于在经济效率的考量上，摊贩经济也不一定意味着低效率，其灵活性恰恰是应对市场风险的最大优势。因此，非正规经济并不随着现代市场经济的扩张而萎缩，反而可能进一步扩张。某种意义上，与其说正规经济扩张在挤压非正规经济的空间，还不如说它同时在促使非正规经济的转型。快递就是一个典型。

就笔者的田野观察而言，快递在某种意义上促进了街头非正规经济的转型。

一方面，它为非正规经济开辟了新的市场空间。传统上，非正规经济的最大障碍在于如何将产品"广而告之"，因为缺乏正式的产品信息发布渠道，甚至于无固定经营场所，经营时间亦不确定，故严重依赖于"口口相传"这一限制极大的传播方式。因此，流动摊贩的梦想往往是能有一个固定的经营场所，最好是在人流量比较大的地方，还要有固定经营时间。这样，才能有比较固定的客源。但快递及O2O技术的出现，却让非正规经济有了"广而告之"的可能。比如，笔者调研的一个经营鸡蛋饼的路边摊，因味道独特，深受周边消费者的喜爱。摊主为了扩大影响，开通了微博，没想到竟然聚集了不少粉丝。又因快递的出现，粉丝们无须到现场排队，也可以购买其商品。自主生产、经营的产品，通过快递可传递给城市每个角落的消费者。如今，几乎所有自雇经营的小店都通过快递扩大了市场网络。最为传统的摊贩经济竟然也搭上了极为先进的互联网经济的快车，这或许是快递所带来的经济奇迹。

另一方面，它让非正规经济更为隐蔽。传统的非正规经济本质上是一种"路边摊"模式，它需要通过叫卖、流动，甚至现场制作等方式吸引顾客。但是，快递的出现，则让非正规经济不再简单依赖于路边展示，而是通过线上和线下的配合实现了前台和后台的分离。非正规经济的从业者可以在后台制作商品，通过快递将商品送达前台。这几年有些平台对商户的审核并不严谨，使得一些本来就租住在城中村，靠摆地摊生活的流动摊贩，也逐渐用上了网上平台。

笔者调研的街道，这两年路边摊迅速减少，但聚居在这条街的城中村的摊贩却并未减少，原因是摊贩在出租屋里面加工产品，可以方便地通过快递将其送至周边的消费者手中。在这个意义上，快递其实是非正规经济隐蔽化的链接要素。因为有了快递，它更为方便地实现了制售分离，让非正规经济的从业者可以隐藏在后台；也因为有了快递，非正规经济更为便捷地与正规市场混合衔接。对于

"快递小哥"而言，他们并不在乎商品的性质，而只在乎更快地将商品从出售者手中传递到购买者手中。无形当中，那些未纳入正规市场监管，也未曾纳税的商品，与正规经济领域的商品，在物流渠道中实现了混合——同样零散的、数量庞大的"快递小哥"，竟然在不经意间为非正规经济提供了保护。

当前中国城市非正规经济最让人惊奇的一个景象是，看似极为传统、简陋的"路边摊"经济，竟然在最为现代的互联网经济大潮中获得了生机。笔者调研的"路边摊"，几乎都在使用电子支付，它提高了面对面交易的效率，减少了"找零"等计算环节。更重要的是，它让不见面的交易普遍化，摊主和顾客无须同时、同步地进行现场交易。当然，这种不见面的交易方式，恰恰是通过快递连接起来的。

三、快递的治理形态

快递本身就是效率这一都市精神的产物。让城市运转得更快是现代化的应有之义，生活节奏的加速亦是都市生活方式的本质特征。因此，对于市政当局而言，他们对快递这一新生事物的出现并未感到意外，快递也很容易被纳入到相关的治理轨道中。只不过，随着互联网经济的迅速扩张，快递的治理业务也在短期内急剧增加，这就对市政管理提出了更高的挑战。就笔者的田野调查看，它至少对交管、城管、住房管理和邮政等几个市政管理领域提出了挑战（见表4）。

表4 快递的治理事务

市政部门	治理事务
交管部门	电动车规格、牌照及其行驶规则
城管部门	电动车及快递物件的乱摆乱放问题
住房管理部门	"快递小哥"出租屋管理问题
邮政	快递的合规性问题

某种程度上，快递本身并未制造新的治理事务，它所涉及的几乎所有治理事项，都可以在既有的市政部门中找到相关的职能。与电动车相关的交通管理，在电动车出现之时就被逐步纳入了交通管理部门的视野，并形成了相对完整的管理规则。如，交管部门将电动车明确为机动车，且应纳入牌照管理，并对上路电动车提出了规格要求。与城管部门相关的电动车及快递物件乱摆乱放的问题，也早就在"占道管理"的相关管理条例中被明确。而住房管理部门关于出租屋的管理，其实与"快递小哥"并无直接联系。至于邮政部门对快递的合规性管理，则更是有法可依。

问题恰恰在于，尽管每个部门都可以找到相关的法规依据，按照部门的职能对快递行业展开治理，但除了邮政部门这个行业主管部门，快递在短期内所产生的治理事务，对各个市政部门都构成了挑战。这个挑战源自快递治理事务具有"剩余事务"的特征：它看似细小琐碎，却难以处理。通常而言，治理事务可分两类：一种是简单易处理的事务，另一种是复杂且难以处理的事务。前一种事务往往是各个市政部门的主业，专业性强，易于认定，且有相对明确的法规依据；后一种事务往往是各个部门主业所剩余下来的业务，不易认定，法规依据也不明确。对于交管、城管、住房管理等部门而言，快递所衍生而来的治理事务，均是各个部门的剩余事务。以交管部门为例，其部门主业是管理大中小型车辆，电动车的管理只是副业——对于这些部门而言，由于电动车庞大，且不容易执法，管理的成本高，收效低。由于法律法规还不健全，他们近几年的管理重心只能是完善相关法规，实际管理的投入自然就比较小。

快递是一个典型的因新业态的出现而产生的治理事务，它对城市治理更为根本的挑战在于其打破了原来的治理常规，塑造了新的街头治理景观。笔者这几年一直在中部某大城市的一条街道做田野调查。这几年，得益于城市化进程的急剧加速，街头景观也在发生巨大变化。这条街曾是著名的城市夜市，流动摊贩、大排档和各色小商品等非正规经济甚是发达。但短短几年间，街头变得越来越符合人们对都市生活的想象，高楼林立，商业广场遍地开花，俨然变成了"城市增长机器"。为了创造一个整齐、洁净、繁荣的市容环境，连街头巷尾都按中产阶层的品位进行改造。市政部门为市民准备了绿化带、座椅、花坛等公共设施，便于他们在消费的间隙休闲。乍一看，曾寄居于街头巷尾的非正规经济似乎越来越少，街头冲突也变得越来越少。

但实践总在不经意间创造意外。恰恰是在这几年，快递却在重新塑造街头景象。街头摊贩或许变少了，但摊贩经济却未必减少，它只不过不再依赖于街头巷尾的人员聚集，而是依赖于线上线下的精准匹配。传统上针对弱势群体的城管执法冲突的确是减少了，但每天针对电动车等摆放的服务管理工作却在急剧增加。传统上，交警主要是针对有车一族（某种程度上也是有产者）的执法，但现如今针对"快递小哥"这类群体的交通执法情况在大幅度增加。因此，"互联网+"所创造出的新的经济活动，事实上对街头治理提出了更高要求。

甚至于，快递不仅成为一种街头景观，也成为社区治理的一个新问题。笔者在田野调研中碰到过一个有关快递的治理事件。某平台在某小区租了一套房子作为快递业务点，总共8名"快递小哥"入住出租屋，同时平台为每位"快递小哥"配备了一辆电动车。这个小区是单位小区，房子比较老，隔音效果并不好，且小区公共服务配套也不行，这就产生了诸多治理事务。一是邻里纠纷。由于"快递小哥"都是年轻人，作息时间和居民不一样。因此，老居民总是不断向物业和社区居委会投诉"快递小哥"扰民，社区居委会调解多次却无法治本。二是物业矛盾。由于门栋配置的停车位有限，一下子涌入8辆电动车，就会经常挤占通道，让物业管理难被增大不少。简单而言,或许每个市民都已离不开快递所支持的都市生活方式,但每个市民都不愿意承担因此而带来的治理代价。

因此,快递的治理事实上是在考验着城市共同体。在当前的都市生活中,不同群体对快递有不同的诉求。对于从业者而言,快递本身就是进入城市的一个阶梯,但对于城市有产者而言,快递仅仅是城市便捷生活的一种手段而已。对于消费者而言,快递提供了另一种生活的可能性,但对于生产者而言,快递仅仅是"时间就是金钱"的表现而已。对于都市生活的规划者而言,快递是城市创新的结果,但对于市政管理者而言,它或许是在源源不断地增加治理事务,提高治理成本。甚至于,快递亦蕴含着都市精神的内在冲突。人们一旦进入快递所塑造的生活方式,在体会到方便、快捷的同时,却同时在滋生忙碌、无聊的心理体验,并且这一体验本质上是由抽象的时间规则所塑造的。"快递小哥"们也许不用受类似工厂里的老板和管理者的支配,进而体验到"自由",却在不经意间受制于围绕着"快"而设计出来的一整套行业标准。要让快递所塑造的都市生活方式充满活力而不失序,就不能仅仅依靠传统的市政管理技术,或许还要在更深层次上认识"快"的城市意象。

(原文刊发于《人民论坛》2019年第18期,原标题为《快递,正塑造一种新的都市生活方式》)

"俗文化"：基层治理的重大挑战

2018年暑假，笔者和同事在北方某地农村调研时，碰到了一场"脱衣舞"表演。同事是研究民俗的，虽听说过"脱衣舞"表演在一些北方农村盛行，却一直不太相信"真脱"；亲眼看见以后，大为感慨。一是感慨斯文扫地，"恶俗"泛起。为了活跃氛围，"脱衣舞"女郎在表演期间邀请观众互动——当然是荤段子连篇。五六十岁的农村大爷抱着脱得光光的20多岁小姑娘的大腿打情骂俏，要多俗有多俗。二是感慨乡间的歌舞团真是专业。同事小时候练过相声，有童子功。根据其经验，那几位"演员"的舞蹈素养真不算低。尤其是在跳钢管舞时，我俩都觉得甚是精彩，不自觉地鼓起掌来了——可见其专业功底之扎实。

一、"新民俗"的演绎逻辑

我们在村庄里走街串巷入户调查时，随处可见歌舞团的广告，可见红白喜事上请歌舞团表演甚为普遍。歌舞团在表演过程中穿插一些带"黄"的节目，包括荤段子、"脱衣舞"，亦是常规。据当地村民说，多年前公安机关曾严厉打击过"脱衣舞"表演，他们也收敛了一段时间；但这几年又沉渣泛起。可见，"脱衣舞"表演在乡间市场颇大，接受度极高，俨然成了一些农村地区的"新民俗"。

这个"新民俗"，应该可以追溯到20世纪90年代。我们在村里面看的这场歌舞表演，无论是演员的专业素养、舞台、灯光，还是节目的编排，都带着浓浓的酒吧味。20世纪90年代，伴随着城市化进程的快速推进，各种夹杂着现代城市气息的文化产品大举进入农村。其背景是，随着农村的市场化转型，一方面传统的民俗活动渐渐失去了传承，农村的文化供给不足；另一方面，民间艺术团队在市场竞争压力下，也被迫转型。传统民俗虽有文化积淀，却不一定符合人们的感官刺激。而城市的文化产品却具有消费主义特征，不一定有文化积淀，却一定能够刺激感官，调动观众的积极性，并且城市文化产品往往与现代媒介相匹配，更适合工业化生产，更容易传播。其结果是，城市文化产品以"流行"之名义被源源不断地生产出来，最终占领了农村文化市场，歌舞团便是其中的典型。只不过，歌舞团表演一开始是以文化产品的面目出现的，它并不"恶俗"。恰恰相反，它丰富了农村文化生活，甚至嵌入到农村的传统民俗活动之中。

在农村地区，红白喜事向来是农村文化生活的重要载体。一方面，红白喜事里传承已久的仪式具有教化和规范的功能。就我们的调研，红白喜事，尤其是白喜事，其仪式虽有略微变化，内核却未曾改变。丧葬仪式里的一整套规程，对于表达对逝者的尊重、亲人的悲痛以及内隐的社会教化（如祭文里对逝者的评价），仍具有现实意义。笔者曾访谈过一位农村礼生，据其所言，现在农村条件好了，却也出现了不少"乱了套"的现象。比如，逝者很可能是个好吃懒做者，"风评"很差，但为了照顾孝子孝女的面子，祭文就不能写得太差。再有，子女在逝者生前很可能是不孝子，在祭文里表达孝子的悲痛感，实在是有点强人所难。如此种种，极为考验礼生的用词和写作功力，也表明仪式具有极强的规范作用。事实上，乡间常有舆论，说某某在其父亲在世时极其不孝，死后却装得像个孝子，真是丢人！当前，农村地区的结婚仪式已改变颇多，很多地方甚至流行西式婚礼，由婚庆公司提供"一条龙服务"。但是，农村里哪怕是最西化的婚庆仪式,亦传承了传统婚姻仪式的核心内涵。婚庆仪式本身就是一种见证,需要将婚姻缔结双方之间的诚意、对父母的恩情等告知亲朋好友,具有严肃性。一般而言,礼仪的严肃性本身就是一种文化实践。观众并不是无关紧要的角色,而是起到见证的作用。

另一方面,婚丧嫁娶是村庄共同体内部的公共事件,为文化产品的展演提供了事由和场合。在操办红白喜事的过程中,为街坊邻居提供一场文化活动,是主人家出于"热闹热闹",制造热闹氛围的需要,客观上又为村民提供了文化福利。笔者在调研中发现,每个地方提供的文化产品不一样,甚至不同的事由也会提供不一样的文化产品。比如,20世纪80年代,农村电影市场开始转入私人承包,国家的电影艺术也比较繁荣,在各种喜庆场合为村民包场放一场电影,算是一个很不错的选择。甚至于,很多村庄在村规民约中规定,犯了错误的村民为了表示道歉之意,得包一场电影请村民观看。一些地方在办嫁娶之事时喜欢请歌舞表演,但给老人做寿时,还是喜欢请地方剧团唱戏。甚至于,近几年广场舞兴起,无论婚丧嫁娶,都要请腰鼓队或乐队来表演一下,也算是制造热闹氛围的一种有效方法。可见,"图热闹"这个村庄文化实践,为各种文化产品提供了天然的场所。

由于仪式已经承担了严肃的教化功能,其他文化产品的主要功能便是制造热闹。恰恰是"图热闹"这个村庄文化实践,为各种异化的文化产品提供了表达空间。简言之,这一村庄文化实践,对观看者而言是"看热闹",但对主人家而言则是"面子",两者之间相互强化。正因为村民有"看热闹"的需求,主人家才可以通过吸引更多的村民参与而变得"有面子",而正是主人家需要彰显自己的"面子",才会想尽办法增加热闹的可能性。笔者和同事看到的"脱衣舞"表演,也可以说是歌舞团为增加"热闹"而设置的一个文化产品。确实，无论是主人家，还是观众，都将此作为一个制造氛围的手段。在表演现场，舞台前的第一排都是未成年的小孩，他们蹦蹦跳跳，像是过节。他们看到"脱衣舞"女郎表演"脱衣舞"，还未知其中的内涵，竟鼓起掌来，一个劲地说"好好看啊，好好看啊"。一群老年大爷大娘坐在看台中间，甚是安静，或许他们只是将此作为一个"热闹"的文化产品，低俗与否或许是不重要的。反倒是村里的小年轻，躲在最后几排的角落里窥探着。他们一是不太好意思和自己的长辈混在一起娱乐，二是多少还有点不好意思。表演期间，主人家走向观众席发烟，面带微笑，甚是真诚、友好，看到这么多人来捧场，想来也是蛮高兴，觉得有面子吧。

这么看来，恰恰是村庄日常生活及文化实践的严肃性，为那些"图热闹"的文化产品大行其道提供了可能性。其基本逻辑在于，在严肃如仪式这样的文化实践中，因需要遵从一系列的礼仪要求，很难有区分度。也因此，其主要功能是进行村庄社会的整合。但村庄社会需要另一面，即在严肃之外，需要活泼。村庄既需要整合，又需要竞争，因此，礼仪之外，纯粹的"图热闹"也是必需的。在村庄的文化实践中，恰恰是"图热闹"使得村庄竞争得以彰显：放的烟花爆竹越多，越是热闹；舞台越大，越有排场；能够吸引眼球的文化产品越多，就越有面子。"脱衣舞"之类的文化产品之所以能够堂而皇之地呈现在大众面前，并不是村庄不存在礼义廉耻，而是村庄本身就需要这些看似俗气，却能够较好地制造热闹氛围的文化实践。

二、"俗文化"的社会基础

"俗文化"本身不是问题。在村庄文化实践中，也许从来就不存在只有严肃的大雅文化。只不过，任何一个健康的文化实践，雅俗之间都应有界限。一是在严肃的礼仪实践中，雅文化对俗文化会有天然的改造机制。在各地的民俗传统中，并不乏用意庸俗的文化实践，但它们多有改造，并被有机吸纳到礼仪中，成了寓教于乐的文化产品。二是哪怕是"图热闹"，对低俗文化也应有底线。文化实践毕竟还是有公共性的，亦多少存在教化功能，因此，衡量文化实践的低俗与否，很大程度上取决于公共性。如"脱衣舞"等文化实践，早已超越俗文化的范畴，成为低俗的文化实践。原因是，这些文化是在村庄的公共场合，面向男女老少开放的，仅仅考虑青少年的健康成长，这种文化实践就应受到道德谴责。更何况，"脱衣舞"还明显涉嫌违法。

吊诡的是，如果说依靠礼仪的严肃性和历史传统的惯性，可以对俗文化进行吸纳的话，那么，在俗文化和低俗文化之间，则面临界限不清，进而产生异化的现象。笔者和同事碰到"脱衣舞"表演后，甚感震惊，就随手拿上手机拍照。结果，立马有一位组织歌舞表演的村民拿起话筒站在舞台中央喊话，语言甚是霸气。他说："本村是文明村，犯法的事咱不干，请把手机收起来。否则，看你的手机硬还是我的拳头硬。"从这位村民霸气的表现看，他是村庄精英无疑。换言之，在当地村庄精英的认知中，"脱衣舞"表演已是常规，并不低俗。

客观上，当前的村庄已经难以对低俗文化进行自觉抵制。一是绝大多数村庄共同体已逐渐解体，村庄很难再有村庄规范的仲裁者。尤其是在村庄文化实践中，因其不会对村庄利益产生直接影响，哪怕是村民一时还难以接受，久而久之也会习以为常，村庄精英也会成为低俗文化的维护者。二是村庄的自我调节机制往往周期长、见效慢。通常而言，村庄的自我调节机制需要由特殊的村庄公共事件触发出来，而低俗文化很难制造事件。比如，"脱衣舞"长此以往，必定会对青少年产生不良影响，会影响乡风文明，但这种影响却很难建立因果联系，也很难出现不良事件让村民警醒。因此，如果不对低俗文化加以干预，更容易出现的情况是它会自然成为乡间的

"恶俗"，而不是自动消失。

从全国来看，低俗文化很有扩张的势头，只是每个地方表现不一样而已。有些地区主要表现为"脱衣舞"表演等公共文化活动，甚至于，前几年媒体还有过在丧事上跳"脱衣舞"的报道。有些地区则表现为封建迷信活动的泛起，一些地方的活死人墓、豪华墓地甚是泛滥。有些地方在婚礼等场合，表演如灰公醋婆等恶作剧，甚至还出现借机骚扰伴娘的现象。麻烦在于，这些低俗文化实践基本上都披着民俗或风俗习惯的外衣，是地方政府和执法机关并不进行常规治理的领域。

故而，当前的基层治理面临着一个重大挑战：如何有效规制村庄生活和文化？客观上，村庄文化实践有其主体性，这恰恰也是村庄活力的表现。在这个意义上，运用行政和执法手段介入村庄文化实践，需慎之又慎。但是，当前的村庄早已融入现代化的潮流之中，其自主调节机制越来越难起作用，放任低俗文化泛滥，必定会影响健康的村庄生活。当前，各地基层政府以乡风文明建设为契机，积极规制农村的低俗文化。比如，通过建立红白理事会，帮助村庄自我调节办事规则；通过发挥党员干部的先锋模范作用，倡导新风尚。从笔者的调研看，这些做法在全国各地农村都起到了积极作用。其直接作用是，极大地降低了农民的人情开支，减少了浪费。事实上，农村文化实践从来不是自生自发的结果，而是文化供给和需求相匹配的结果。欲真正规制"脱衣舞"等低俗文化，不仅需要基层政府参与村庄文化的规制，从需求端堵住低俗文化的入侵，还要积极培育健康向上的文化实践，为农村供给更多更丰富多彩的文化产品。在一些农村地区，农民自发成立的腰鼓队、乐队等逐渐占领了部分文化市场，这一现象具有启示意义。一句话，对于农村的文化实践舞台，若积极健康的文化不去占领，低俗文化就会去占领。

乡村"魔幻"叙事

今日我国农村正在经历千年未有之大变局。这一巨变,是社会结构、家计模式、村庄治理及乡村价值的全方位变革。描述这一巨变并不容易,需建立在扎实的经验调查基础上,呼唤宏大叙事。然而,作为这一巨变的结果——"小时代"的来临,恰恰是反实证精神,倡导小叙事的。于是,每个人都可以从个体体验去叙述他心目中的农村。有人看到了现代化的图景,有人见证了乡愁,有人感受了乡村之痛,还有人在这里寻求到了后现代的荒诞。在我看来,《残酷底层物语:一个视频软件的中国农村》是一个有关农村"小叙事"的最新文本,很值得分析。这个作品很有意思,它以实证主义及宏大叙事的伟大作品《湖南农民运动考察报告》为榜样,却反其道而行之,通过小叙事手法固执地渲染、描述农村的"残酷底层物语",并将之与日新月异的城市现代化相对照,刻画了一个城乡割裂的"魔幻"时代。对于笔者这个有着多年农村调研经验的研习者而言,此文给人带来的"魔幻感"远比文章揭示的农村"魔幻"现象来得真实。

一、巨变

巨变是这个时代的主旋律。

进入 21 世纪,我国农村发生了翻天覆地的变化。2000 年,中国城市化率只有 36.2%,但到 2019 年,我国城市化率在短短 19 年时间增加了 24.4%,达到 60.6%。据国家统计局农民工监测报告,2019

年农民工总数达到 2.9 亿。这意味着，农村社会结构出现双重变化：第一，农村人口总量迅速减少，空心村现象明显；第二，农村人口结构也发生了根本性转变，青壮年劳动力转移到城市，使得农村只保留了老人、妇女和儿童。

伴随着城市化进程，农业生产在国民经济中的地位明显下降，并在农业治理政策中体现出来。从 2001 年开始，国家在部分省市进行农业税体制改革；2004 年，国务院开始实行减征或免征农业税的惠农政策；2006 年，农业税被废除。农业税被废除说明，不仅国家治理不再依赖于农业生产剩余，农民也不再依赖于农业生产剩余。由此带来的结果是，作为农村生产、生活基本单位的村落正在瓦解。

首先，村落逐渐失去了组织农业生产的功能。在农村税费改革之前，一家一户的小农生产需依赖于共同生产来解决公共品供给问题，建立在村落共同体基础上的农民合作一直是小农生产得以维系的制度基础。而最近一些年来，随着"以工补农、以城带乡"时代的来临，农业技术及农业基础设施得以大幅度提高，农业社会化服务体系也逐渐完善，它一方面降低了小农生产对农民合作的需求，另一方面也为规模生产创造了条件。如今，全国超过 1/3 的耕地完成了流转，农业生产的组织形式越来越依赖于新型农业经营主体；即便是家庭经营，也不再依赖于农民合作。

其次，村落共同体渐渐瓦解。乡土中国曾是用来描述我国的最为贴切的关键词，其含义不仅仅指我国是一个农业国家，国民主体是农民，还特指一整套根植于乡土的社会形态。如果要对乡土中国的社会形态做一普遍性解释，"共同体"是最贴切的关键词。村落共同体是一个有机体，人们彼此熟悉，遵循地方性规范，"亲密地、私人地和排他地生活在一起"，形成了"我们的"共同意义感。在共同体内部，人们讲究人情、面子，彼此互助又相互竞争；在共同体外部，人们一致对外，"内外有别"。当前，我国已有超过一半的人口居住在城市,且居住在农村的人口主要是老人、妇女和儿童。由此,村落共同体已失去基本的人口学基础,连彼此熟悉也变得不可能,熟人社会正在向半熟人社会、陌生人社会转变。全国大部分农村,村落共同体哪怕保持了形式上的存在,也很难再有活力。

最后,在城市化进程中,乡村文明逐渐衰弱,成为城市文化的"殖民地"。农耕文明时代,乡村文化主导了城市生活,美好的城市生活是为着"荣归故里""光宗耀祖",乃至于城市生活方式也模拟乡村社会,亲缘、地缘、师生等社会关系主导了城市社会。进入21世纪,"城市让生活更美好"成为一句响亮的口号,并主导着农村生活样态。绝大多数农村家庭通过代际分工为基础的半工半耕改变了传统的家庭生计模式,城市生产方式在支配着农村家庭再生产的同时,也将城市文明带入了农村和家庭这个社会细胞。在多数情况下,农村生活是暂时的,是农民家庭实现城市化的支持或退路。

二、叙事

过去40多年来,尤其是进入21世纪以来的20年间,我国农村在短期内发生的巨变是一幅波澜壮阔的历史图景,其变革之剧烈、影响之深远,或许不亚于欧洲几百年的工业化进程。欧洲的工业化进程指向了以城市为主要表征的新型社会形态——尽管不同学者对这一新社会形态持不同态度。

笔者对我国农村巨变持平和理性的态度。首先,我国农村巨变是人类现代化规律使然。无论我们愿意与否,田园牧歌式的生活已非主流的社会形态,但这并不意味着乡土中国在现今没有价值。恰恰相反,乡愁或许是每一个被迫卷入巨变洪流中的中国人不可或缺的精神食粮。其次,我国农村巨变是城市化中国道路的具象。过去一些年,或许还要延续很多年时间,我国的城市化进程是以半城市化的方式呈现出来的,这突出地表现在,绝大多数农村家庭很难真正融入城市,变成纯粹意义上的市民。更多情况下，一个家庭内部，一部分人口生活在城市，一部分人口生活在农村，个体农民的生命历程也很可能在城乡之间来回穿梭。这意味着，城市和乡村这两种生活形态，不仅具有从传统到现代的社会变迁意义，更具有传统与现代共存、相互改造的融合意义，当前有关农村的"魔幻感"即根源于此。最后，我国农村巨变正在指向一个新兴社会形态的出现。总体上看，这个新社会形态，要将每一个个体从村庄、家庭、土地束缚中解放出来，人们正在拥抱国家、市场这些更为抽象，也更具可能性的体系。

巨变的现实就摆在眼前，但如何体会，却因人而异。可以想见，很多人对共同体关系的消失感到恐惧，城市中片段化的、去人格化的关系让人无所适从。可以理解，不少人在这一巨变中找到了冒险的快感，城市使人更自由、更易发挥个人的潜能。当然，在更多情况下，这一巨变因时因地有所不同。第一代农民工在城市的生活体验或许并不愉快，却为其提升农村生活质量提供了更多可能性，第二代农民工在城市的生活体验或许是充满刺激而富有想象力的，却使他们无时不在感受着城市生活带来的苦闷压抑。因此，农村巨变是一个夹杂着希望与失望、成功与失败、重构与建构的多重过程，任何一个个体体验都很难描述其真实过程。农村巨变呼唤宏大叙事，它至少包括几个历程。

1. 现代化历程。现代化历程的核心特征是理性化，一切社会关系都具有可计算性。借助于货币这一媒介，理性化还实现了即时即地的可计算性。随着半工半耕的家计模式的成形以及农业资本化的进程，农村社会关系逐渐实现了可计算性。这一可计算性首先表现在传统互助生产领域，农忙时期的换工已渐渐减少，代之以雇工生产。日常生活中的互助（诸如红白喜事的举办），市场可以提供"一条龙服务"。其次，农村社会关系理性化也是可计算性的重要表现。比如，人情往来功能不再是表达性的、仪式性的和互助性的，而具有功利性诉求。近些年来彩礼的不断上涨，更像是性别比失衡背景下婚姻市场竞价机制的自然反映。最后，农村治理关系的理性化也进一步彰显，很多农村地区的村庄选举蜕化为各个金主之间的对决，而村民却对此坦然受之，甚至于将之当作获取私利的机会。

2.市场的兴起。毋庸置疑，城市是市场关系再生产的主要空间。对于大多数农民工家庭而言，打工收入是支持其家庭再生产不可或缺的部分，这也就意味着这种生产关系已深深地嵌入了每一个农民家庭之中。很多城市打工者尽管心怀赚钱、养家糊口或完成人生任务的理想，却并无明显的阶级意识。但城市工地、工厂无时不笼罩在市场关系网络之中，他们看到了灯红酒绿，却很难在城市支配自己的生活，由此带来的不公平感和压迫感，确是他们的真实生活感。农村巨变的另一面是城市化的高速推进，是资本的高歌猛进。总体上，生产力的极大发展惠及了绝大多数农民家庭，市场关系中剥削性的一面并未影响打工者的城市化梦想，其明显表现是，已有相当大的一部分农民家庭成功地进城，未能进城的农民家庭也并未无产阶级化，反而得益于打工收入提升了农村生活水平。

3.社会分工形式的改变。传统社会的代际分工和性别分工在巨变时期具有了全新内涵，其核心是，代际分工成为家庭内部分工的主轴，并由此支起了农村社会结构的全面转型。一个农村三代家庭的理想模型是：年轻夫妇在城市务工，年老夫妇和未成年小孩在农村务农、上学、养老。因此，城市是农村家庭进行资本积累的场所，而农村则是维持农村家庭再生产的主要场所。与传统社会不同，代际分工本质上是第一产业和其他产业之间的分工，是城乡之间的分工，它通过独特的家庭结构实现了社会分工转型。假如说传统社会分工是同质性较强的分工，具有可替代性的话，那么，现代社会分工则具有鲜明的异质性，更强调分工合作。

显然，对于个体、家庭而言，农村巨变难免意味着各种悲欢离合的体验,但对于社会转型而言,它却是各种历史定律的耦合。

三、"魔幻"

这些年,大众媒体热衷于传播有关农村的各种"魔幻"现象,而这却需置于宏大叙事中加以阐释。

一些"魔幻"现象是社会事实。比如,半工半耕的家计模式制造了留守现象,并由此带来了系列社会问题。再比如,共同体关系的丧失,使得农村社会关系发生异化,一种既不符合传统道德共同体规范,又不符合现代契约关系的"无功德的个人"现象泛滥。还有,乡村价值生产能力的缺失,使其聚合了诸多恶俗文化。之所以将其看作社会事实,是因为它们是由农村巨变这一宏大历史进程所塑造的失范现象,并且不以个人意志为转移。但是,就此认定这个时代是一个礼崩乐坏的时代,则大可不必。因为,农村巨变本身是一个中和的过程,它既意味着对传统共同体关系的解构,也意味着新型社会形态的建构,它所带来的活力与社会失范现象一样真实。

很多"魔幻"现象并不是社会事实,只是个别的猎奇现象。《残酷底层物语:一个视频软件的中国农村》中所提及的大多数"魔幻"现象,与农村巨变这一过程没有多大关系,并不具有普遍性和必然性,它最大的可能是媒介传播所制造出的"幻象"。只不过,这一"幻象"倒是真真切切地抓住了这个时代巨变的脉搏:这是一个变化本身就有政治正确性的时代,只要是新奇的,无论好坏,都可获得广泛认可。

笔者觉得,对巨变时代"魔幻感"最贴切的解释是:这是一个最好的时代,也是一个最坏的时代。想想 30 年前,我们才解决吃饱的问题;10 年前,我们还未解决吃好的问题,都在担心"三农"危机。那个时候,谁会去关心农村的精神世界?而今,大家却在探讨"乡愁",担心礼崩乐坏了。不客气地说,那是因为:吃饱了,撑的。

(原文刊发于澎湃网 2016 年 6 月 21 日)

"小镇青年"的置业观

中国人素有成家立业之说,成家和立业之间具有密不可分的关系。因此,欲准确认识当代青年人的置业观,需从这一社会习惯说起。近年来,这一社会习惯内嵌于城乡融合发展的进程中,影响着当代青年的置业观。

一、城镇化背景下的青年置业观

对于绝大多数青年而言,置业是成家的有机组成部分。从社会学的角度看,婚姻缔结不仅仅是两个青年之间的结合,更是两个家庭的组合,以及一个新家庭诞生的过程。男女双方的父母在子女婚姻缔结的过程中,通过彩礼、嫁妆等传统礼俗,为新家庭的建立提供物质基础。自20世纪90年代住房市场化改革,尤其是近10余年间城市化快速发展以来,为年轻的子女准备一套商品房,渐渐成为城市居民的自然选择,甚至于很多农村父母,尤其是青年男子的父母,亦将为新婚子女在城里安置一套新房当作新风俗。

因此,青年置业观既是家庭置业观的有机组成部分,更是城乡融合发展的有机构成部分。在这个意义上,青年置业观具有被动性,其置业与否、在何处置业,并不取决于他们自己的意愿,而是父母和家庭的决策。在很多地方的婚配模式中,提前置业是婚姻缔结的前提,青年人并没有其他选择空间。这些适婚青年的置业行为,虽属被动,却也是一项较为理性的家庭决策。在家庭小型化趋势下,父代和子代之间已经很难"同居共财",因而减少了不少家庭矛盾。毋庸置疑的是,这种父辈帮助子代置业的结果,极大地提高了子代的生活质量。即便是从家庭财产保值增值的角度上看,提前置业行为都可以算作一种相对理性的决策。

不过,应该指出的是,尽管适婚青年的置业行为具有被动性,但并不意味着他们没有置业观。恰恰相反,他们对提前置业投入了许多考虑。对于一般家庭而言,父代为子代提前置业是有限度的,很多家长只能提供房子的首付,按揭还贷得由子女自己承担。这就意味着,一开始子女就参与到了置业的过程中。他们对房子的区位、大小、户型、小区特点等都有较强的决策权。具体在何处置业,主要考虑年轻人的承受能力和偏好。比如,年轻人一般喜欢安静一点的新小区,但父母亲却喜欢成熟一点的、有人气的小区,在同等条件下,他们多半会尊重年轻人的意见。绝大多数青年的置业观和其父辈有共同之处,都是服务于家庭发展。在这个意义上,置业并非立业的表现,而首先是服务于成家。

因为置业往往和家庭发展周期紧密联系在一起,这使得一些青年的置业观具有鲜明的特征。简单说来,无论是结婚还是小孩教育,都附着于恰当的置业行为之中;而这些家庭再生产自有其规律,"过了这个村就没这个店"。很多青年在置业的时候,普遍表现出不从容的状态。一是其事业往往并不稳定,经济基础也不好。故而,其置业行为普遍属于"超前消费",不仅需要依托家人和亲戚朋友的支持,还要提前透支将来多年的工作所得。二是置业过程中普遍出现"将就"心态,即为了赶在适婚年龄结婚、小孩能够上学,哪怕心有不甘,也得将就买房置业。尤其是在城乡融合发展的背景下,青年置业观的复杂性更为彰显,它既是被动的,却又是成熟理性的。其突出表现是,青年置业观往往具有延续性,既与家庭发展周期相匹配,又与接力式的城市化相融合。

二、阶层流动中的置业行为

对于大城市的职业青年而言，是否置业几乎是阶层划分的一道杠杆。因为只有置业了，才算是一个真正的城市居民，能够享受一系列的城市公共服务。而只要没有置业，就意味着这些职业青年只是流动人口，随时可能因为生活成本的提高，以及无法享受完整的公共服务而离开大城市。在这个意义上，所有城市青年都将在大城市置业作为一项人生奋斗目标，并无可苛责之处。大城市的置业与市场机会和公共服务等密切关联，不同城市、不同区位具有明显差异，青年的置业观也就有延续性。其一是租房。刚刚就业或刚进城务工的青年，是城市的蜗居一族。他们最现实的考量是以较低的居住成本获得大城市的市场机会，积攒一定的资本之后再图发展。其二是买房。只要有可能，职业青年都希望能够在大城市买一套房。某种意义上，是否有一套房，哪怕是小房子，也算是阶层上升的一个重要阶梯。其三是换房。对于绝大多数青年来说，置业并不是一次性行为。实际上，第一次置业行为也许只是为了获得城市永久居民的身份，以及出于完成结婚等人生任务的考虑。只要稍有可能，换一个更好的房子几乎是青年的共同选择。某种意义上，成功地换上一个区位好的大房子，或拥有几套房，便意味着青年已成功跻身城市白领阶层。

当前，青年关心置业，并不仅仅是关心生活质量，更是关注阶层流动。与之形成鲜明反差的是，居住在三线、四线城市，甚至小城镇的"小镇青年"却过上了安逸生活，他们只要工作稳定，基本上都有房有车有闲，虽生活在小城市，却可以享受和大城市差不多的公共服务。如无太大的想法，他们基本上都可以过上比较舒适安全的家庭生活。大城市白领阶层和"小镇青年"的两种生活画面，构成了中国城镇化的两个不同层面。

三、从容的置业观

非常值得关注的是，在大城市发展趋于饱和的情况下，中小城市甚至一些小城镇的发展空间却越来越大。于是，一个颇有特色的"小镇青年"阶层开始出现，其置业观表现出和城市白领不尽一致的逻辑。

"小镇青年"阶层主要由两部分人组成：一是在大城市奋斗过一段时间（无论是读书还是工作），积累了一定资本，却并未在大城市立足的职业青年；二是家庭条件比较好，成功进城定居的农村青年。当前的城市化率已超过60%，已有相当部分农村人口是通过城市化的方式来实现市民化的。

客观而言，那些受过高等教育、有一技之长的年轻人，只要愿意回到家乡的中小城市，一般都可以有相对稳定而体面的工作。毫无疑问，他们是城市化进程的最大受益者。一方面，因其有稳定而体面的工作，可以享受当地较好的社会保障和公共服务，亦有一定的消费能力过上中产生活。另一方面，他们虽然市民化了，却因为离老家比较近而少了进城的包袱。他们的父母不用跟随他们进城，少了不少养老负担，甚至于，因父母在家有田有地，还可以支持其过上较高质量的城市生活。这些"小镇青年"到大城市的距离也许只有一两个小时的车程，接受大城市最新的信息和生活方式，几乎没什么障碍，同时他们回农村老家的距离也只有一两个小时的车程，这意味着他们并未完全脱离故土，亦可以过上较为完整的家庭生活。在这种情况下，"小镇青年"的置业观较为从容，更多考虑的是生活质量。

当前，城乡融合时代已经到来，农村和农民获得越来越多的城市化红利。城乡之间可以通过小市和小城镇有效连接起来。具体而言，以地级市和县城为代表的中小城市，逐渐缩小了市民与农民之间的差距。这些中小城市是城乡关系的连接点,承担着为农村提供公共服务的功能,是农村公共资源配置的中心。这催生了"小镇青年",亦催生了一种新的置业观。一些在大城市上升无望的人,退而求其次可以在中小城市过上较好的生活,而一些农民经过接力式的半城市化方式,让年轻人先进城,中老年人暂时留在农村,亦可以在中小城市安居乐业。这样,青年置业观和阶层焦虑适当脱钩,会显得更为理性:置业服务于家庭发展,服务于生活质量的提升。

(原文刊发于《人民论坛》2018年第33期,原标题为《"大城市青年与"小镇青年"的置业观有何不同——让青年置业观与阶层焦虑适当脱钩》)

现实版"盲井"

2009年,湖北大冶发生一起矿工黄某坠井身亡的"矿难",随后赶来的"家属"对于矿方愿意赔偿20万的赔偿决定表示满意。赔偿过程几乎没有争议。但由于家属不能提供有效的身份信息,矿方与雷波县警方取得联系,得到一个惊人的回复:该地确有黄某一人,但"已于4年前上吊自杀"。一起现实版的"盲井"事件被披露,随后,全国各地发生的一系列伪造矿难索要赔偿的案件被联系起来,几乎都指向四川雷波县。

一、"盲井"产业的技术要领

很显然,"盲井"已是高度产业化的行业,如同大部分正规或不正规的行业。专业化与地域化几乎是一对孪生兄弟,雷波县俨然垄断了伪造矿难索要赔偿业务的一系列技术要领,这得益于当地具有容留残疾人的社会条件,而这一类人最适合成为伪矿难事件中的受害者。

"盲井"时代的伪造矿难索要赔偿事件虽然已是一个行业,但其产业链条却比较短,没有固定的"原料"(被害者)供给来源。但雷波县独特的自然、历史和社会环境,决定了其成为一个理想的被害者来源地。2007年与其相邻的美姑县偶然发生了一起利用残疾人制造"盲井"事件的案件,这一技术要领迅速为雷波县的犯罪分子掌握,并很快传播开来,于2009年集中爆发。

一旦有了稳定的被害者来源,"盲井"的黑色产业链就变得极为完整。从某种意义上看,这一黑色产业链的形成,得益于政府行业监管的无效,这一无效在某种环节是法律不及的结果,但绝大多数环节并不如此简单,它是一些小煤矿有意躲避治理的结果。反过来说,"盲井"之所以曝光于阳光之下,恰恰说明政府的行业监管正在起作用。

二、容留残疾人:"盲井"产业链的第一环

先从这一产业链的始端"拐骗受害者"谈起。这一始端可以说是由雷波县特有的自然历史条件造成的,与地方治理无甚关系。雷波县的县情极为特殊,由于地方宗族势力强大,地方政府在清理容留智障人员和精神病患者的行动中,遇到的阻力极大,如果不是现实版的"盲井"事件给雷波县造成巨大声誉损害,迫使地方政府下定决心彻底整顿,这一旧俗或许仍将长期存在。

事实上,各地与法律冲突的习俗多如牛毛,宽泛的意义上,这叫作习惯法,只要不制造重大矛盾,国家法一般不会积极改造。比如,全国绝大部分地区都存在外嫁女权益损害问题,从中华人民共和国成立之日起,所有法律都规定外嫁女享受与男子同等的权利,但在实践过程中,妇女在财产继承、享受集体利益分配等方面的权益却普遍得不到保障,事实上,大部分地区的妇女也没有相应的诉求。买卖、容留残疾人和精神病患者作为当地的一个"习俗",长期以来并没有多大问题,客观上来说,这一合法性部分来自旧俗,且得到了社会的认可。尽管从现代社会的角度上说,将残疾人和精神病患者比照"娃子"并不人道,但这并不影响当这一习俗的现实合理性——这些人员往往属于无序流动人员,有人将之收留,给予其衣食住行等基本保证,地方政府何乐不为呢。

黄某事件发生后,湖北当地媒体赶赴雷波县调查,指责容留、使用"娃子"现象的惨无人道,这让雷波县显得极为愤慨,专门解释绝大多数所谓的"娃子"在严格意义上只是无序流动人员,当地也极少出现打骂这些人的现象,而地方政府采取行动,并非解救这些人,而是清理这些人——或者由当地民政局给予救助,或者将之送回原籍。显然,理解雷波县的这一习俗,要点有二:一是定位这些被容留人员的身份,二是如何定性这些买卖及容留行为。

无序流动人员所指代的对象基本上属于历史上常见的"盲流",只不过用词要中性一些,在这个意义上,将街头流浪的残疾人和精神病患者称作"娃子",显然是不合适的。关键的问题在于,法律上明确规定政府有救助这些盲流的责任,并没有禁止(实际上还鼓励)民间救助行为,因此,"容留"这一行为的性质也变得极为模糊。如果容留之前有买卖,那可以认定容留并非善举,可问题在于,也不能就此认定为行恶。判断容留者是否对这些无序流动人员行恶,标准只能是是否实施伤害,在法律上表现为是否有非法拘禁行为、是否强迫劳动、是否打骂等。雷波县政府称,绝大部分被农户容留的残疾人,均与农户同吃、同住、同劳动,没有违法行为,一些被清理的无序流动人员甚至还不愿意离开农户家。刑法中曾经有"拐卖人口罪",如果有明显的买卖无序流动人口的行为,本可以就此定罪,但1997年修改以后的刑法废除了这一条,只保留拐卖妇女、儿童罪,这一修改在当时有合理性,因为谁都预想不到"盲井"黑色产业链这么快就成形了,成年男子竟然也可以被拐卖。因此,在雷波县的清理行动中,没有一个容留者被追究法律责任。

很显然,雷波县之所以成为"盲井"黑色产业链的一环,基本上属于法律不及的结果,相关法律本有模糊地带,无法对容留行为进行准确定性,使得雷波县的容留现象长期存在。在地方劳动力市场中,雇用一个无序流动人员的劳动力成本是三五千元,农户容留他们的目的也主要是用其来从事小农生产,产值不高,但却也无风险。

美姑县的案件，突然让一些犯罪分子发现了潜伏在这些人身上的价值，只不过，这个价值并非劳动力价值，而是命价：只要进入"盲井"的黑色产业链，这些被容留的残疾人和精神病患者就会价值倍增，容留者就可以获得巨大利润；而对于类似于《盲井》中的两个专职诈骗的犯罪分子而言，也找到了固定的对象。如此，全国各地的"盲井"矿难现场终于都指向雷波县。

三、矿业治理困境："盲井"产业链的第二环

不过，雷波县终究只是这一产业链的低端，高端在煤矿，反过来说，雷波县的这些无序流动人员是否可以进入这一黑色产业链，从而产出巨大价值，取决于煤矿管理。电影《盲井》中，王宝强饰演的元凤鸣成为受害者，多少有点偶然，这倒不是因为那些犯罪分子还有点职业道德，将不伤害未成年人作为行规之一，而是法律已明确规定了拐卖儿童、使用童工是非法行为，犯罪成本极高。比如，假如煤矿管理者仔细辨别假身份证，元凤鸣就不可能成为矿工。此外，相对于残疾人士和精神病患者而言，对正常的成年男子实施伤害，难度显然要高得多。不过，很多煤矿容许元凤鸣这样伪造身份信息的人工作，恰恰表明煤矿有非法用工的需求，事实上，很多小煤窑本身就不具备合法开矿的条件，正常用工是有困难的，在这个意义上，非法用工是骗子和矿主的共同需求，只不过，矿主是为了最大限度地榨取劳动力价值——很简单，非法用工不用支付过多的用工成本，而骗子是为了找到较为安全的实施犯罪的条件。非常残酷的是，残疾人和精神病患者更为契合双方的需求，因为，对于骗子来说，他们实施犯罪的风险又下降了不少，对于煤矿而言，他们甚至不用承担非法用工的责任。

小煤矿是实施矿难现场的最佳场所，道理很简单，小煤矿往往制度不健全，极易寻找犯罪现场，此外，很多小煤矿总是有这个或那个不符合安全生产条件的问题，是政府重点监控的对象，因此，一旦出现事故，他们更倾向于"私了"，这又为骗子敲诈勒索赔偿提供了空间。为了应对层出不穷的煤矿安全事故，国家安监部门出台了一条规定，即矿长应亲自下井带班。这一条规定极为厉害，至少强制了一些小煤矿投资改善安全生产条件，一些没有能力达到安全生产条件的煤矿，想出了一个应对办法，即聘用一个矿长司职带班，真正的老板仍然安全无忧。一个管理得好的小煤矿，一定会加强井下带班制度，这不仅有监督矿工劳动的作用，更可以防止意外事件的发生。电影《盲井》的犯罪现场有两个煤窑，都是小煤矿，第一个小煤矿的管理极其简陋，两个犯罪分子就轻易伪造了矿难现场，矿长得知事故后，为了免于相关部门调查对其造成更大的麻烦，也只能放低姿态息事宁人，两个骗子唱双簧，骗取了2.8万元赔偿。第二个小煤矿的管理则精细得多，虽然元凤鸣这个未成年人侥幸进了煤矿，但井下作业极为严格，下井前有专门的人搜查，不让烟酒带下去，井下工作也有人带班，两个几次想要谋害元凤鸣的犯罪分子竟然找不到合适的现场。即便是出了事故，煤矿管理方也极为强硬，直接说赔偿3万，拿钱走人，似乎并不怕所谓的事故为外界所知。

四、假冒死者家属获取赔偿："盲井"产业链的第三环

某种意义上，只要"盲井"事件通过正常渠道被曝光出来，就说明发生事故的煤矿在安全管理上没有多大漏洞，他们不怕外在压力。黄某事件之所以暴露，是因为假冒的死者家属拿不出身份证明，大冶警方在与雷波警方联系后，确认死者另有其人，且由于犯罪现场经不起推敲，让警方终于发现了其中的奥妙。大冶的煤矿显然走了正常渠道，不仅在赔偿标准上符合国家标准，20万的赔偿甚至让犯罪分子也无话可说，且在事故处理的程序上也走了正常渠道，并没有"私了",而是让警方介入进来。故而,犯罪分子错误选择了犯罪现场,导致黑色产业链的断裂。

因此,从表面上看,假冒死者家属获取赔偿是这一产业链的终端,赔偿数额的多少是决定这一产业链是否繁华的决定因素,也是一些犯罪分子在雷波县将残疾人培训成容留者亲属,获取"命价"的动力所在。实际上,"盲井"黑色产业链的关键一环是矿难现场的选择,因为它直接决定了犯罪分子可否顺利伪造矿难,可否顺利拿到赔偿,一个安全生产管理正常的矿场,不仅难以找到犯罪现场,且即便矿难现场伪造成功,最终也可能因为身份暴露而拿不到赔偿。"盲井"这一黑色产业链终究会衰败,倒不在于雷波县政府积极清理无序流动人员,而在于小煤矿治理正在取得成效。

雷波县非常无辜地成了"盲井"黑色产业链中的一环,无序流动人员也意外地进入了公众的视野,这个结局令人有点愕然,或许它揭示了一个现代版的"血酬定律":在偏僻的雷波县,在这么一个封闭的农业社会的地方市场中,容留一个残疾人成本只需几千元;而在遥远的大冶煤矿,在这样一个高度开放的资本市场,矿难的受害者可以获得十倍于此的"命价",在这二元市场结构间建立一个隐蔽的链条就可以获得巨额利润,哪个冒险家不跃跃欲试呢?

即便"盲井"产业的第一环被斩断,缺少了稳定的劳动力来源,但只要这个产业的第二个环节存在,矿业治理仍然处于灰色地带,犯罪分子仍会想方设法完善"盲井"产业链。

(原文刊发于观察者网站 2014 年 8 月 8 日)

冥界本是人间景

一、观音宫的故事

母亲信鬼神,每年都会向仙姑询问地下的亲人过得如何。前两年,母亲探得阿公阿婆在地下闹别扭,说阿公总是不着家,在外面瞎玩,阿婆生气啦。每每听母亲讲起地下亲人们的"日常",我总有一种感觉,冥界的生活似乎和人间无甚区别。想来,冥界本是人间景,无论是仙姑这样的阐释者,还是母亲这些问询者,她们还不都是按照世间的法则去构建地下亲人的生活秩序的?况且,人们之所以关心地下亲人,归根到底还是为着关心世间的亲人。地下亲人日子过好了,世间的亲人自然就能福寿安康。

按照母亲的说法,她并非一个"虔诚"之人。某些时候,她也是将信将疑的。偶尔,我也会打趣她:"仙姑怎么知道我阿公阿婆在地下怎么过日子?"每到这时,她也不会怪罪于我,只会半认真半开玩笑地说:"你信就信,不信也不要乱讲。"但是,在她交往圈的妇女里头,虔诚之人似是不少的。前些年大家还住在村子里的时候,每个自然村都有小庵庙。我家所在的那个自然村就有一个"观音宫",专门有几个特别虔诚的妇女负责日常打理。她们竟然还分工,似乎每个片都有一个负责人,每逢宗教节日就要分头召集一干信众搞活动,几个人里头还分总管、会计、出纳之类的。庵庙虽小,却也打理得有模有样的。

这个观音宫,我自小到大是常去的。它坐落在一个山窝里面,冬暖夏凉，实在是休闲的好去处。关键是，庵堂的后山长着极多的野生果子，一年四季都有，这对幼时的我和小伙伴们还是极有吸引力的。后来听说了一些有关这个庵堂的故事，就更有了一些复杂感情。据老辈人说，这个庵堂是中华人民共和国成立之前我的曾祖父所建。庵堂下是曾祖父几兄弟开的铸造厂，那几年算是生意兴隆，家族也开始人丁兴旺。想来，曾祖父他们修个庵，无非是为了保佑财源广进、家族兴旺。可是，乱世之时，哪怕是最为虔诚、最是能干的曾祖父，也难逃厄运。某日清晨，曾祖父在庵堂敬香时，却被几个绑匪给绑走了，家里花了几担"花边"才把曾祖父赎回来。从此以后，家道中落。只不过，曾祖父他们那一辈人所开创的铸造事业，却作为乡村工业化的产物延续下来。即便是在集体化时期，那个铸造厂还是大队的副业，乃至于到了改革开放后的20世纪80年代，铸造厂被私人承包了，竟还兴盛过一段时间。

　　长辈们常言，在孙辈中，阿公最是疼我。无论到何处，总是背着我，好吃好玩的都是尽量满足的。这是事实，我也是有记忆的。当年，阿公的经济条件很是不错。他早已"退休"，不再打理家务，但赚的零花钱并不少。他有一手精湛的补锅手艺，时不时在铸造厂里敲敲打打。我对那血红的铁水，四溅的铁花，各式各样的模具，很有一番感觉。铸造厂那黑乎乎的一片，竟有一眼泉井，甚是稀奇。幼时的我，时常跟着阿公去铸造厂玩，喜欢把脑袋探到井上，看着自己的模样傻笑。阿公不去铸造厂做工时，便会在村中各家串门。不走，便在村里的杂货店喝茶聊天，其间买一块饼给我吃——那种香味，至今难以忘怀。直到我结婚成家以后，到了中秋节，家人会买一些月饼来吃，我才有点惘然：念念不忘的味道，不就是花生馅的月饼吗！现如今我每看到焦黄色的月饼，脑中总会不自觉地浮现出阿公在小村杂货店喝茶，而我在一边吃月饼的情景。

观音宫是承包铸造厂的那位叔公重建的。叔婆是一个虔诚的信佛之人,而观音宫本来就是因铸造厂而来的,重建也是自然而然的事。重建之后的观音宫,很符合时代特征。既是观音宫,"观音哀子"是少不了的。只是,和观音并列的,还有两尊神——"关帝老爷"和"招娣哥哥",这却很是让我费解了不少时间。前些年,我听侍奉观音宫的叔婆唠叨,才知真是有一番讲究。叔婆说,我们的"观音哀子"真是慈爱,庇佑了我们一村人,和和气气的。"关帝老爷"也很是给力,这么些年我们村就没出什么大事,家家都平平安安。还有"招娣哥哥",连邻村的乡邻都前来烧香摸摸他的"小鸡鸡"了,看我们吕家这些年添了多少丁啊!观音宫的神灵真是灵啊,这些年我们村养猪,大家都发财了。

母亲也曾用这一番言辞跟我说信神灵的道理。我当然是不会信的,且很喜欢用"事实"教育她。比如,那头大树下的公王,其实自身都难保,谈何保佑世人?一个刮风下雨的夜晚,公王树竟然倒了!还有,"招娣哥哥"再厉害,也抵不过计划生育政策啊。进入20世纪90年代,家族人丁稀落的问题迫在眉睫,每到元宵节,祠堂上灯的人总是稀稀落落的。20世纪80年代,一些被强制计划生育没生出儿子的族亲,曾弱弱地向长辈请求,能不能让自己的女儿也去上灯,他打算把女儿当儿子看待。长辈们还摆出一副老成样:"女儿怎么能上灯,不是坏了老规矩吗?"而今,族亲们早就商定,女儿也可以上灯,也可以进家谱,新事新办嘛!叔婆念念叨叨的养猪发大财的故事,我也是调查过的,过去多年,发财的村民其实是不多的,倒是有不少村民亏得血本无归了。这两年,政府强制关闭猪舍,我们村也要建设"无猪村",几乎所有养猪户都转产转业去了。2018年又来了一场非洲猪瘟,猪肉价格大跌。很多村民都感叹,要不是政府搞环保强制关闭猪舍,又不知要有多少村民破产。

二、世事无常的解释

想来,母亲也是明白的。再厉害的神灵,也抵不过世事无常。然而,纵然我有一万个理由反驳她,她对信鬼神这事也是乐此不疲的。但凡有人叫她去庵庙做义工,她总是积极响应,出工出力还出钱。在母亲和那些信众的多年不懈努力下,观音宫供的神灵越来越多,有了托塔李天王、地藏王,还有我叫不出名的各路神灵。当然,庙堂也越来越大,扩建了好几倍。连专用厨房和供信众们休闲的凉亭都有了。当然,我也是越来越喜欢那个地方了。尤其是夏季,烧一把香,捏一捏"招娣哥哥",然后舒舒服服地躺在石凳上,凉风习习,还伴随着蝉鸣,别提有多惬意了。有那么一段时间,我喜欢在村里到处走动,遇到个庵庙,总会饶有兴趣地看看功德碑。经常是,猛然一看,发现上面竟然有我的名字。那必然是母亲到处做功德,给我留名的缘故。彼时,我心里甚是不屑。现在想来,感觉很是对不起母亲。其实,母亲敬鬼神,与其说是一种信仰,还不如说是关心则乱,求个安宁罢了。

这么理解,通鬼神的仙姑之存在,自然有其合理之处。仙姑一般在家中供有神灵,每日烧香敬茶,故能通灵。仙姑如够虔诚,侍奉家中神灵之余,还到周边庵庙上供,和那些有法力的和尚道姑参详学习,通灵的能力自会增长不少。也因此,乡间的仙姑群体实际上是有等级的。每个村子都会有若干个仙姑,但有些仙姑声名远扬,四方乡邻都可能前来问询,可以专职从事仙姑工作。多数仙姑只是因为各种机缘巧合,兼职从事仙姑工作而已,其日常生活与常人无异。

在乡间,仙姑似是不可或缺的。但凡小儿不安、家宅不宁,乡民们总是要询问仙姑,好对症下药。2017年暑假,我和妻子带着一岁半的女儿回老家度假。因带儿经验不足,带着小孩去玩泉水,孩子竟然着凉了。我们惊慌失措,母亲也很关心。除了督促我们带小孩去看医生,她自己也特意去问了村里那个很"湿"(灵通)的仙姑。仙姑回答,不要担心,只是因为我的阿公见到可爱的重孙女回家,摸了一下她的脸蛋。现在已经烧香了,告诉阿公不要再动手动脚了。其实,在母亲告诉我结果之前,我就猜到定然是这个解释。阿公生前待我很好,这是所有村民都知道的。如今,我女儿"不乖"了,不归咎于他又归咎于谁呢?

在我的童年,小孩稍有不适,总会请仙姑来问问,然后辟邪。辟邪的方法,主要是让仙姑先捏着小孩的耳朵,然后闭上眼睛,念念有词。念毕,仙姑脚一蹬,大喝一声:"快点走!"末了,小孩喝一杯放了烟灰的茶水,事情就算完了。这时候仙姑总要解释一番,小孩受到了地下某个鬼魂的惊扰。有些鬼魂是有恶意的,自然要吓唬吓唬它;有些则是善意的,跟它说说好话就好。说来也怪,我小时候几个被仙姑捏了耳朵以后,虽然没吃药,发烧头晕的症状确实是缓解了不少。长大后,有了些许医学知识才知道,感冒发烧本来就不用吃药,过了十天半个月自然就好了,和仙姑的法力其实是无关的。可是,母亲这一辈老人,对鬼神之事如此敬重,想必是被这些碰巧之事说服了的。

当然,在仙姑的解释里,关于恶意的鬼魂的想象应该是越来越少了。过去,仙姑把地下的某个鬼魂解释成恶鬼,而"受害者"家属还做了一些法事,若是被鬼魂的亲人知道了,怕是要闹一些矛盾出来。可是,鬼魂的亲人亦怕仙姑的神秘之术,不敢太过放肆,也就只能心里头埋怨罢了。现如今,在人们的眼中,仙姑虽有法术,却不见得能够随意"诋毁"别人逝去的亲属是恶鬼。因此,那些出于善意的鬼魂也就越来越多了。恶鬼当然还是有,主要是那些世间亲人甚少,或是已经绝户的鬼魂,说说也无妨。当然了,这些鬼魂因无世间亲人的照顾,在地下有种种不如意,也变得放肆起来,在仙姑那里也是说得过去的。

三、让鬼魂安息

为了让地下的鬼魂过得好，让其最好能庇佑子孙，每年的祭祖就非常重要。安顿鬼魂的办法，当然是要让其在冥界生活无忧。大致而言，冥界的生活要求，其实是随着世间的变化而变化的。幼时，人们祭祖时把"三牲"办得丰盛一些，再烧点纸，就算是尽心了。阿公阿婆在世时都不怎么喝酒，但阿公却是茶不离口。因此，每次祭祖时，母亲和伯母、婶婶们总是要多准备一些茶水，让他喝个够。再后来，有了"天地通用银行"发行的纸钱，一张就是五百万的，烧下去，地下的亲人们就都是亿万富翁，当然不愁吃穿了。

但是，据我一位在金融部门工作的堂兄说，这么烧下去，冥界也可能有通货膨胀。果然，祭品市场就推出了新措施。一是出现了更多小面值的纸钱，五百万和二十万一张的当然还是有的，但更多的是面值50元、100元、1万元之类的纸钱。神奇的是，50元、100元面值的纸钱，造型尺寸乃至于画面，都和人民币出奇相似。人们在买纸钱时，竟然也不约而同地多买一些小面值的纸钱，说是让阿公阿婆有零钱花。尤其是阿婆，平常打理家务，是离不开小钱的。

二是出现了号称由足赤纯金的纸做的金条，纯度高达999.9%。堂兄解释，再怎么着，黄金是硬通货，不怕冥界通货膨胀。堂弟家的房子租给了一个金银首饰店老板。据他所言，但凡做金银首饰生意做了多年的，都肯定是赚了不少的。想想，只要做下去，手头总是要有十斤八斤黄金。而从总体上看，黄金价格是上涨的。

三是出现了拜祖先专用的整套"发财钱"。第一套的主题是"丰衣足食、年年有余"，除了画有传统的"三牲"，竟然还有面包、洋酒、龙虾和两包烟，细看烟竟然是中华牌和南京牌的。第二套的主题是"如意吉祥、财物满堂"，内有中式西式的家具、各种大小家电,还有别墅豪车。第三套的主题是"旺丁旺财、一帆风顺",主要都是出行时的必需品,如汽车轮船、衣服鞋帽、钱财之类的。神奇的是,想来冥界也建立了发达的认证制度,"冥府保安厅"签发了"冥民身份证","冥府天地交通管理局"监制了机动车驾驶证和行驶证,"天地房产"竟然颁发了土地使用证。

看来,在仙姑的解释里,恶鬼越来越少也是有点道理的。如今,冥界连身份证都有了,阎王的管束也是比较到位了,到处游荡做坏事的恶鬼当然也就少了,并且冥界看来更早实现了现代化,物质极大丰富,谁都不愁吃不愁穿的,哪里还有心思来惊扰世人。唯一的麻烦是,冥界也在学习世间的现代社会制度,当然也就难以避免通货膨胀之类的问题了。

我是有点好奇的,冥界颁发了土地使用证,土地制度不知实行的是公有制还是私有制?搞了土地确权、"三权分置"改革没有?据说,冥界实行土地私有制,一些地方的亲人在烧纸钱时,还有烧地契的,竟然范围都写得清清楚楚的。要是搞了土地确权,用卫星定位系统量一量,估计地契的范围会更加准确吧?当然了,冥界还有一个始终无法解决的问题,就是各路小鬼索要"小费"的微腐败问题。世间的人们为逝去的亲人办丧事时,总是要多烧点纸钱,为的是让鬼魂在奔赴黄泉路上时贿赂一下各路小鬼。有些时候,连土地也要索贿啊。其实,冥界既然连认证制度和财政保障制度都有了,也得建立一个现代化的廉政体系才是。靠过去的封建制度,其实是很难杜绝腐败的。在这个意义上,恶鬼总是有的,仙姑也是必须有的。

世间的人们其实很直接,给逝去鬼魂烧的纸钱,都称作"旺财钱"。那整套整套的"发财钱"背面,赫然印着彰显世间法则的《祭祖经》。

经云:

熊熊烈火纸化灰,青烟袅袅送冥间。

金银财宝用不尽，丰衣足食享荣华。

诚心敬春得保佑，子孙满堂丁财旺。

生意兴隆财运至，荣华富贵万代传。

南无阿弥陀佛！

此时，我猛然发觉，在我的祭祖经验里，人们其实从来是没有表达过什么思念之情的。倒是每每到了阿公阿婆墓前，在纸灰化作灰烬的那一刻，亲人们念叨的还是"保佑子子孙孙平平安安发大财"之类的。我还听乡亲们讲过一件事，邻家一对年轻夫妇结婚几年未能生育。婆婆等得有点不耐烦了，在祭祖之时，在坟前发狠：要是今年再不添丁，明年就不来祭拜了！

（原文刊发于观察者网站2019年2月11日）

人心即政治

一、农民价值世界的变化

杨华在《隐藏的世界》一书中碰到了一个问题，他寻遍社会学、政治学甚至人类学的学术资源，竟然无法将农村妇女的人生归属与生命意义的研究放置到一个合适的位置。这个问题，归根结底在于，将人的意义世界这一高度抽象的主题，用社会科学经验研究的方式呈现出来，多少有点不可思议。但是，杨华却毫不犹豫地接受了这一挑战，并最终令人信服地呈现了中国人的人生价值这一"隐藏的世界"，他很可能是在开创一个全新的经验研究领域。

笔者之所以有这么大胆的判断，显然不是没有理由的。对农民的价值世界这一研究主题的挖掘，得益于他及其所在团队多年来的农村调查与经验研究。这一研究群体发现，世纪之交的我国农村，发生了千年未有之大变局，这一变局可能不在于乡村治理的失序抑或农村社会的解体，而在于农民价值世界的崩塌。杨华本人是这一变局的出色描述者，其《绵延之维》（山东人民出版社，2009年版）勾勒了一个湘南宗族性村落的意义世界所发生的微妙变化。或许，正是这一学术经历，让他有了系统探究中国人的人生价值的学术自觉，也奠定了这一艰难工作的基础。

《绵延之维》只是作者感受我国农村巨变的一个侧面，也只是一个开始，更多的、更深刻的体验则来源于作者对现实问题的关怀及融入农民生活的体验。近些年来，杨华每年都有三分之一的时间在驻村调查，跑遍了全国 10 余个省市的农村，可以说，除了边疆少数民族地区，他的足迹遍及主要的汉族聚居区。每到一个地区，他都自觉地采用与普通农民同吃同住同生活的调查方式，力图在地化、情境化地理解农民的生活逻辑。因此，尽管亲身体验到当代我国农村所发生的一些让人震撼，甚至有点稀奇古怪的价值之变，如丧事上跳"脱衣舞"、笑贫不笑娼、老年人自杀事件的大量出现以及地下教会的疯狂扩张等，但他并没有简单地将之诉诸道德语径，而是始终保持其学术理性，力图解释这些现象存在的"合理性"。只要看看杨华近些年来公开发表的对这些问题富有洞见的见解，就应该相信作者接近于强烈的社会责任感与优秀的社会科学研究的统一认识。

可以说，从一开始，杨华对农民意义世界研究的问题意识的产生，就不是来源于对已有研究的梳理，而是来源于深切的经验质感，否则，很难想象这一游离于学科边缘的主题会进入他的视野。但是，他的确不自觉地秉承了经验研究的优良传统，并因此而获得了极大的学术灵感，这或许是《隐藏的世界》所隐藏的最大的学术密码。

二、经验研究的品格

经验研究是我国社会科学与生俱来的品格，几乎所有优秀的中国研究作品，都注入了强烈的现实关怀及深入的社会调查这两个基因。20 世纪二三十年代，学术界掀起了轰轰烈烈的走向田野的运动，这一运动成就了各个学科的中国学派，其中，以吴文藻、费孝通为代表的人类学和社会学的社区学派是杰出代表。同时，类似的运动也成就了中国革命，以毛泽东同志为代表的中国共产党人，甚至提出了"没有调查就没有发言权"的口号，创造性地将马克思主义与中国革命相结合，建立了中华人民共和国。

《隐藏的世界》的产生过程生动地展现了中国社会科学的品格。这不仅表现在其问题意识来源于对巨变中国的现实关怀，还表现在其研究方法自觉继承了社会学中国学派的传统。如果说费孝通先生写作《江村经济》在某种意义上只是个意外的话，那么，《江村经济》代表的我国人类学研究的高度却是必然，因为一个庞大的文明体值得任何一个学科，甚至以原始部落研究见长的人类学，竭尽其能地去理解和阐释，也因此，马林诺夫斯基会在《江村经济》的序言中论证这一意外出现的合理性。马林诺夫斯基可能没想到的是，他的这一论证在一定程度上造就了我国学者本土化研究的热潮，《隐藏的世界》在一长串的家乡社会学研究作品中添上了自己的名字。

湘南水村是作者的故乡，也是《隐藏的世界》演绎各种活灵活现的人物和故事的舞台。大凡一个南方人，看了《隐藏的世界》都会有所震撼，感觉书中描述的故事就像是自己曾经的生活。书中所透出的某种情结，对和杨华一样远离故乡多年的文人而言，一定可以感同身受：那是一种淡淡的乡愁。对于标榜"科学"的社会科学研究而言，这种情结或许并不适合，但对于经验研究而言，这种情结却是一种潜在的优势。尤其是在我国农村的研究中，乡愁本身就是乡土中国不可或缺的特质。村落仍然是大部分中国人的生活环境，乡愁仍然是大部分中国人的共同情感，因此，这种情结恰恰为研究者的经验本位提供了基础。如果不是从小浸淫在水村这个宗族性村落文化之中，便很难想象杨华能够如此精准地理解当地妇女的价值世界。与解放话语及女权主义所体现出来的批判性不同，杨华经验本位的立场却同情性地理解了"三从四德"，与现代依附性社会农村妇女的无所适从相比，"三从四德"下的妇女是有人生归属的，其意义世界也是极为丰富的。

单单有情结显然不够，乡愁虽然真实，但却远非完整的经验，家乡社会学最大的挑战就在于要克服朴素的经验主义。杨华显然意识到了这一点，事实上，社会学中国学派也一直在寻找突破的方法。费孝通先生等人曾在20世纪三四十年代的《云南三村》中做过类型比较的尝试，在《乡土中国》等作品中还进行了理论抽象的努力，这两种方法都在一定程度上弥补了个案研究所可能带来的代表性问题，却远未解决朴素经验主义的局限问题。得益于近些年来华中村治研究群体的学术实践，杨华采用了区域比较的策略。这一策略，既强调深度的个案调查，又强调不同个案的类型比较，及比较之后的理论抽象。显然，个体的、单主题的研究很难操作这一策略，但作为华中村治研究中"集体学术"的一部分，分区域的大规模调研、集体研讨及多主题的综合研究，为他进行区域比较研究提供了可能性。《隐藏的世界》描述的故事虽然都发生在湘南水村，但却处处可见全国其他农村地区经验的关照，在这个意义上，水村已经不单单是杨华的家乡，而是一个具有宗族性特点的南方村落，水村也不再是具体的南方村落，而是具有传统价值的抽象的理想类型。

三、安身立命如何可能

既然水村已经不仅仅是具体的村落，还是一个理想类型，那么杨华需要处理的，便是如何将活灵活现的经验转化为具有抽象意义的理论命题。他的处理技术是，用逻辑清晰的理论框架统摄经验材料，具体地说，是通过妇女的生命历程，即栖居、立足、安身和立命这一主线及妇女与娘家、家族和熟人社会的关系这一副线，来展开农村妇女的人生归属与生命意义的论述。

这两条线索中的任何一环，都可以在具体的水村中找到鲜活的经验，同时，也可以找到相关的理论命题，对经验的在地化理解和理论阐释，在一定意义上就是经验研究上升为理论抽象的过程。在一个没有宗教信仰的国度，人往往面临安身立命的问题，这既是一个理论命题，又是一个鲜活的经验问题。事实上，水村发生的一切故事，无不在回答研究者的疑惑。有人觉得，中国人的安身立命在于过日子，生老病死，家庭内部的情感及政治，构成了中国人的一生一世，于是，水村里的恩怨情仇都可以理解成过日子本身。但问题是，这些恩怨情仇仅仅是一种情感和政治游戏吗？游戏的背后难道没有原则和理念？这恰恰是农民意义世界的问题。华裔人类学家许烺光的《祖荫下》其实部分回答了这一问题，传统中国人其实是有一整套的以"祖荫下"为核心的意义世界的，传宗接代因此构成中国人过日子的逻辑起点及终点，也因此，当祖荫下逐渐消退，自我不断彰显时，当代中国人必然遭遇一场道德地震，更将面临一场价值世界的革命。当连接过去和未来的"今天"转化成今天的"今天"时，过日子或许真的只是一场游戏而已。

真正需要《隐藏的世界》去解释的是，过日子和祖荫下都是水村人的经验，从祖荫下到过日子，也似乎是当代中国人的一种宿命。60多岁的秀娘因为没有为独子"讨夫娘"（娶媳妇）而"死了都不眠眼睛"，57岁的杨书全放浪形骸，而40多岁的年轻寡妇曾莉香抛下三个儿子跟着情人走了，水村"今天"发生的故事，既像是在延续村落生活的历史感和当地感，又像是在昭示着"今天"已经是没有未来的今天，村落也不是人们的安身立命之所。当所有人都因为无所适从而不知所措时，并不意味着生活仅仅是过日子而已，必然会有另一种力量来支配人们心灵的秩序。

《隐藏的世界》暗示的是，表面上看起来，传统中国人一直无意识地生活在村落中，村落的历史感和当地感天然地承载着人们的人生归属与生命意义，实际上，这种无意识恰恰是封建时代长期教化的结果。对于农村妇女而言，"三从四德"是这一教化的主要内容，正是"三从四德"，让农村妇女能够融入村落之中，并最终让其为未曾预料的出生找到安身立命之所。中华人民共和国成立后的话语体系是不断号召男女平等和妇女解放，试图将妇女从父（夫）权制的束缚中解放出来，可以说，这一"改造人心的政治"史无前例地渗透进了普通中国人的血液中，很多研究都在证明，中国人的私人生活在这一时期发生了一场变革,人们似乎更加注重个体生活的私密性以及对爱情、婚姻自主的追求。水村的经验并不完全否认这一革命,但它更强调的是,国家在这一时期从未打破村落作为人们安身立命之所的意义,在某种程度上,还有强化村落意义的行动。国家也一直在强调孝道是社会主义道德的应有之义,水村甚至还不断上演不孝之媳被上台批斗的故事,因此,很容易理解这一时期成长起来的秀娘和杨书全们在新世纪的困惑。

某种意义上,曾莉香的行动更具革命性,她或许真正掀起了一场私人生活的变革,而追根溯源,这一变革同样肇始于公共政治的改弦更张。在后革命时代成长起来的曾莉香们,已然享受到了妇女解放的成果,恰在此时,村落却已不再生产生命意义,每个人都被抛向了社会——而问题在于,社会里或许没有了房长、村主任,但却有了老板、官员,市场解除了封建束缚的最后一根绳索,却制造了资本和权力的锁链,更为可怕的是,资本主导的社会是一个没有灵魂的秩序,它比封建秩序更为残酷,妇女最终还是没有摆脱其依附性。

四、人心与政治不可分

至此,对于中国人的生命意义及安身立命这一伦理学命题,杨华用社会学的方式做出了极富政治学色彩的回答:人心即政治。

水村的经验让他确信,与西方政治不干预人心,让人心交由上帝或理性管理不同,我国的政治从来都是关怀人心的,人心与政治不可分。大凡一个"为万世开太平"的王朝,一定会有"为生民立命"的政治理念。儒家思想为传统中国人提供了一个稳定的意识形态,并提供了践行这一意识形态的具体路径。对于男子而言,是修身、齐家、治国、平天下;对于妇女而言,则是"三从四德"。"三从四德"具有丰富的社会学内涵,它不仅契合了历代王朝的政治理念,国与家在其中高度契合,还契合了中国的社会结构,村落和家族为这一理念的实现提供了物质基础。"三从四德"甚至契合了农村妇女的生命历程，农村妇女从栖居、立足到安身、立命，无不注入了国与家的理想。

以毛泽东为主要代表的中国共产党人出色地抓住了中国政治的内核，在通过政治革命祛除儒家政治意识形态的同时，通过政治运动将新的共产主义意识形态输入到普通农民的血液中，同时，仍然保持了以村落和家族为基础的社会结构，也没有刻意改变农村妇女的生命历程，这无论如何都算是一种"新传统主义"，政治仍然在积极干预人心。改革开放以来，政治渐渐放弃了对人的灵魂秩序的塑造，这对于具有几千年"人心即政治"传统的中国人而言，是一场更加彻底，也更为剧烈的革命。世纪之交，这一政治革命与另一场社会革命相遇，随着现代性的不断推进，我国的社会结构也出现了天翻地覆的变化，村落与家族已不再是人们的安身立命之所，人们的生命历程也因此而存在多种不确定性。在此情况下，中国人真正遇到了人生归属与生命意义何处安放的问题。

杨华希望，既然我们步入了一个没有灵魂秩序的时代，那么，就应该从我国传统中伟大的政治家和思想家那里汲取经验，让政治重新关怀人心；既然这一秩序仍然体现为依附性的社会，那么，就应该重构社会结构，为中国人寻找一个确定的安身立命之所。

（原文为杨华所著的《隐藏的世界：农村妇女的人生归宿与生命意义》一书序言）

察治事

"政绩工程"如何得民心

住房和城乡建设部通报甘肃省榆中县北入口环境整治项目和陕西省韩城市西禹高速韩城出入口景观提升工程存在脱离实际搞"形象工程""政绩工作"的问题，责成有关单位限期整改。2019年1月25日，甘肃省委常委会做出决定，榆中县委书记王晓宁停职检查。出人意料的是，甘肃省委的处分决定出来后，评论区"翻车"，很多榆中群众留言诉说榆中县近些年来的迅速发展，大有为停职县委书记抱不平的架势。看来，在当前的发展形势下，如何看待"政绩工程"是一项异常复杂的事。不仅主政一方的领导干部应该树立正确的发展观和政绩观，上级部门亦需要慎之又慎，提高事件定性和追责的科学性，为基层干部塑造撸起袖子加油干的良好氛围。

一、政治锦标赛

70多年来中国经济的持续快速发展，很大程度上与极具特色并富有弹性的央地关系有关。在中华人民共和国治国理政历史上起到重要指导作用的《论十大关系》这篇光辉文献中，毛泽东同志专门论述了中央和地方关系。他认为，解决央地关系的矛盾，应当在巩固中央统一领导的前提下，扩大一点地方的权力，给地方更多的独立性，让地方办更多的事情。从此以后，我国的央地关系形成了独特的锦标赛体制。简单而言，中央和上级党委政府有设定目标、制定竞争规则的权利，而地方和下级党委政府则围绕着统一的目标和规则展开竞争。改革开放后，这种锦标赛体制进一步强化，且越来越科学化。在以经济建设为中心的指导下，各地围绕GDP展开公开、公平、公正的竞赛。客观而言，尽管这一体制产生了诸如唯GDP论、各地在招商引资过程中恶性竞争等负面影响，但总体上，它在推动各地经济社会发展，调动各级干部积极作为等方面，发挥了积极作用，基本上实现了"中央和地方两个积极性"。

近些年来，科学发展观日渐深入人心，唯GDP论已经得到了极大的转变。但是，如何树立正确的发展观、政绩观，仍然需要一个漫长的历程。一方面，我国仍然是发展中国家，实现两个一百年的奋斗目标离不开广大干部群众撸起袖子加油干。尤其是对诸多贫困县而言，它们不仅需要在有限的时间内完成脱贫攻坚的任务，还要为地方经济的长远发展谋划。一个想干事的地方主官，当然希望在这个全面建成小康社会的关键时间节点有所作为。就目前的实际而言，绝大多数贫困县都希望借助于各种扶贫项目融资，而这其中，由于资源、交通及产业基础较为薄弱，大多数贫困县都将旅游项目当作重要突破口。且不论这种做法是否科学，仅仅从大局来看，像榆中县这种做法，其实有其深层逻辑。至少就贫困县的干部群众而言，那些看得见、摸得着的发展和变化，实在是太重要了。哪怕是在振奋人心的意义上，也是极为重要的。

但在另一方面，当前我国的经济发展确实进入了新常态。我们不应该脱离实际举债做一些"形象工程"——从专业角度看，这种做法很可能会引发地方债务危机。尤其是在一些贫困地区，无论是资金、人才还是政府治理能力，都无法支撑那种依靠融资来运作的项目。中央电视台2019年1月曝光了贵州独山县下司镇投资近6亿的烂尾旅游项目的"糊涂账"，基层政府及干部在毫无专业能力，亦无风险意识的情况下，极其大胆地引入了风险投资，项目管理之混乱让人触目惊心。

二、政绩观的两个维度

2015年1月12日,习近平总书记在中央党校县委书记研修班学员座谈会上的讲话强调,干事创业一定要树立正确政绩观,做到"民之所好好之,民之所恶恶之"。要求真务实、真抓实干,做工作自觉从人民利益出发,决不能为了树立个人形象,搞华而不实、劳民伤财的"形象工程""政绩工程"。

可见,正确的发展观、政绩观从来都是有两个评价维度的。一是科学性。地方发展不应脱离实际,而应该遵循客观规律。过去,各级地方政府都常做"逼民致富"的事,用行政力量强制群众调整产业结构,结果造成老百姓血本无归。现在的产业扶贫政策,亦有类似的做法。某种程度上,在市场经济已经起决定性作用的情况下,老百姓作为市场主体有自己的判断,行政干预是不合适的。但并不是说行政力量不重要,如果地方政府能够提供更好的基础设施,为产业发展创造基础条件,那是极好的。榆中县修城门的做法,到底符不符合经济规律,有没有脱离实际,对当地旅游市场的发展起没起到作用,想必有关部门会有客观评价,我们不必过多讨论。

二是人民性。以人民为中心的发展,才是正确的发展观和政绩观,这一点极为重要。是不是坚持了人民性,从底线上看,就是地方主官有没有在发展过程中谋取私利。一些腐败分子虽然发展了地方经济,却要顺便捞取好处,甚至于为了捞取好处而大举建设"面子工程"。从某种意义上看,这种工程,连"政绩工程""形象工程"都算不上。从高线看,就是地方主官有没有"为官一任、造福一方"的思想境界。从某种意义上看,地方发展是否坚持了以人民为中心,不是要看官员说了什么,而是要看他做了什么。评价一个项目是不是所谓的"形象工程""政绩工程",除了要科学分析,也要看当地老百姓的评价。从评论区"翻车"的情况看,榆中县所修的城门,当地老百姓评价并不低,甚至可能是"民之所好"。

三、准确定性政绩工程

当科学性和人民性发生冲突时,准确定性"政绩工程",就要慎之又慎。

一方面,要为"政绩工程"祛魅。必须承认,要发挥中央和地方两个积极性,我们现在仍然需要锦标赛体制。尽管我们不再唯 GDP 论,但这并不意味着地方间的竞争、干部的晋升不存在考核指标,只不过是要让指标更加合理,更能有效发挥中央和地方两个积极性而已。对于欠发达地区而言,地方干部更加注重经济发展,他们暂时把民生放在一边,其实是有一定合理性的,并且绝大多数干部群众也是理解的。假设经过调查,地方主官在发展过程中没有私心,客观上也没有私利牵扯其中,哪怕是有"政绩工程"的嫌疑,也应保护其积极性和自主性。毕竟,一个地方怎么发展,老百姓如何更能得到实惠,地方党委政府才最清楚,上级部门还是少干涉为好。

另一方面,要分清行政督察和政治问责。客观上,真正的"政绩工程""形象工程"都有两个属性。一是行政性,即它违背了客观规律,尤其是违反了有关政策规定。二是政治性,即它违背了大局,违反了中央统一性,尤其是对待各种旅游项目,需要慎之又慎。因为从经济发展规律上看,几乎所有旅游项目都得讲点形象、搞点特色,这无可厚非。据说,榆中县的城门也是有历史渊源的,属于重修,其风格大体也符合当地的风土人情。从纯粹的旅游项目考虑,并不是特别过分。如有不合理之处,亦可限制在行政业务范围内令其整改。不过,住房和城乡建设部的通报认为,榆中县作为贫困县,做这个城门花钱太多,还举债,却不将钱用在民生项目上,故而判定其为"政绩工程""形象工程"。这显然是一个政治定性。从某种程度上来看,这只能意味着地方主官没有大局意识,违反了正确的发展观、政绩观。

然而，政治定性甚为严肃，也更为复杂。就一般情况而言，它应该由地方党委和纪检监察机构来履行比较合适。一方面，它需要参考业务部门的专业评估，如"政绩工程"是否违反了相关政策法规。另一方面，它更需要进一步调查涉事干部的作风、廉洁等问题，更重要的是，还得参考干部群众的意见。因此，我们希望在对干部的问责过程中，需要综合考量。树立正确的发展观和政绩观，既要防止"政绩工程""形象工程"泛滥，又要防止简单问责，从而破坏干部勇于担当、敢于作为的良好氛围。

电视问政重塑治理生态

近年来,全国很多地方在推广电视问政,这一舆论监督方式,在一定程度上形成了对官员的软约束。2018年2月21日,在西安广播电视台《党风政风热线》节目中,主持人连发3问,"怒怼"交通局长:"为什么有这么多黑车?为什么有人坐黑车?难道您不知道吗?"这则火辣的短视频引发众多网民围观。事后,交通局长受到了问责,当地加大黑车整治力度。可见,在某种情况下,电视问政不仅是一种软约束,还在拓宽群众参与渠道、强化行政监督力度上发挥了积极作用,事实上是重塑治理生态的有效办法。

一、治理转型

当前,每个地方的治理都处于转型过程中。一方面,治理任务发生了极大变化,各地的治理不再简单地围绕"以经济建设为中心",GDP指标已经难以衡量地方治理绩效。很多城市甚至取消了街道一级的GDP考核,贵州等省还将生态保护纳入全省的考核体系。客观上,GDP等考核指标虽有偏颇,但经过长期的完善运用,它具有简单、明确且有效的效果,对衡量地方政府及官员绩效是一个行之有效的办法。另一方面,人民群众对监督政府治理的积极性越来越高,对地方治理绩效的评价,很大程度上取决于群众评价。因此,拓宽群众监督的渠道,合理建设政府治理绩效的评价机制,是一项非常紧迫的任务。在这个背景下,电视问政的出现符合国家治理体系和治理能力现代化的内在需求。

首先，它适应了治理任务转型的需要。现如今，很多治理任务的完成情况，很难用纯粹客观的指标来衡量，人民群众的主观评价是重要指标。比如，一个城市治理水平如何，人们不仅要看其经济发展水平如何，环境卫生是否搞得好，还要看其城市公共服务的水平如何，窗口行业的管理水平如何。简单来说，城市的文明程度，存在于细节之中，藏在市民和客人的体验中，这只能用主观评价来体现，很难用客观指标来衡量。而电视的受众广泛，在沟通民心上有其独特的价值，也就比较适合体现人民群众的主观评价。

其次，它也是社会治理新格局的内在要求。在社会治理现代化过程中，如何提高公众参与度是一项重要任务。这是因为，只有提高公众参与，才能形成多元共治的格局。这既可以减轻制度的负荷，又可以最大限度地调动社会资源参与社会治理。事实上，很多社会治理事务本来就不单纯是政府的职责，还需要政府和市场、社会共建共治共享。电视问政表面上是一种舆论监督，是公众监督政府职责的一种方式，但实质上是公众参与的一种有效方式。通过"电视问政"聚焦问题、凝聚民心，就容易形成共建共治共享的治理新格局。

最后，它还是群众路线的工作方法在新时期的创造性运用。从群众来、到群众中去的工作方法，是中国特色的国家治理传统。这一工作方法的特殊性在于，它在具体工作中塑造了党和政府的合法性。简单来说，开门办事不仅是一个科学的工作方法，党和政府可以从群众中收集信息，形成科学决策，还可以在与群众的反复互动中密切和群众的联系，进而提高合法性。当前已经是一个全媒体时代，党和群众之间的联系渠道更为多元和通畅，群众的正确意见也更容易发挥作用。电视问政便是一个有效的沟通桥梁。从党和政府工作的角度看，电视问政意在收集群众意见，尤其是批评性意见，让政治决策和政府工作更加科学。从群众的角度看，电视问政在于让群众有更加直接通畅的参与渠道，从而实现群众的主体性。

二、电视问政的影响

在这个意义上，电视问政无疑是值得肯定的。然而，通过电视问政重塑治理生态，仍有一些实践问题需要探讨。

客观上，一旦赋予电视问政问责机制，则它就属于行政问责的一个环节。只不过，与过去封闭式的问责体系不同，电视问政将问责的过程和结果呈现给大众。但对于被问政的对象，也就是潜在的责任主体而言，则很容易将其视作一种特殊的检查考核问责。在这种情况下，有关政府机构就会以迎检的方式来对待电视问政。比如，在电视问政前夕和问政期间，通过加大治理力度，尽量减少新闻媒体在自己的辖区获得新闻线索。哪怕是被曝光了，也可以及时处理，最大限度地减少影响。这种做法，看似重视，实则是一种形式主义。毕竟，如果仅仅是将媒体曝光视作舆情或突发事件来处理，也就意味着政府的治理逻辑并未发生根本改变。甚至于，恰恰是因为电视问政的存在，容易让地方的治理呈现出宽严交错的周期性循环特征。在电视问政期间，采取运动式的治理方式，治理力度比较大；而电视问政过后，又采用常规性的治理方式，对很多治理问题很容易采用睁一只眼、闭一只眼的措施。如此，地方治理的水平、服务的质量，乃至于对待各项工作的态度，并没有发生根本转变。

另外，电视问政是提高政府回应能力的一项有效措施。在现代社会中，回应性治理越来越成为衡量治理水平的一项重要指标。政府能否及时回应百姓需求，能否针对百姓的需求采取切实有效的措施，本质上是服务型政府构建的基本考察方向。但在运动式的治理机制下，政府的回应性其实是短暂而不可持续的。哪怕是在电视问政期间，有关政府部门能够积极回应一些治理问题，也并不意味着其日常治理水平有所提高。当前各地推广的电视问政之所以可以发挥作用,很大程度上并不在于舆论监督本身的力量有多大,而在于地方党委政府和执纪机关借此问责。因此,本质上,政府机构对电视问政的回应,并不是对群众需求的回应,而是对上级领导的回应,也是对问责的忌惮。

三、重塑基层治理生态

如何让电视问政真正成为塑造治理生态的有效措施?我们认为可以从以下几个方面着手。

第一,通过电视问政打造公众参与渠道。本质上,电视问政因其具有足够的显示度,是塑造官民互动氛围的有效路径。然而,就公众参与的有效度而言,电视问政或许不是一个最为高效和持续的渠道。当前,绝大多数城市都在推广智慧城市建设,群众参与城市治理的平台是比较多的。只不过,要想真正发挥市长热线、城市留言板、电视问政、行风政风热线、媒体曝光等舆论监督和市民参与平台的功能,不仅需要整合这些平台,使其实现效率最大化,更要从城市治理的顶层设计上下功夫,让这些平台融入治理过程中,成为议程设置、政策监督等环节的有机组成部分。

第二,通过电视问政提高科学决策水平。就当前的电视问政而言,其对治理生态的塑造主要表现在政策监督环节,即对治理结果的监督和评价上。然而,要想有效提高治理水平,避免电视问政沦为简单的考核措施,甚至成为一个政治秀,就还是要发挥其信息处理和议程设置的功能。概言之,电视问政具有聚光灯的作用,它容易在短时间内发现城市治理的各个问题,也能吸引大量群众参与,是一个难得的科学设置议题的机会。城市决策者通过电视问政收集民心,探寻城市的治理之道,和市民共同提高城市文明,实则是一项艰巨的任务。其中的关键是,城市治理的议题设置要从决策者转移到市民中,城市的治理过程也要充分动员群众参与。唯有如此,才能根本上提高治理体系和治理能力的现代化水平。

第三,通过电视问政提高治理的合法性。平心而论,各地电视问政所曝光的问题大都具有极其复杂的原因,电视问政虽指出了城市治理的问题,表达了群众的关注,却并不能简单地将问题归结于某些部门或领导的不作为上。甚至于,绝大多数城市治理痼疾存在的主要原因是体制机制存在不顺畅之处,这既与顶层设计有关,又与人民群众的生活习惯有关,解决这些问题恰恰需要触动一些集团的利益,需要群众的大力支持。因此,电视问政的潜在功能是提高治理的合法性,即地方政府通过自我革命、自揭家丑,向群众展示其提高治理水平的决心。只要党委政府敢于向人民群众坦诚相见,哪怕是出了问题也可以最终获得群众的谅解。在这种情况下,我们就不担心治理现代化的实现了。

因此,电视问政这一措施虽小,某种意义上也只能算是治理技术之一,但是,如果正确看待电视问政的功能,科学设计电视问政的技术环节,就有可能成为重塑治理生态的有效措施。

(原文刊发于《中国党政干部论坛》2019年第3期,原标题为《运用公开监督重塑治理生态》)

农村党建怎么搞

中共中央政治局审议修订《中国共产党农村基层组织工作条例》，要求各级党委尤其是县级党委履行抓农村基层党组织建设的主体责任，推动农村基层党组织全面进步、全面过硬，为新时代乡村全面振兴提供坚强政治和组织保证。笔者这几年在基层调研，发现全国各地的党委政府在加强农村党建工作上进行了非常有意义的探索。这其中，各地推行的党建引领基层治理实践激活了诸多农村党组织的活力，极大改变了农村党组织的运行状态。那么，当前农村党建面临的挑战何在？党建引领基层治理的经验探索对乡村振兴战略背景下的组织振兴有何启示？

一、农村党建的任务

过去的20年，我国城市化速度以平均每年1个百分点的速度增长，其直接后果是使农村空心化现象延续了20年。正是在这个背景下，各地的农村党组织均存在不同程度的软弱涣散问题。具体表现为：一是党员老化。绝大多数村庄的中老年党员占绝对主力。尽管其中可能有少部分年轻党员，他们也因工作地点不在农村而很难正常参加组织活动。再除去那些随子女进城、长期卧病在床的老党员，很多村庄的活跃党员连一半都不到。二是党组织存在派系分裂。在相当长的时期内，一些地方的农村党员发展由私人关系主导，不少农村的基层党组织不同程度地存在派系问题。至今为止，很多农村的基层党组织建设仍受困于严重的派系斗争。三是党群关系疏离。一段时间以来，农村党组织和党员的去政治化现象明显，党员混同于一般群众，部分党员甚至把党员身份当作一种"福利"。不少群众说，"现在的党员只讲权利，不讲义务"。四是组织生活形式化。在相当长一段时期内，农村基层党组织生活不规范、不严肃，导致党的纪律无法贯彻。近年来，基层党建得到了前所未有的重视，"三会一课"等基层组织活动日渐增多，但在实践中又出现了以材料抓党建的不良趋势，痕迹管理增加了基层党组织工作负担，使基层组织的生活更加形式化。

在乡村振兴的战略背景下，农村基层党组织建设具有双重任务：一是"整党"，整理一段时间以来农村基层党组织存在的各类严重问题。二是党建，在整党基础上加强基层党组织建设，引领乡村振兴事业。在实践中，这两个任务往往合而为一。不少地方通过加强党建引领基层治理，初步探索出一条行之有效的党建之路。概括来说，这些做法主要包括：

第一，加强党员的常态化管理。由于一些农村地区的基层党组织建设长期停滞不前，出现了诸多不合格党员、失联党员，如何处理特殊党员，关系到党的基层组织的生命力和战斗力。笔者在多地调研时发现，各地党组织不约而同地将绩效考核制度引入了党员常态化管理工作中，出现了党员积分制。此外，党员亮身份也成了各地的普遍做法，党员和党员户不再混同于一般群众。通过严格的组织程序，一些地方的党组织坚决清退了一部分不合格党员。各个乡镇普遍成立了教育党支部，把各村考核不合格的党员统一纳入乡镇教育党支部参加组织活动，既体现了"惩前毖后、治病救人"的原则，又维护了党的组织纪律。纪检部门也将执纪引入基层，通过"四种形态"等方式加强党员教育管理工作。

第二，规范党组织活动。各地普遍加强了党组织活动的规范性。就笔者的调研来看，"三会一课"制度在农村普遍得到了落实，

"七一"普遍是一个重要的活动组织节点。在东部发达地区的农村，很多在外工作的党员为了参加"七一"组织生活打"飞的"回村已是普遍现象。党中央布置的各种学习活动，如群众路线教育实践活动、"两学一做"等均得到了有效支持。一些地方的基层党组织为适应人地分离的现状，普遍将现代通信技术引入党组织活动中，建立了党员群，开展网上组织生活等。如此一来，党的组织权威得到了大大加强，党员的组织认同也有了极大提高。

第三，明确基层党组织的核心地位。农村党支部和村委会之间的"两委"关系，曾一度是村民自治的理论和实践难题，一些地方经常出现村主任挑战村支书权威的情况。近年来，党的基层组织在乡村治理中的核心地位得到了明确，村支书的权威也得到了制度保障。其中，严格实行"四议两公开"的村级决策程序，明确了党的基层组织在村民自治中的领导地位。乡镇党委政府通过不同形式，如通常只通知村支书参加乡镇的工作安排会，然后让其回村召集村两委会议，极大地保证了村支书的权威。各地还通过书记主任"一肩挑"、两委班子交叉任职等措施，加强了党对村民自治的领导。经过这几年的努力，基层党组织的制度地位得到了明确，这是新时代加强农村基层党组织建设的基础。

二、农村党建的核心问题

应该说，近年来农村基层党组织建设的成效是明显的，但一些核心问题仍未得到有效解决，相较于乡村振兴的战略目标，农村基层党组织建设的程度还远远不够。具体说来，有几个问题仍需要理论解答和实践探索。

首先，谁适合做农村基层党组织带头人？过去相当长一段时间内，各级党委政府为了发展经济，强调基层党组织带领农民致富的功能，倾向于把能人、富人培养为村级组织带头人，乃至于"富人治村"成了普遍现象。就笔者的调研看，这一做法并不成功。极少有村庄因为"富人治村"而实现了共同富裕，反倒是因为富人专权而出现了村庄排斥效应。甚至于，一味强调"富人治村"的合法性，反而极大地破坏了民主选举，使得贿选现象和派系政治蔓延。

笔者认为，即便在乡村振兴的背景下，农村基层党组织的基本功能也应该是维持村庄的基本秩序，更好地服务群众。在广大中西部地区农村空心化已经是现实的情况下，农村基层党组织的功能应该是为那些常住村庄的中老年人和留守儿童的生产生活需求提供服务。在这个意义上，农村基层党组织的功能定位就是要起到上传下达的作用，将党和政府的政策和福利有效落实到农户手中，帮助外出的农民工照看好留守老人和小孩，力所能及地组织留守人员进行自我服务。这个工作，天然适合于那些留守村庄的"中坚农民"做，他们或是村庄里的种田大户，或是保险经纪人，或是农村超市老板，或是村医，总之是可以满足留守人员需求的。客观地说，在空心村，那些不在村的老板虽有能力、资源、人脉，但仅仅因为他们不在村生活，没有足够的时间精力来回应村民的诉求，反倒不适合做村级组织带头人。

其次，农村基层党组织要做什么事？就笔者的调研看，在农村税费改革后，包括基层党组织在内的村级组织已基本上失去了做事的能力。他们不仅无法带领村民发展经济实现共同富裕，亦无法为农民提供有效的公共服务。有村干部调侃，"过去收钱不好收，现在给农民发钱也发不出去"。究其原因，是我们对基层党组织的性质有所误解。

本质上，党的建设的核心是让党成为社会的细胞，发挥其联系群众、组织群众的作用。在农村，基层党组织要做的最重要的事就是要在村庄空心化的背景下重建共同体。据笔者的理解，农村人口外流并不可怕，年轻人少亦不是问题。因此，农村党员的老化现象并不是问题，因为这是农村人口结构的客观反映。

问题在于，如何在人口外流的情况下，重新编织熟人社会网络，增强村庄凝聚力，让村庄有集体行动能力。笔者所在的武汉大学中国乡村治理研究中心在湖北做了10多年的老年人协会试验，为试验村庄提供老年人活动场所，让老年人自己组织起来，老有所养，老有所乐。近几年，试验村的党组织也积极支持参与老年人协会，村庄治理面貌大变。事情虽小，却很符合农村实际。对于绝大多数农村地区的基层党组织而言，最重要的工作确实是通过组织发育激活村庄的内生动力，让村庄有活力。据笔者的理解，乡村振兴中的组织振兴，衡量的唯一标准便是基层党组织是否成为农村社会的细胞，农民是否被党组织有效组织起来了。

最后，农村基层党组织如何密切联系群众？党群关系疏离是农村基层党组织建设的大敌。概言之，导致党群关系疏离的主要原因有二：一是党员素质不高，尤其是在党的建设不太受重视的情况下，党员混同于一般群众的情况较为普遍。二是党组织的工作路线出了偏差，使得党的基层组织眼光是向上而不是向下的。就目前情况来看，后一个问题比前一个问题更为根本。

这些年来，随着国家资源大量投入农村，村级组织及村干部的主要工作都投入到了争取项目、实施项目上去了，失去了与农民打交道的动力。一些地方党委政府出于加强村干部联系群众的目的，要求村干部坐班，并极大提高了村干部尤其是主干的待遇。未曾预料的是，这反而加剧了村干部职业化和行政化的趋势，其脱离群众的现象更为明显。扭转这一趋势的最好做法是，加强村级党组织的基本保障建设，使之不用眼光向上也有服务群众的能力。

这几年，很多地方都为基层党组织提供了专门的党组织服务群众经费，这笔经费虽不多，却好用，只要是服务群众的项目都允许用，极大增强了基层党组织活力。尤其值得赞赏的是，成都市专门设计了普惠性的村级公共服务资金，这免除了村干部为竞争项目而花费时间精力,亦激活了村民自治,将重心花在和村民商量如何更好地用好公共服务资金,更好地实现村庄长远发展上。应该说,党的基层组织的工作路线是由各级组织部门确定的,是一个指挥棒。探索出一套让基层党组织眼光向下,密切联系群众的体制机制,尤为重要。

三、农村党建的方向

乡村振兴战略本质上是一种新型城乡关系的重塑,这决定了新时代农村基层党组织的建设方向。具体而言,当前的城乡关系逐渐从剥削性的城乡二元结构走向保护性的城乡二元结构。一方面,城市化进程不可逆,农村人财物的外流在相当一段时间内将会持续下去;另一方面,国家可以通过一系列的城乡融合政策为乡村注入活力,让农村成为中国现代化建设的稳定器和蓄水池。在这个意义上,农村基层党组织建设的目标就是要为乡村振兴提供政治和组织保障,让农村成为现代化的稳定器和蓄水池。

鉴于此,农村基层党组织建设要在乡村振兴过程中磨砺出来。振兴乡村靠谁?尽量吸引年轻人回乡是一方面,因为年轻人代表着朝气和活力。但在城市化背景下,大规模吸引年轻人返乡创业并不合适,亦无必要。在这个意义上,农村基层党组织的基本队伍建设应与农村人口结构相匹配,不能仅仅指望依靠年轻人,而是要从那些可能返乡的中年人,甚至是退养回乡的老年人身上发力。

笔者在多地调研时发现,一些地方动员和组织在外经商的"乡贤"回村担任村级组织带头人。这些具有"乡贤"身份的村干部,尽管能力不错,但却不驻村,无法全身心投入农村工作,且不理解普通村民的所思所想,因此村级治理的效果并不明显。与之形成鲜明对照的是,一些地方的组织部门有针对性地向那些在行政机关和企事业单位工作的临退休人员做工作,让这些人返村发挥余热,担任村级组织带头人。因为这些人有工作能力,对村庄利益比较超脱,又能全身心地投入农村工作中。事实证明这样做的效果相当好,相当一部分软弱涣散村被他们整顿成了好村。农村基层党组织建设的重要抓手是选好带头人,地方组织部门应该建设乡村振兴的人才库,将不同类型、能发挥不同的作用的人才聚合起来,实现乡村人才振兴。

乡村振兴是一项战略,也就意味着它具有阶段性。就目前的农村发展阶段而言,农村基层党组织建设的首要任务是承接国家资源下乡,维持农村基本秩序,为群众提供基本服务。比如,当前正在全力推进精准扶贫战略,贫困地区尤其是贫困村的党组织建设就需要在精准扶贫政策实施过程中凝聚锻炼服务群众的能力。非常可惜的是,一些地方在精准扶贫战略中,因为时间紧任务重,片面依靠上级党委政府的资金和政策保障,乃至于组织上亦主要依靠第一书记和扶贫工作队,基层党组织反而未能发挥主导作用。

从长远来看,基层党组织的主要任务是重建村庄共同体,让村庄有自我发展、自我管理和自我服务的能力。而在这个过程中,要让基层党组织参与到重大任务中去,在不断联系群众、服务群众的过程中提高组织力和战斗力。因此,无论是在日常治理中还是在重大任务实施过程中,依靠党的基层组织,发挥基层党组织的战斗堡垒作用,都是第一原则。

尤其值得注意的是,之所以要实施乡村振兴战略,还是因为乡村本身具有非凡的文化和社会价值。简单来说,我国是一个有村落传统的国家,乡村承载着中华文明的基因。党的基层组织建设,不仅仅要服务于治理有效,还应服务于社会重建。中国共产党的独特之处在于,党的基层组织已成为农村社会的有机组成部分。因此,党的基层组织建设,归根到底就是要让支部建在村上,让党组织嵌入到熟人社会网络中去,从而撬动村庄社会资本,激活村庄共同体。

"枫桥经验"历久弥坚

一、"枫桥经验"的内涵

2018年是毛泽东同志批示"枫桥经验"55周年，亦是习近平总书记批示"枫桥经验"15周年。1963年，浙江省绍兴市诸暨县枫桥镇干部群众在改造"四类分子"过程中，探索创造了"在党的领导下，发动和依靠群众，坚持矛盾不上交，就地解决，实现捕人少、治安好"的"枫桥经验"。经过几十年的发展，"小事不出村、大事不出乡"几乎成为我国基层社会治理的标准概括。衡量一个地方的基层社会治理状况好坏，就要看乡村两级组织能不能依靠自己的力量回应群众的诉求，解决自己的问题。

近年来，"枫桥经验"早已走出枫桥，走出浙江，在全国各地的社会治理实践中开花结果。"枫桥经验"之所以经得起时间考验，是因为它契合了基层社会治理的一般规律。这个规律包括：

第一，充分尊重群众的首创精神。本质上，"枫桥经验"是党和政府践行群众路线的产物。群众对基层事务最有发言权，也最具草根智慧，坚持依靠和发动群众，就是尊重客观实际，实事求是解决问题。

第二，与时俱进的创造性转化。"枫桥经验"不是一成不变的，它一开始只是改造"四类分子"的经验，后来拓展到社会治安管理层面，再后来成为基层社会治理的经验。"枫桥经验"的内涵也与时俱进地转变，从开始的"一个不杀、大部不抓、矛盾不上交"，改革开放后的"小事不出村、大事不出乡、矛盾不上交",再到近年来的"矛盾不上交、服务不缺位、平安不出事",充分体现了"枫桥经验"的时代精神。

第三,始终紧扣社会主要矛盾。在"以阶级斗争为纲"的年代,"枫桥经验"所强调的说服而不是压服的工作方法,极大地缓和了阶级矛盾,正确处理了人民内部矛盾,促进了社会主义建设事业的发展。在改革开放后的相当一段时期,"枫桥经验"又紧扣以经济建设为中心这个主题,一手抓经济,一手抓社会治安,极大地维护了社会和谐,为改革开放事业保驾护航。随着人民日益增长的美好生活需要和不平衡不充分的发展之间的矛盾成为社会主要矛盾,"枫桥经验"创新工作方法,在流动人口管理、劳资纠纷等方面,探索了共建共治共享的社会治理新格局。在这个意义上,"枫桥经验"不仅仅是地方性经验,而是具有了理论品格,对全国各地的基层社会治理都具有一般性的指导意义。

二、新时代的"枫桥经验"

正因为如此,将"枫桥经验"推广到全国各地,是有理论和实践根据的。就全国的情况来看,真正能够达到"枫桥经验"理想状态的地方,还是少数。甚至于,"枫桥经验"的发源地也面临着如何继承和发扬"枫桥经验"的问题。

笔者曾在枫桥镇做过一段时间的田野调研,当地的干部群众在努力坚守"枫桥经验",如枫桥镇调解志愿者联合会的几位积极分子,有些虽年纪很大,却满腔热情地投入到人民调解的事业中去,为枫桥当地的社会和谐发光发热。过去一些年来,枫桥及其所在地区的经济社会发展极快,社会矛盾越来越多,也越来越不好解决。一方面,新型社会矛盾层出不穷。就这几年的数据看,枫桥镇的社会矛盾呈现"四增一减"的趋势,意外伤害、交通事故、民间借贷和劳资纠纷增加，而赡养纠纷等传统社会矛盾减少。另一方面，出现了不同利益群体之间的矛盾。在枫桥镇及其所在的东部发达地区，由于工业化、城市化水平较高，社会的异质性程度较高。不同人群因有不同的文化、阶层地位及生活习惯，从而产生了不同的社会矛盾。比如，绍兴市有40万外来人口，一些外来人口难以融入当地社会，在日常生活和工作过程中常常出现外地人和本地人之间的矛盾。再比如说，当地的民营经济较为发达，出现了一批先富群体，而绝大多数普通群众仍过着工薪阶层的生活，劳方和资方之间的矛盾时有发生。因此，尽管枫桥镇近几年的矛盾纠纷、上访等社会矛盾得到了有效控制，但这是以乡镇党委政府投入巨大行政资源为代价的。

当前，我国重要的时代特征之一是实现了从乡土中国到城市中国的根本转变。2018年底，我国常住人口城镇化率为59.58%。这就意味着，"枫桥经验"的推广事实上面临双重路径：一是对于东部发达地区而言，"枫桥经验"的推广意味着传统的治理方式应适应城市治理形态。在都市社会形态中，复杂的社会分工、社会分层和职业结构，强化了个体之间的依赖性。高度的社会流动和人际关系的匿名性，让社会充满异质性。在这种情况下，依赖于传统情、理的简约治理方式，很可能难以发挥作用。二是对于中西部一般农村地区而言，农村社会整体呈现出农业为主、利益密度低、经济机会少、人口流出和集体经济薄弱等特征，村庄处于空心化状态。广大中西部地区的一般农业型村庄所存在的经济机会很少，由于远离城市，这些地方基层社会治理资源相对不足，无论是传统还是现代的治理方式，可能都难以起作用。

笔者认为，当前运用"枫桥经验"提升基层治理现代化水平，应充分重视当代"枫桥经验"的价值。一是坚持简约主义的治理传统。尽量依靠和发动群众，群众的事情群众干，政府不要包办代替。枫桥镇和绍兴市这几年在积极推进的党建引领基层治理工作，本质上便是充分发挥党员干部等积极分子在基层治理中的作用，最大限度地减少行政成本。二是坚持激发社会活力。当前，激发社会活力有了更为有效的载体，即积极培育各类社会组织。枫桥镇不乏乡贤会这类在枫桥镇经济社会发展中起到积极作用的社会组织。按照乡贤会一位负责人的说法，社会组织"议政不参政、帮忙不添乱"，为当地基层社会治理贡献力量。三是依法治理。当前，运用法治思维和法治方式化解社会矛盾，已是新时代"枫桥经验"的重要特点。甚至于，在"枫桥经验"的核心部分——大调解体系中，调解员也将依法调解原则置于首位。

（原文刊发于《农民日报》2018年11月21日，原标题为《与时俱进学习推广"枫桥经验"》）

"消费式扶贫"不应该

———

笔者在调研中听一线扶贫干部说了一件事,她刚刚参加完一场县委、县政府组织的扶贫展销会的动员会。由于地方市场容量有限,且几乎没有外地客商,扶贫干部就成了贫困户农副产品的消费主力——县委、县政府指示,领导干部每人最低消费200元,普通干部100元,名为爱心消费,实为强制消费。让她苦恼的是,贫困户的农副产品倒也不错,在平时的扶贫工作中她自己也会主动购买,但展销会上的农副产品实在是贵得离谱,市场价两三块钱一斤的地瓜卖到十来块钱一斤,两三块钱一斤的百香果也卖到了十块钱一斤。当地公务员的工资并不高,基层干部戏言,这真是"劫贫济贫"啊!猛一看,地方政府想出"消费扶贫"这一招,不可谓不高明,却也不能不让人愕然——为了扶贫,似乎什么后果都可以不顾及了。原因何在?

一、产业扶贫的异化

仔细想来,这两年"消费扶贫"的出现应和不切实际的产业扶贫政策有关。类似"消费扶贫"的做法,笔者在调研中还真是碰到不少,有些甚至已经成了"段子",流传甚广。比如,关于"扶贫羊"的故事,至少有三个版本。

版本1:A县曾是远近闻名的山羊大县,在精准扶贫过程中,县委、县政府将扩大山羊产业作为产业扶贫的重点,就给各个乡镇下达养殖指标。一时间,羊羔价格飞涨,到后来出高价也买不来羊羔。

基层政府没有办法,就到其他县去买种羊。可是没有想到的是,这就把本地从没有发生过的羊瘟从外地带回来了。县内 80% 的羊在瘟疫中死亡,损失惨重,该县的山羊产业从此一蹶不振!

版本 2:B 县山地养羊的产业扶贫搞了 20 多年,一直未成气候。尽管如此,该县的山地养羊仍成为精准扶贫的亮点。由于实际存栏数和宣传口径之间的差距实在太大,某地为了应付不时前来参观、检查的上级领导,只得向临县和本县其他乡镇借羊。随着现场会的不断增加,借羊次数也剧增,借羊费从 5 元 / 只上涨到了 15 元 / 只。由于经常被借,山羊都认识了拉羊车,一见车来了,都自觉找到各自的车顺梯爬入车厢。

版本 3:C 县在针对贫困户的产业扶贫项目中,同样鼓励贫困户养羊。因为政府有养羊补贴(4 只母羊补贴 5000 元),贫困户一下子全都去养羊了,导致市场上羊羔的价格猛涨,而到卖羊的时候,又因为扶贫羊太多,市场上成羊的价格又急剧下降。许多农户养一年羊,如果没有政府项目补贴,几乎都是亏得厉害。

"扶贫羊"的故事,在"扶贫鸡""扶贫鸭""扶贫牛"等身上重复上演,亦在西瓜、木耳、猕猴桃、茶叶等身上不断重演。多年经验表明,地方政府以行政干预的方式调整农业产业结构,成功的有,失败的更多。一直以来,农业产业结构调整哪怕是失败了,地方政府也可以以市场经济规律为由回避责任。问题是,一旦农业产业结构调整被赋予扶贫的内涵,成为产业扶贫的举措,那就意味着只许成功,不许失败。因为,在扶贫的政策目标中,不可能越扶越贫。因此,地方政府为了达到扶贫目标,对产业扶贫政策做了修正。

1. 减少风险。地方政府和扶贫干部心知肚明,把产业扶贫资金发给贫困户,让其通过发展产业脱贫,结果不可预测,风险过大,最保险的当然是直接给贫困户发钱。可问题是,产业扶贫资金只能用于产业发展，不能直接发给贫困户。于是乎，绝大多数地方政府都选择了一种变通手段：将产业扶贫资金贷款给那些有经营能力的企业、合作社和大户，贫困户以"分红"的形式获得帮扶。

2. 政府兜底。产业扶贫输不起，这是针对贫困户而言的，但就市场规律而言，贫困户产业发展一定会有风险。既然如此，政府兜底就是唯一选择。一方面，贫困户的产业发展几乎是"零投入"，"扶贫羊""扶贫鸡""扶贫鸭"都是政府免费送的。这就意味着，哪怕是亏本，对贫困户而言亦无大碍，最多就是损失劳动力投入。另一方面，地方政府和扶贫干部还负责产品销售。笔者在调研中碰到过这样的情况，一开始给贫困户送羊羔的扶贫干部，一年后还要以高于市场价的价格购买贫困户的山羊。否则，扶贫干部在算账时就会遭遇尴尬：产业扶贫这一栏，很可能出现负数！

无论是减少风险的措施，还是政府兜底的做法，实际上都有悖于精准脱贫的内在要求。将产业扶贫资金用于非贫困户的产业发展，权且不说涉嫌违规使用扶贫资金，更重要的是，它客观上制造了两个问题。一是扶贫目标的脱靶。客观而言，这一做法更有利于优势群体，贫困户只是获得了少量好处，赤裸裸地制造了"扶强不扶弱"的结果。二是扶贫内涵异化。扶贫的核心内涵是增能，即通过扶贫措施增强贫困人口自我发展的能力。在市场经济条件下，就是要增强其市场竞争的能力。一旦贫困户坐享分红，本来是增能措施的产业扶贫政策，反而成了弱化其能力的催化剂。尤其是政府兜底措施，本质上是与扶贫目标相悖的：当政府为贫困户无偿提供资金，还为其包销包利时，贫困户哪能学习到哪怕一丁点的市场经验？在我们的调查过程中，绝大多数贫困户接收到的政策信息是政府施惠，而非增能。这也就可以理解，"养懒汉"现象并不少见。

二、易地扶贫搬迁的困境

吊诡的是，当某些贫困户坐享其成地享受各种政策优惠和福利待遇，表现得不急不躁时，随着2020年全面建成小康社会时刻的到来，很多贫困地区的脱贫攻坚工作开始进入倒计时，一些地方政府表现出了毕其功于一役的姿态。一些计划摘帽的贫困县，更是不断加压，调动一切可以调动的力量参与扶贫攻坚战，确保万无一失。在扶贫工作压倒一切的态势下，基层官僚主义、形式主义问题又有抬头的趋势，消费扶贫的做法即是其中一例。而一些不切实际的做法，则很可能制造出无尽的后遗症。

根据"两不愁、三保障"的要求，最简单、最省事的扶贫措施或许是异地扶贫搬迁。在一些深度贫困的少数民族地区，地方政府没有那么多财政资金来推动异地扶贫搬迁，结果他们就打起了土地增减挂钩政策的主意。为了整合国家土地增加挂钩和异地扶贫搬迁的资金，地方政府强制要求贫困户搬迁到市、州府驻地，将宅基地腾出来。结果，一些适应能力强且有较强进城愿望的贫困户，都在争抢异地扶贫搬迁指标，为此还制造出不少矛盾。但是，一些贫困户，因文化适应力低、知识水平也有限，根本就无法在城市好好工作。而在另一方面，城市生活的现金开支急剧增加，绝大多数贫困户的生活压力不减反增。在可以预见的相当长一段时间内，这部分脱离了乡土的贫困户，将继续成为城市贫困人口，依靠公益性岗位和其他社会保障政策维持最低生活。

还有不少地方为了解决贫困户的住房问题，动员贫困户改造危房。然而，国家的危房改造补贴一般只有5万元左右，财政充足的地方政府还可以补贴一部分，财政困难的地方政府根本就不可能补贴。结果，贫困户普遍借债建房，反而加重了贫困的程度。

三、警惕运动式扶贫

客观上,贫困自有其发生发展的规律,脱贫攻坚急不得。尽管我们将在2020年消除绝对贫困,但这并不意味着贫困现象不再出现,亦不意味着扶贫工作将不存在。恰恰相反,贫困治理是现代国家的一项基本职能,且将长久存在下去。从某种意义上来看,当前的脱贫攻坚工作最主要的不是实现数字脱贫,人为掩盖贫困发生的事实、扭曲脱贫的规律,而是应该遵循客观规律,为建立贫困治理的长效机制探索经验。

当务之急是,要摆脱数字脱贫和运动式扶贫的迷信。我国还远不是一个现代社会,尤其是农村的生产生活,存在诸多非正规经济,数字本来就不准确;而且只有将数字置于特定的社会环境中才有意义,贫困线既是一个数学数字,更是一个既有社会意义的数字——它意味着国家如何对其民众进行分类,如何调配资源和协调各阶层的关系。因此,贫困治理并无可能一劳永逸。那些违背规律,甚至不惜牺牲扶贫干部的做法,需要得到切实纠正。一些地方对扶贫干部的监督,几乎到了无以复加的程度,单单是签到便让人不可忍受:使用软件"钉钉"签到、笔签,还要每天在"钉钉"上写扶贫日志。有些村的信号不好,扶贫干部满村找信号。年纪大、动作慢的扶贫干部,单单是签到和写日志,半个上午的时间就过去了。为了督查扶贫干部工作情况,晚上十点多紧急通知集合开扶贫会议,没在规定时间内到的直接被撤职——但事后发现,会议并无实质内容,仅仅是为了查岗而已。地方党委政府每次开会动不动就说扶贫做不好就要追责,一些扶贫干部吐槽说,都被吓得麻木了。我们在多地调研时,甚至发现扶贫干部不仅要承担被问责的风险,还要有切实的利益付出。消费扶贫的做法或许还隐晦一些,一些地方党委政府甚至明确要求扶贫干部得自己花钱去看望贫困户。

运动式扶贫本是教育、培养干部的一个绝好机会，让干部了解基层，密切与群众的联系，培养一批政治素质过硬、作风硬朗的干部，是脱贫攻坚工作为国家治理现代化做出的重要贡献。但如果类似于消费扶贫的做法层出不穷，官僚主义和形式主义不能得到有效制止，反而会让很多基层干部甚感无奈和无力，这就是在消弭来之不易的成绩。

（原文刊发于观察者网站 2019 年 3 月 10 日）

精准扶贫执行的形式主义

———

中部某县是国家级贫困县，扶贫对于地方政府就显得异常重要。2015年，乡村两级干部因精准扶贫工作累得够呛。仅仅是建档立卡这一项工作，乡村两级干部全员上岗、加班加点，足足搞了大半年才算完事。

会用电脑的年轻乡镇干部天天在电脑上造表格、录数据，其他工作一律放到一边。村干部大多不会用电脑，只好以每个贫困人口1元的价格请街上打印店帮忙录入数据。

笔者在调研中发现，精准扶贫的制度设计，在基层的执行中出现的一些问题，值得我们关注。

一、标准

在村庄中，"贫困"自有一套道义经济学的内涵，村民们普遍认为这几种类型值得同情：处于绝对贫困状态的，如住着危房、身体残疾者；遭遇重大疾病、车祸等天灾人祸的家庭；生产生活不便的重病残疾者。正常情况下，这种家庭不会超过总人口的10%，而这个比例基本上符合农村低保的保障范围。由于容易识别，农村低保政策的实施只要不介入过多的"人情保""维稳保"等因素，效果其实是很好的。

可是，对于贫困县而言，上级确定的贫困人口比例实在是有点高，接近30%。这就意味着，将近20%的国家政策中的贫困人口并不一定能获得村庄道义上的支持。一般农业型地区，农民之间的贫富差距并不大，"谁当贫困户都说得过去"，村干部也只能按大致的估摸将表格填满。客观而言，在精准扶贫政策实施之前，贫困意味着对地方政府和乡村更多的财政支持，部分村干部只关心哪个村是贫困村，却不会关心哪家是贫困户。

事实上，精准扶贫政策开始实施时，多数基层干部并未认识到其政策力度如此之大、政治意义如此之高。乡村干部还是按照之前的工作习惯将贫困户信息上报。结果，上报的数据要么不准，要么不全。笔者调研的乡镇，单单填表就推倒重来了三次。

有一个村，户籍人口就有8000多人，加上各种原因未上户口的，实际人口接近9000人。建档立卡工作时间紧、任务重，而村两委只有5个村干部，只能将指标下拨给各个村民小组，由村民小组自己认定贫困家庭。

精准扶贫是一个现代意义上的"数目字管理"概念，贫困线的确定和人均年收入的测算，都受制于统计过程。比如，笔者调研的这个县贫困线是人均年收入低于2730元，符合这个标准的贫困户是少之又少的。

因为，当地执行的低保标准是每人195元／月，一年就是2340元。显然，国家兜底的社会保障水平基本上接近了贫困线。正常情况下，一个家庭中只要有一个壮劳动力，哪怕仅仅是到沿海地区打工，基本上也可以让整个家庭脱贫了。

二、怎么帮扶

笔者在调研中还发现，基层扶贫过程中很容易发生目标错位，误将致富代替扶贫的情况不在少数。

笔者调研的这个县，目标是全县脱贫，对贫困户的帮扶措施也是建立在这一基础之上的。那些因不可抗拒的天灾人祸而陷入贫困的家庭，短时间内让其脱贫不太现实。但是，相当一部分贫困户在政府扶持下脱贫致富奔小康还是有可能的。

因此，建立在致富想象基础上的扶贫措施比兜底性的社会保障还有吸引力。因此，"产业扶贫+3年3万元~5万元政府贴息贷款"就成为各地的标配。

各级政府还结合实际，想尽办法采用各种措施进行扶贫创新。一些有资源的部门，比如财政、国土、民政等，当然有使用惠农政策的便利，这些就不用说了。哪怕是电力等国企，也可以把帮助贫困家庭安装太阳能发电等当作扶贫措施。

笔者调研了一个贫困村，是团县委挂钩的。按县委、县政府要求，团县委每个月都要派人与结对帮扶的贫困户交流。村书记出于好心，每次都说"不要来了，要了解情况问我们"。团县委的干部很认真，说"我们就到贫困户家里喝杯茶，不吃饭"。村书记只好实话实说："老是不见实惠，老百姓觉得是扰民。茶也不要去喝了，老百姓没空。"

笔者所在的工作单位也结对帮扶了一个村，扶贫工作队觉得要发挥大学优势，智力扶贫，请村干部来学校和我们这些搞农村研究的学者交流。在交流间隙，一位村支书却对我直言，"搞这些干什么，把钱给了就行了"。

显然，对于大多数老百姓而言，他们会朴素地将扶贫理解成得实惠。调研期间，几乎所有被访谈的乡村干部都在吐槽："恨不得我自己都要别人来帮扶，我怎么去帮扶贫困户？"有一名村支书，自己欠一屁股债，也要结对帮扶村里二三十户贫困户，他表示甚是无奈。

三、问题

老百姓希望得到实惠的心理好理解，但扶贫政策执行中的问题还是要引起重视。

以贴息贷款为例，它本是产业扶贫的一项举措，但许多贷款的贫困户并不可能拿着钱去发展产业，而是拿钱来盖房子、娶媳妇。至于说几年以后怎么还款，暂时还不在他们考虑之列。

由于贴息贷款需由村委会担保，到时坏账的风险不可预测。一些大胆的村干部做老好人，凡是申请的都签字进行担保，放了不少贷。但是，一些胆小或稍有理性的村干部，则卡着不签字。有一个村，2016年初贴息贷款政策下来后，一些本已在南方打工的农民工硬是赶回来搞贷款，每天几百名村民在村委会排队。村干部硬是顶住了两个月，那些不符合条件的村民等不及就出门打工去了。严格把关的村干部因为完成的放贷指标太少，还会被批评。

按照一些基层干部的说法，贴息贷款"有能力的用不上，没能力的没法用"。现在市场经济这么发达，就业机会那么多，那些有条件发展产业的早就富裕了，没条件发展产业的，靠打工收入也够脱贫了。贫困户致贫的原因，基本上还是缺少资源禀赋，为其提供资本也没条件用。

对于一般贫困户而言，亟须用钱的地方往往不是在产业发展上，而是在结婚生子、小孩上学、老人看病等刚性支出上。

一方面，与贫困户挂钩的优惠政策越来越多；另一方面，按照脱贫时间表，每年都要有一定比例的贫困户脱贫——也就意味着得不到实惠，由此导致的干群矛盾越来越多。

有一名贫困户2015年患了肠癌，当年评上了低保。经过治疗，他的病似乎好了，可以和常人一样劳动，这些被村民看在眼里，2016年评低保的时候他就被调整了。没想到，刚调整完，他的癌细胞就发生了转移，病情加重。听说如果既是贫困户，又是低保户，看病报销的比例会更高，因此，他找到村干部哭闹。村干部也很心急，赶紧找镇政府咨询政策，反馈结果是还可以享受2015年的政策。村书记说起这件事都深感内疚，觉得对不起这个家庭，说如果反馈结果不佳,"这个家庭会闹翻天"。

在村庄的道义经济学中,贫困户不仅具有经济内涵,更有道德内涵。比如,同样是贫困家庭,有些家庭确出于客观原因致贫,且其社区关系融洽,村民会觉得这样的家庭理应获得照顾。但是,如果一些家庭是因好吃懒做,且社区关系不融洽,没有村民会觉得这样的家庭是真正意义上的贫困户。但是,处于村庄情境中的基层干部,却在实实在在地依据道义内涵扶贫。有让村干部觉得因照顾不周而感觉到内疚的贫困户,也有让村干部甚感心寒而大骂"白眼狼"的贫困户。

有一名贫困户,在村书记的帮扶下种了几亩西瓜,算是产业扶贫。有一天,村里的六七个小孩捣蛋,毁了他一点瓜地。由于其中一个小孩是村会计的儿子,这位贫困户就找到村委会大吵大闹。尽管几位家长都同意照价赔偿,可这位贫困户却提出无理要求,要求将这几亩瓜地折价给这些家长,说他不种了,还扬言要到镇政府告村干部。参与调解的村书记很是气愤,觉得这人仗着自己是贫困户,有那么一点"仇官"心态,觉得自己吃定了村干部,一点也不给面子。

这也就难怪很多基层干部会感到困惑。有的干部反映,报送材料太多,耗费了基层太多的行政资源,且有形式主义之嫌。如一位村书记所言:"村里花了几万块钱打印费,都可以扶好几个贫困户了。"

(原文刊发于《南风窗》2016年第21期,原标题为《正视基层扶贫中的执行问题——对一个贫困县脱贫工作的调研》)

乡村治理活力何在

―――

一、基层活力的来源

云南省曲靖市富源县墨红镇补木村出现多条诅咒式宣传标语，诸如"乱搭乱建全家短命""人畜不分居无子无孙又无妻"。当地政府有关部门回应，这是补木村开展人居环境提升工作的评议活动时，村委会自编标语张贴在车上的。笔者认为，诅咒式标语一方面表明意识形态管控还有待加强，另一方面却也凸显了当前基层治理的复杂性。

客观而言，当地的村寨干部能够自编标语推进人居环境提升工作，其出发点是好的，说明其对工作能够积极主动担当，而这恰恰是当前基层治理实践中的难能可贵之处。这是因为，这些年来乡村治理的最大困扰是群众动员越来越困难，各项政策也越来越难以落地。究其原因，主要是基层治理的任务、目标和方式都发生了巨大改变。前些年，乡村治理任务逐渐从收粮派款、计划生育等工作中解脱出来，逐渐转向招商引资、项目落地、民生服务等事项之中，无论是农民还是基层干部，都很难有保持密切联系的动力和条件，其接触体现为临时性的、事件性的、个案式的。而近些年来，随着精准脱贫、环境治理等攻坚战的开展，基层工作对动员群众参与的需求被重新激活起来，但在另一方面，群众仍然没有足够的动力参与这些工作。怎么办？各地都在想尽办法调动基层活力。

目前来看，基层活力主要源自三个方面：一是通过党建引领，激发基层党组织和党员的引领作用。通俗而言，就是要发挥党员的带头作用。经过持续多年的探索，很多地方已经成功地激活了基层党组织和党员的活力，如通过规范组织生活，明确基层党组织在基层治理体系中的领导地位，强化了基层党组织的堡垒作用；通过党员积分制、党员亮身份等制度实践，让党员的带头作用具有制度保障。

二是通过提升村民自治组织的自治能力，让其成为乡村治理的主体。当前，我国的村民自治制度不断完善，村委会规范化程度不断提高，服务群众的能力不断增强。可以这样认为，村民自治能力如何，直接决定着乡村治理水平。因此，这些年来，各地的基层政府通过村财乡管、干部考核等制度，普遍强化了跟村民自治组织的制度化关联，将村民自治纳入到乡村治理体系中。

三是通过培育和激活社会组织力量，使之服务于乡村治理。农村存在形式多样的草根组织，如老年人协会、妇女组织、专业合作社等，有些是依赖于传统的血缘和地缘关系形成的组织，有些则是利用现代市场和趣缘关系形成的组织，它们都是乡村治理的重要力量。尤其值得关注的是，社会组织不仅发挥组织力量，更重要的是，活跃的社会组织表明村庄可以形成内生性的规范，具有较强的自治能力。抛开诅咒式标语不谈，补木村的村干部、党员和群众代表评议人居环境提升工作，并自制标语塑造氛围，说明该村的既存组织资源已被充分激发出来。

二、群众工作是根本

问题在于，诅咒式的标语亦表明乡村治理还有诸多不足之处。一是诅咒式标语表明，村寨干部的文明意识还有待加强。毕竟，与人居环境整治一样，乡风文明亦是乡村振兴的重要内容。人们没有理由相信，在一个干部群众的思想意识还不够文明的地方，能够把人居环境整治好、维持好。在这个意义上，当地村寨干部积极主动的担当精神，以及火热的工作热情，应该大大表扬，但在这个过程中，不讲方式方法、不注意策略，亦应该引以为戒。

二是诅咒式标语的存在，表明当地的群众动员还有些困难。从群众工作方法角度看，群众工作是一项讲究耐心、细致的思想工作，要说服而不是压服。诅咒式的标语，虽在营造氛围方面有效，但本质上还是一种压服性的方法，很可能激起群众的反感，使效果适得其反。从诅咒式标语的内容来看，当地的村寨还有较强的共同体意识，人们还是忌讳一些传统诅咒，这是乡村治理有效的重要基础，但是积极运用共同体意识，将地方性规范运用于乡村治理中，不应以破坏性的形态出现，而应该珍视这些传统。

当前，全国各地将逐渐落实乡村振兴的各项要求，绝大多数工作都涉及人们思想观念的转变，这对乡村治理提出了更高要求。很多工作，如人居环境提升、移风易俗，与农民的传统生活方式密切相关，且具有普遍性；从治理的角度上看，往往也是于法无据的，政策工具并不多。这就意味着，如此艰难的工作，却不能通过行政干预的手段进行。唯一能够使用的，便是耐心细致的思想工作。甚至于，哪怕是政策性极强的工作，如脱贫攻坚、美丽乡村建设等，也需要建立在群众工作基础之上。

如何将党和政府的意图转化为群众的普遍意愿，又如何防止少数群众的落后思想影响大多数群众的意愿，解决这些问题不仅需要提升基层干部的治理水平，亦需要激发基层活力。基层有活力，群众就可以自我管理、自我教育、自我服务，可以避免政府动而群众不动的局面，让乡村治理简约有效，避免基层干部积极担当却还要承受风险的现象出现。比如，很多地区在治理大操大办的移风易俗工作中，通过建立红白理事会的形式来引导农民节俭办事，树立新风尚，取得了良好效果。因此，只要是基层的自治组织和其他社会力量能秉持良好的愿望进行自我管理，且符合广大人民群众的切身利益，其措施虽不一定那么恰当，但只要不违法违规，就应该积极鼓励支持。

（原文刊发于《中国妇女报》2018年12月8日，原标题为《靠什么激发乡村治理活力？》）

重新认识城管部门

依据1996年10月1日正式实施的《中华人民共和国行政处罚法》第十六条的规定,"国务院或者经国务院授权的省、自治区、直辖市人民政府可以决定一个行政机关行使有关行政机关的行政处罚权,但限制人身自由的行政处罚权只能由公安机关行使",相对集中的行政处罚权的试点工作在全国展开。2000年以后,全国大部分城市都成立了新的城市管理局和城市管理执法局(一套人马,两块牌子),统一行使市容环卫、规划、绿化、市政、环保、工商、公安交通等7个方面的全部或部分行政处罚权。通常意义上的城管就此诞生。与之伴随而来的是,城管执法冲突成为最近10多年来的舆论热点,人们几乎一边倒地批判城管的"暴力执法"行为。

笔者在对武汉市城管经验调查的基础上,尝试对城管进行重新认识,认为城管的特殊部门性质,所处理事务的复杂性和难以克服的一线行政困境,使得执法冲突难以避免,但这恰恰是城管部门在转型期城市治理中所必然承受的角色。

一、城管是"剩余部门"

与那些传统的执法部门不一样,城管是伴随着城市化而来的新设部门。深入其中可以发现,它没有明确的职责,很多城市明确将城管定位为"兜底管理"部门,即传统部门不好承担的职责最终都由城管承担。也因此,城管甚至没有全国性的统一法规,也没有自上而下的垂直管理体系，它只是每个城市政府的自设机构。简言之，在部门性质上，城管是政府的"剩余部门"。

按照相关法律规定，只有行政机关才能行使行政执法权。但是，在大部分城市，受制于严格的编制管理，作为新设部门的城管并非行政机关，只是事业单位抑或参公单位。一些小城市，城管至今还不是全额拨款单位，而绝大多数大城市的城管虽然可以维持运转，却很难做到充分保障。执法能力严重不足是各地城管的普遍现实。以武汉市城管部门为例，城管为参公单位，但这只具有象征意义，只是为了解决执法权问题。事实上，城管部门与事业单位无异，相对于行政单位，工作人员收入偏低，且多年未充实编制。当前，该市城管执法队伍主要来自两部分人群：一是1991年公开招聘的街道城管队员，这群城管队员大多在50岁上下，很多已退休；二是2003年城管局成立后新招聘的大学生，这部分城管队员已是骨干。自2003年至今的10多年时间，城管局几乎没有充实新生力量，从而导致该市城管执法队员年龄结构极不合理、执法力量严重不足。

城管部门的性质不清，导致其在城市治理体系中极为弱势。这一方面体现在它很难从政府获得足够的行政资源，另一方面还体现在它承受了更多的行政压力。武汉市这几年对政府机关"慵、懒、散"问题加大了治理力度，每年都进行两次电视问政。但是，客观结果是，暴露的绝大多数问题都与城管部门有关，城管部门自觉将两次电视问政当作检验工作的期中考和期末考，要求基层执法单位在电视问政期间高度重视。甚至一些严格说起来不属于城管职责范畴的问题，也很容易问责城管部门。比如，有一次电视问政期间，曝光了一个新建小区私设灌气点的问题。此问题极为复杂，涉及多个部门，如：施工方未能及时装好煤气管道，导致居民只能使用灌装煤气；燃气办审批的正规灌气点太少，不能满足群众需求；安监部门未能履行监察职责，导致安全隐患的出现。城管部门只负责查处违法灌气点，最终却独自承担了所有责任。

执法力量的严重不足，导致城管执法主体基本上是"临时工"。"临时工"本是过去国有企业"临时职工"的简称，指的是时间一般不超过1年的临时性、季节性用工。"临时工"在待遇、管理、使用方式等方面，都与"正式工"有重要区别。一般情况下，"临时工"从事技术要求并不高的辅助性劳动，工作强度可能更大，待遇更低，管理也不够规范严格。事实上，不仅在国有企业，在其他的行政、事业单位中也广泛存在"临时工"。城管执法力量严重不足，导致一线执法主要由协管承担。在实践中，绝大多数城市的城管执法主体并不是正式城管，而是"临时工"。以武汉市某城管中队为例，该中队共有正式城管9名，其中1名教导员，主管党务；1名中队长，负责协调、处理疑难执法案件；3名片长，分别负责3个片区的巡查和队员管理；1名正式队员协助其中一个较大片区的片长工作；2名正式女队员负责内勤，包括财务、接处警等办公室工作；1名老队员协助处理门前"三包"工作，已处于半退休状态。可见，正式队员基本上脱离了一线执法工作，现场执法主要由该队50名协管自行承担。

"临时工"主要由3部分群体构成。一是早些年城管协管员作为公益性岗位安置了一些下岗工人和退伍军人，这个群体大部分已经流动出去，留下来的基本上都年龄偏大。二是本地待业青年，这些年轻人大部分学历不高，如高中、中专或大专毕业，不好找工作，于是将城管协管作为过渡性岗位。本地待业青年群体的一个重要特征是，大部分协管家庭条件很好，做协管只是"有个事做"，甚至是家长出于管教目的而让孩子来城管局上班的。城市待业青年是"临时工"的主体。三是流动人口，做协管只是作为打工的职业选择之一。"临时工"的主要特点是流动性特别强，职业忠诚度不高，这也就决定了他们很难谈得上认真工作。

在某种意义上，城管执法冲突是由"剩余部门"的性质决定的。首先，"剩余部门"的性质意味着城管执法能力严重不足，有限的行政资源根本不可能应对转型期沉重的城市治理任务。其次，"剩余部门"的性质也意味着城管在城市治理体系中的位置较为尴尬，它承担兜底管理职责，当然也意味着它要处置更多的疑难杂症。最后，"剩余部门"的性质意味着城管执法难以达到规范化，它没有固定职责，也很难形成固定的执法程序，甚至没有稳定的执法队伍，这些都导致执法过程充满不确定性。

二、城管处置了大量"剩余事务"

随着城市化的快速推进，城市治理事务越来越多，也越来越复杂。由于传统部门的职权相对稳定，一些新出现的、难以处置的事务，很难纳入其中。城管作为新设置的"剩余部门"，恰恰回应了这一需求。由此，城管成为各个城市处置剩余事务的专门部门。

具体说来，剩余事务主要包括两类。一类是新出现的事务。随着城市化的推进，很多之前未曾出现或不甚重要的事务，慢慢成为城市治理的重要事务。比如摊贩治理，在20世纪90年代之前，由于市场经济还不够发达，流动人口也比较少，这一事务并不重要。在武汉市，20世纪90年代前期，为了活跃市场经济，市政府甚至号召公职人员和市民利用下班时间摆摊，笔者访谈的多个老城管都有摆摊经历。到了90年代中后期，占道经营越来越成为扰乱城市秩序的大问题，也慢慢成为城市治理的重要议题。还有一类是细小琐碎、难以处置的事务。城市治理过程中，很多社会事务虽然可以划分到相应部门中，但由于一些事务过于琐碎，传统部门又没有足够的行政力量去应付，城管就自然而然地承担了这类剩余事务。占道经营是城管的核心业务，但这一业务并没有明确的内涵和外延，这导致了一个结果：占道经营是个筐，什么都往里装。在武汉市，不单单摊贩占道经营需要城管处置，乞丐行乞、街头卖唱、天桥上卖野生动物、街边摆残局、人行道上算命等千奇百怪的社会管理事务，都属于"占道经营"行为。

剩余事务的特点是，它往往属于职权交叉范畴，且是介于违法和合法的边缘地带，甚至是法律上的空白地带，处置起来极为麻烦，耗时耗力却又难有成效。仅以武汉市某区的噪声污染治理为例来看，足以说明剩余事务的处置有多复杂。2014年，由于群众投诉噪声污染越来越多，区政府对可以直接认定的噪声污染投诉处置进行分工。

1. 对施工工地噪声污染，夜间（22:00—6:00）由区城管委负责查处，日间由建管站按照文明施工规范要求处置，区城管委、区建管站联合处罚。

2. 对文化娱乐场所的噪声污染，由区文体局负责查处，相关技术标准由区环保局配合核查。

3. 对学校如课间操产生的噪声污染，由区教育局负责查处。

4. 对商业活动使用空调器、冷却塔等设备及高音喇叭揽客等产生的噪声污染，居民小区内水泵房及冷热源机房、配电房等设施产生的噪声污染，由区城管委负责查处。

5. 对工业生产中产生的噪声污染，由区环保局负责查处。

6. 对公共场所聚会、家庭内娱乐、室内装修及车辆在道路行驶过程中产生的污染，由区公安、交管部门查处。

7. 对农贸市场、居民楼宇电梯运行等特种设备产生的噪声污染，由区工商质量和技术监管局负责查处。

8. 对公园及公共绿地范围产生的噪声污染，由园林局负责查处。

9 对餐饮噪声、油烟污染，由区城管委、食药监局、工商局等相关部门联合查处，城管委负责监测排放是否达标，如能够整改达标，环保局负责指导安装相应设备并负责监测，再转交各单位纳入管理；对拒绝整改及经整改仍不达标的，组织综合执法予以整治取缔。

这一分工是在总结经验基础之上形成的，但在实践中仍然存在问题。比如，夜间施工噪声污染要求城管查处，可查处并非严格意义上的法律行为，城管执法人员至今不知道该如何应对。因为，工地属于建设部门管理，查处的前提是建设部门要先处置，再出具函件由城管执法。但一般情况下，建设部门不会主动出具这类函件，而是将治理责任转移给城管部门。

话又说回来，城管部门的设置过程本来就决定了它只能承担剩余事务。在行政处罚权相对集中于城管部门的过程中，传统部门往往倾向于将那些剩余事务和下游职权移交给城管，却将核心业务和上游职权牢牢把握住。这在客观上制造了城管执法的诸多难题：一是对于绝大多数剩余事务的处置，城管只有执法权，却没有审批权，导致城管执法权是不完整的。如上文所示，尽管政府规定城管可以查处施工噪声污染，可由于没有关于工地施工的审批权，使得其执法约束力大大降低。理论上，只要施工方不配合，城管部门很难有效执法。二是上游职权和下游职权分离，导致源头治理难以实现。最近两年，武汉市"胶囊房"出租广告泛滥，城管对此毫无办法。关键在于，房管、公安等上游部门未能有效管制"胶囊房"。同样，一些店面出店经营、油烟扰民等现象屡禁不止，主要也是工商部门在审批过程中未严格把关，允许一些条件不具备的店面经营相关业务而导致的。

三、街头执法的困境

城管执法的场域一般在街头。街头执法的特点是，执法任务并不是事先给定的，不可能事先做好准备；执法环境是开放的，执法过程易受外部环境的影响。因此，有效控制现场是城管执法的前提。

且不论城管执法现场一般由协管员处置这一现实，即便执法主体是正式城管,城管拥有完全的控制现场的资格,也很可能出现现场失控。这表现为两个方面:一是对行政相对人的违法行为未能进行及时、有效制止,反而伤及无辜(包括执法队员自己);二是城管的权力决断不当,粗暴执法,伤害了行政相对人,甚至引起群体性事件。与第一种情况相比,人们更关心第二种情况,并以此作为批判城管部门的武器。殊不知,真实的逻辑是,第二种类型的现场失控往往是由第一种类型的现场失控带来的。因此,至少在经验事实上,城管执法冲突的受害者首先是城管,而不是行政相对人。笔者在武汉市城管某中队调研时发现,凡是参与一线执法的城管,几乎没有没受过伤的;而凡是进行整顿活动,采取暂扣措施的,过程中几乎都会出现执法冲突,都会有队员受伤。

在实践经验上,有效控制现场的前提是城管队员必须拥有足够的自由裁量权。但现实情况是,为了增强城管执法的合法性,各地城管都引入了文明执法、柔性执法等内涵,严格控制一线城管的自由裁量,尤其是严格控制强制措施。武汉市城管执法的标准流程是"三步式"执法:第一步是告知,需亮明身份,具体告知行政相对人违反了哪条城市管理条例,并要求其改正;第二步是温馨提示,提示拒不改正违法行为的行政相对人,如不在规定时间内改正,将采取必要措施;第三步才是执法。很显然,"三步式"执法几乎没有可操作性。因为,第一,它严重违背现场控制的原则,"三步式"执法无疑可以让试图抗拒执法的行政相对人做好充分准备;第二,它剥夺了一线城管的自由裁量权,在豁免与严格执法之间,本应是城管的自由裁量范畴,但"三步式"执法强行剥夺了城管的自由裁量,降低了执法效率;第三,它并不符合执法精神,无论是在时间上还是在空间上,"三步式"执法都在事实上为行政相对人提供了违法空间。

更为麻烦的是,当前的街头执法面临两个结构性困境。一是执法力量严重不足,导致大多数城市的城管执法都依赖于协管。而协管不具备执法权,当然也就不具有执法权威。并且,协管员的流动性过大,使得其执法经验不丰富,因而很容易导致现场失控。二是当前的舆论环境不利于城管执法。客观上,舆论压力已经塑造了一个极不利于城管的街头执法环境。笔者在调研中亲身经历过,有经验的占道经营摊贩在面对城管执法时,都会故意在言语和行为上挑衅执法队员,同时吸引群众围观,由此给执法队员制造压力。而城管出于自我保护的考虑,也不敢随便采取强制措施;一些没有经验的协管员很可能被激怒而做出不当行为,导致现场失控。

很显然,人们普遍忽视了街头执法的难度,倾向于对执法方式求全责备。殊不知,这种态度本身并不科学,它本身也构成执法环境的一部分。城管的街头执法并不是一件容易的事,因为它不具有人身强制权。它采用最合适的执法方式,是环境、技术、经验等综合要素的平衡结果。但是,从现在的情况来看,无论是执法环境还是技术装备,抑或执法经验,都很不利于城管的工作。这也就可以理解,在日常治理中,为何城管并不会主动严格执法,而是尽量避免暂扣,代之以驱赶;而一旦在上级压力下要进行整顿活动时,执法冲突就在所难免。

(原文刊发于《中国党政干部论坛》2016年第1期)

治水的第三条道路

2003年,《治水》的作者罗兴佐教授在荆门农村的一个村民小组参与式观察了用电用水协会的会议。他发现,村民开了几次会,硬是没办法达成一致意见以合作提水。于是,在这个大旱之年,村民面对泵站的水,显得很无奈。

造成这种尴尬局面的原因在于,荆门农民已经深谙"怕饿死的人就会饿死,不怕饿死的人就不会饿死"的逻辑。前些年,那些不怕饿死的人没有交水费,但是,那些怕饿死的村民交了水费,结果,不怕饿死的村民搭了怕饿死的村民的便车,没有饿死。而这些怕饿死的村民,在这一年中其实只能选择不怕饿死的逻辑,否则,搭便车的人越来越多,生产成本越来越高,最后同样得走入"饿死"的境地。所以,横竖是个死,与其挣扎而死,还不如坐以待毙。结果,在2003年,这一村民小组中怕饿死的和不怕饿死的人,都在步入"饿死"的境地。

荆门农村的故事,在我国农村越来越普遍。关于我国农村的农民合作问题,也越来越受到学术界的关注。实地调查证明,当前我国农村的农民合作问题,是偏激的市场化改革的直接后果。

一、农村合作的历史困境

在帝国体制下,我国历代皇王朝通过对大型水利的治理,实现"东方专制主义",同时,也构成了我国农民生存的前提。而广泛存在于我国基层的地方性权威，对接了这种"东方专制主义"，从而在帝国体制下形成士绅社会，实现了国家与社会的互动。

如此状况，实际上解释了我国农民对抗自然灾害的两个关键要素：国家介入与农民合作。士绅社会的想象，其实构成了对农民自私性的反叛，从而揭示了农民生存的另一逻辑——熟人社会的逻辑。在作为士绅社会典型的宗族村落里面，长老统治的实质在于通过村落权威实现农民合作。因而，华北农村存在的大型水利设施与众多小型水井的对照，长江三角洲纵横交错的水利网络，以及南方山区的宗族治水现象，实际上都在表明我国农民有其自身的生存逻辑，无论其是依赖于国家介入还是地方合作，或者两者兼而有之。

自近代以来，伴随着我国现代化进程的启动，国家政权也一步步地介入地方社会，由此，帝国体制与士绅社会的共存演变成了现代国家政权建设的逻辑，地方社会逐渐被纳入国家的治理体系之中。民国时期，这种过程产生了负面后果，士绅社会里的"保护型经纪人"演变成了"赢利型经纪人"，地方权威退出基层社会，取而代之的是土豪劣绅，如此，国家介入与农民合作这两个因素同时变型，农民对抗自然灾害的能力大为减弱。中华人民共和国成立以后，成功地实现了国家政权建设，通过人民公社制度，国家介入达到了空前的程度，在对抗自然灾害时，农民合作这一因素足以被取代。人民公社制度改变了对我国农村分析的前提，在这一制度之下，我国农民被组织起来，换言之，我国农民已经不是小农，由此，对抗自然灾害的实质就从小农的生存问题转化为国家建设问题。也正因为问题的实质已经发生了转化，故而，可以在人民公社制度存在20余年的时间里，从根本上改变我国农业靠天吃饭的处境。治水在这个时期既不是"东方专制主义"意义上的帝国体制，也不是"农民合作"视域下的地方性规范问题，而是国家现代化的表现。

但是，毫无疑问的是，我国农业和农民在这种现代化过程中获益极大。人民公社时期，大、中、小型水利设施建设基本上满足了农业生产的需要。而且，通过人民公社体制，农业用水有了组织保障。换言之，治水这一特殊的准公共品供给在集体化时代所展现出来的状况是，农民合作并不成为问题。也正是在这个意义上，集体化或者说人民公社制度在我国农村几千年的治水历史上意义重大，它改变了传统的"东方专制主义"以及士绅社会下的治水模式，取而代之的是现代的国家政权建设，自给自足的自然经济让位于社会化大生产。进一步揭示其背后的意义，那就是几千年来存在的农民合作问题，在国家政权建设取得成功的情况下得以解决了。

人民公社制度为治水提供了强大的组织基础，在政治、经济、文化方面为治水提供了坚实的基础。传统时代，国家介入与农民合作的并存，支撑了小农经济。而集体化时代，国家介入极其强大，并基本上挤压了农民合作的空间，支撑了现代农业。国家介入与农民合作的双重变奏，在这一时期变成了国家介入的独角戏，但却在根本上改变了我国农业的品格。

二、集体退场的后果

由此，对于集体化时代治水的分析，也就构成了对当前治水及农民合作问题讨论的基础。如果说集体化时代我国农村的一个显著特征是国家介入极其明显的话，那么，改革开放以来的我国农村的一个同样显著的特征是国家退出极其明显。在国家退出的过程中，人民公社制度的退出历史舞台无疑是一个最为明显的标志。支撑集体化时代治水辉煌历程基础的人民公社制度退出历史舞台，宣告我国农村的治水步入了另一个时期。

改革开放后，集体化时代建立起来的各种大、中、小型水利设施由于没有了相应的制度基础而逐渐老化，其能发挥的作用越来越小，甚至最终遭到弃用。与此相对应的是，我国农业似乎回到了传统时代，各种水井、堰塘等小水利被重新赋予治水的关键意义。并且，如文章开头所提及的关于用水搭便车的故事频繁上演，农民合作问题重新凸显。我国农业似乎一夜之间重新回到了小农经济时代，农民所承受的人为制造的"自然灾害"越来越多，我国农业也似乎越来越脆弱。

除了国家退出这一显著特征，我国农村似乎还显现了另外一个特征，即地方社会已经失序，熟人社会的基础已经被打破。换言之，与传统社会相比，经过一百多年的现代化历程，想象当中的士绅社会已经瓦解。

也正是在这个意义上，乡村水利的社会基础凸显出来，成为判断当前我国农村治水状况的一个重要维度：在已经原子化的农村，已经不存在合作治水的社会基础。也正因为如此，当前我国农村治水及背后的农民合作问题的关键，是缺乏组织基础及社会基础。

如何解释当前我国农村的治水问题？人民公社制度退出历史舞台及国家重点在发展市场经济，使得农村治水失去了制度基础，从而使其无法再成为农民用水的中介。而我国农村社会的原子化趋势，使得传统的熟人社会遭到瓦解，村落权威消失，从而使得大水利和小水利无法对接。

因此，尽管国家对农村水利的投入不断加大，却遭遇了尴尬：国家支持小水利越多，有能力抗旱的大水利就死得越快。显然，当下我国农村呈现出来的大型水利与众多小型水利设施并存的状况，与传统的"水利社会"有本质区别。当下我国农业所要面对的是现代的社会化了的市场，可以说是在小农经济的基础上支持着现代农业市场经济，两者是错位的。而传统社会的小农经济面对的是自然经济，两者是相契合的。当下我国农村的大水利与小水利，由于缺乏中介，相互之间是脱节的。而传统"水利社会"时代，由于有发达的地方性规范，大水利与小水利是对接的。也正是在这种情况下，当下我国农村的治水状况并不比历史上的状况乐观。

三、第三条道路

我国治水状况的主流解决方案是市场化的改革。但是，这种方案本身就是造成当前我国农村治水状况恶化的原因，希求以此来解决由其自身造成的问题，显然不现实。40多年来的农村改革，其主流思路在于以市场来替代国家，也就是说，希望通过市场来代替国家在治水过程中的中介位置，但是从当前的农村治水状况来看，这种改革并不成功，反而造成了更大的问题。已经重新回到小农状态的我国农民，并没有与大市场对接的能力，更重要的是，在地方性规范已经遭遇瓦解的情况下，不存在交易的条件：个体小农无法与水利设施的管理者交易，而这些小农又不可能联合起来构成交易方。由此，市场化的治水取向，不但把集体化时代水利建设的遗产荒废了，还同时抛弃了传统时代的地方性规范，而又不能形成一个新的用水规范，如此看来，当前我国的治水状况显然不容乐观。

问题在于，市场化改革40多年后的今天，显然也不太可能恢复原有的组织体系，即便可以在一定程度上重建，也不可能达到集体化时代的组织程度。换言之，对治水的组织基础的诉求已经不太现实，也就是说，单纯依靠国家介入或者农民合作（用水协会）来解决我国农村的水利问题，都不太现实。

如此，当下我国农村的治水道路似乎已经进入了死胡同。但是，也没必要这么悲观，我们希冀的是走治水的第三条道路，即在国家、市场与村庄之间寻找最佳结合点。尽管40多年来的农村改革，包括农村治水改革的总体趋势是国家退出，但是，国家彻底退出农村治水领域，显然并不是事实，或者说不是决策者的本意。在乡村振兴战略下，国家不是从农村退出，而是介入农村。也正是在这种判断之下，重建乡村组织以对接新农村建设的总体战略，就会成为一个必然的选择,也正因为此,在一定程度上恢复乡村水利的组织基础也就有了可能。

在市场化改革的大背景下,市场所起的作用显然越来越大,它在调节农村公共品供给方面已经起了越来越大的作用,并也的确可以在一定程度上成为大水利与小水利之间连接的纽带,成为农民合作的中介。在关中农村,小水利的供给极其有序,熟人社会的逻辑仍然保留,农民合作仍然存在。由此,乡村水利供给的社会基础仍是存在的。可见,当下的我国农村,由于区域差别极大,因而水利供给的社会基础是极不相同的。由此,在社会基础相对薄弱的地区重建村庄共同体以解决农民合作问题,是有经验借鉴的,也是有可能的。

(原文刊发于《中国图书评论》2007年第7期,原标题为《治水:第三条道路?》)

林权改革的方向及实践

一、土地制度的借鉴意义

2008年6月8日，中共中央国务院出台了《中共中央国务院关于全面推进集体林权制度改革的意见》（以下简称《意见》），标志着当前我国的林业及农地制度将发生重大转变，其历史意义堪称继改革开放分田到户后的"第二次革命"，决策层希望通过林权改革推进农村改革，进一步解放和发展农村生产力。在纪念改革开放30周年之际出台如此重大的改革意见，其意显然是借助于总结30年农村改革经验，进一步明确农村改革的方向。

从《意见》来看，林权改革是农村家庭承包经营制度从耕地到林地的拓展和延伸，因而，起始于分田到户的农地制度变革的方向就是林权改革的方向。30年农地制度变革的基本方向是不断确定农户作为农地经营和使用权的基本单位，并朝着长期性和物权性这两个方向汇聚。改革开放后，虽然农户已经成为耕地的基本经营单位，但是，大部分地区出于各种实际情况，实行的是"两田制"，村组集体在相当大程度上保持了对耕地的控制权。从农地制度的实践过程来看，"两田制"主要表现在两个方面：一是大部分村组集体保留了数量不等的集体统一经营的耕地，即所谓的"机动地"或"公田"；二是大部分地区在村组集体范围内维持着"三年一小调，五年一大调"的土地均分习惯。"两田制"的客观存在，使得家庭联产承包责任制在各地的实践千差万别，体现了不同的地方习惯，由此引发了不少问题，但也应该承认这种制度事实上对当地的经济社会发展作出了重大贡献。

不过，大概到改革开放20周年之际，也即土地二轮承包的90年代中后期，农地制度改革的单向性已越来越明显，其重要表现是"两田制"基本上被抛弃，强调农地经营制度中家庭联产承包责任制的唯一正确性。其中重要的政策信号是明确规定集体统一经营的机动地应该保持在最小范围内，甚至应该取消机动地（中央规定机动地不能超过总耕地面积的5%），并且明确规定农地承包一定要30年不变，"增人不增地，减人不减地"，甚而时任总理温家宝在2006年3月人大会议闭幕后的记者招待会中指出，"要给农民的土地经营权以长期的保障，15年不变，30年不变，也就是说永远不变"。2007年，《物权法》正式颁布施行，土地承包经营权被进一步确定为物权，并明确规定耕地承包期为30年及承包期内发包方不得调整承包地。至此，经过近30年的改革，家庭承包经营制基本上到达了其作为农村基本经营制度的地位。

林地制度改革一开始就与耕地制度的变革方向相一致。改革开放初期"林业三定"（稳定山权林权，划定自留山和确定林业生产责任制），在一定意义上可以被看成是"分田到户"的翻版。不过，与"分田到户"的成功实践相比，"林业三定"被普遍认为是一次失败的改革。衡量其失败的标准是实行"林业三定"以后，一些地区的大量林木资源被破坏，决策部门不得不于1987年叫停改革。从"林业三定"改革终止的1987年到林权改革全面推广的2008年，未尽的改革制度在林业政策领域实行了20余年的时间。20多年来，林业资源的流失并没有因为改革的终止而得以遏制，林业管理实际上陷入了困局，这也实际上成了林权改革得以推动的背景之一。决策部门基本上把20多年来林业管理的困局归因于"林业三定"政策，认为在不合时宜的情况下推行"林业三定"，广大林农并没有真正理解和接受政策要义，最终导致了林业管理陷于失控的境地。通过这次改革的教训，决策部门也认识到林地和农地的性质有所不同，其生产周期等方面的不相一致导致了农民对土地产出的预期不一样，从而也就有可能产生不尽一致的行为逻辑。

二、"林业三定"的症结

仔细分析"林业三定"与"分田到户"截然相反的政策后果，对于理解林权改革的方向与实践过程是相当有帮助的。当前的林权改革方向在本质上仍然是家庭承包经营制度从耕地到林地的拓展和延伸，是这一制度在林业上的丰富和完善，这一点与"林业三定"并没有本质的区别。因而，改革的方向本身并非决定成败的唯一要素，关键还在于改革是否适合时宜。

除了决策部门所言的林业与农业的性质有所不一导致了"林业三定"改革的失败这一逻辑之外，还有一个重要背景是先行一步的"分田到户"已经把农民的生产积极性调动起来。客观上的缘由还在于，改革开放后乡村社会的市场体系已经形成，在这种情况下，解决了吃饭问题之后，致富的问题已经成为当时农户生产的一个最重要的考量因素。由此，造成长期以来林业管理困境的根本原因并不在于是否进行"林业三定"的改革，而在于快速启动的现代化刺激了农户致富的欲望。尤其是改革开放以后，林业的延伸产业迅速发展，其对林木的需求量急剧上升，因而，在市场的撬动之下，无论是集体经营还是家庭经营的林业，无一例外都遭到了冲击。改革开放后林木市场需求量的大量增加，是"林业三定"之前及之后林业资源大量减少的根本原因。

因而，在进一步分析林业改革的方向及实践时，就不能不考量林业对于农民家庭生计及村组集体而言所具有的特殊重要位置。"林业三定"使得大部分林区及山区的集体林地具有三种相互联系而又有所区别的经营制度，一种是自留山，对于农民家庭而言，这是一种由家庭经营的具有物权性和长期性的山林。不过，大部分地区的农民家庭所拥有的自留山，不仅占所有山林面积的比例极小，且绝对数量也极少，并不能完全满足农民的日常生产生活需要。还有一种是承包责任山，由于改革的不完全性，各地的责任山所占的比例并不平衡，不过，总体上都要比自留山多出不少；绝大部分山林仍然属于集体统一经营管理性质的"公山"。

从"林业三定"后的林业政策实践来看，无论是自留山、责任山还是"公山"，都遭到了极大的破坏，林业管理的政策绩效实际上与林权性质没有直接的关系。"靠山吃山"历来是山区林区农民生存的主要手段，集体化时代甚至一度形成了"农副结合，以林养农"的家庭和集体生计模式。改革开放以后，大部分山区及林区提出的致富口号是向山要钱，林业不仅在维持生存的意义上继续发挥作用，并且在农民发家致富的意义上具有战略地位，如此，应该承认的是，改革开放30年后，林业资源转化成资金和资本的冲动客观上与林业的生态地位发生了冲突。"林业三定"的改革方向并没有错，决定其失败的根本原因在于分田到户后的农民生产积极性的释放及快速致富的冲动与林业的特殊性质发生了冲突。

在改革开放至2008年的林业政策实践中，由于集体统一经营的山林仍占绝大部分，并且林业税费也相对较高，这其中包括村组集体收取的林地及林木管理费，客观上而言，集体林地收益的"大头"在村组集体及国家手中，而不在农户手中。基于此，新一轮的林权改革把改革的主要原因归结为"集体林权制度虽经数次变革，但产权不明晰、经营主体不落实、经营机制不灵活、利益分配不合理等问题仍普遍存在，制约了林业的发展"。

客观上而言，林权改革所揭示出的当前林权中存在的主要问题，恰恰是长期以来"两田制"在广大农村地区普遍存在的又一证明。

广大山区林区，特别是具有"八山一水一分田"之特征的南方广大林区，林地是一个一点也不亚于耕地重要的生产资料，分田到户以后，"一分田"基本上都已承包到户，基本上是最为彻底的大包干，相当多的山区并没有实行"三年一小调，五年一大调"的土地微调政策。村组集体对集体资源的控制主要体现在对山权林权的控制上，以及对"公山"的统一经营管理上。与平原地区及粮食主产区村组集体的"机动地"所发挥的作用相似，广大山区的集体对山权林权的控制，为集体经济的壮大以及集体公益事业的举办做出了重大贡献，但同时造成了农户收益的减少，以及基层腐败的发生。

改革开放至2008年的农地制度实践表明，虽然在改革开放初期即确定了家庭承包经营制度的合法地位，但是，这种制度的实践在各地却普遍地以"两田制"而非"一田制"的形式而存在，从而使得家庭承包经营的农地并不具有相对完整的物权，集体对农地有相当的控制权。"两田制"的形式，在广大平原地区及粮食主产区是通过土地调整和机动地的存在得以实现的，而在广大山区林区则是通过"公山"的存在及集体对山权林权的控制得以实现的。因而，客观上而言，如果说2007年《物权法》的出台基本上为耕地相对完整的物权的实现画上了一个句号，从而实现了农村耕地之家庭承包经营制度的长期性和物权性的话，那么，2008年的集体林权改革的全面推广，同样是要让林地沿着耕地的物权化道路前行。林权改革将最终使广泛存留于中国农村的"两田制"走向终结。

三、审慎看待林权改革方向

分析至此，可以看出林权改革的实践方向实际上有两个相当重要的历史线索在起作用。一是改革开放至2008年农村耕地制度的变革，这一变革已随着2007年《物权法》的出台而基本完成，是相对完整的历史过程，可以简单地归纳为从"两田制"走向"一田制"

的过程；二是 30 年来林权山权在农村中的实践，"林业三定"政策客观上适应了广大林区和山区实行"两田制"的需求，却因为林业管理环境的变化而使得这一政策的实践效果并不尽善尽美。30 多年来农村耕地释放出来的巨大生产力，以及实行家庭承包责任制后农村社会的相对稳定，使人们有理由相信农村耕地制度的变革是相当成功的，也让决策层有理由相信农村耕地制度的变革足以为林权改革提供完整的经验借鉴。尤其是在不满意于林业现状，以及在社会和市场需求对林业提出更高要求的情况下，林权改革在被提上议事日程的一开始就抓住了耕地制度变革的经验。

不过，从《意见》及相关的政策解读来看，几乎没有提及改革开放至 2008 年农村耕地制度变革的极端复杂性，其成功经验远远不在于"分田到户"本身，而是在于家庭承包经营制度下的"两田制"在各地的积极实践。同样没有注意到的是，改革开放至 2008 年林地制度实践，客观上已经构成农地制度实践不可分割的一部分，是"两田制"在广大山区得以实现的重要基础。考量改革开放至 2008 年农村社会的稳定发展，不仅要看到农民生活水平的不断提高，更应该看到农村社会的整体发展，各种基础设施的不断完善及社会福利的不断提高。农村社会的整体发展，应该归因于分田到户以后农村社会生产力的不断释放，还应该归因于在两田制的实践过程中，集体经济承担了大量的水利、教育、公路等基础设施建设任务，为农村生产力的极大发展创造了基础条件。大量的森林资源转化为资金和资本以后，一部分成为农民生产和生活的资金，以及发展的资本，而相当大部分维持了集体经济的运转，并完成了大量的国家税收，林业资源的流失在相当大程度上只是表现为利益主体的分配不均问题。如果不从这方面去认识改革开放至 2008 年的农地制度实践，是不完全的，也是不符合历史事实的。

从农地制度的历史和实践经验中审慎地看待当前林权改革的方

向及实践是相当有必要的。改革开放至 2008 年耕地制度的变革是一个渐进式的改革路径，国家不仅花费了大量的时间和精力在全国各地长期进行农地制度改革实验，而且农地制度的完善也是在"摸着石头过河"的过程中得以实现的。由此，也就不难理解为何到了 2007 年《物权法》出台之时才基本上确定了农地制度。

简要地分析农村耕地制度的变革过程，主要分为三大步骤：一是改革开放之初的分田到户，部分土地承包到户，但集体保留了部分机动地，并拥有调整土地的权力。二是 20 世纪 90 年代初期以后，逐步规定农村土地家庭承包经营制度保持长期不变，并最终演变成为"30 年不变"及"永远不变"，集体调整土地的权力受到法律限制。三是 20 世纪 90 年代中后期以后，中央逐步规定集体统一经营管理的机动地比例将受到限制，并鼓励取消机动地，集体对农村耕地的控制权进一步受到限制。这三个步骤的最终成果集中表现在《物权法》中，也就是说，农村耕地的承包经营权实际上拥有了较为完整的物权。在实施三大步骤的过程中，中央和各地还进行了无数的土地制度改革实践，并对土地流转等改革领域进行了谨慎的探索，并至今仍然在试验之中，并没有形成相对确定的政策制度。

相对于耕地制度的改革而言，林权改革几乎是"一步到位"，遵循了《农村土地承包法》《物权法》等相关法律对改革开放至 2008 年农地制度的所有改革经验，并有相当大尺度的突破。《意见》决定，在 5 年之内于全国范围内完成林权改革，但实际上，福建、江西、辽宁等试点省份在《意见》出台之前已基本上完成了改革，浙江、云南、河南等改革力度较大的省份也接近完成，而大部分省市的改革都将在两三年之内完成，换言之，林权改革实际上是要在几年之内完成耕地制度改革几十年来形成的经验。而林权改革另外一个引人注目的地方在于，改革的意见和方案明确鼓励林权的二次流转，并为此鼓励搭建市场交易平台及政府软件，市场化的取向是相当明晰的。这一点已经远远突破了耕地制度改革的经验，在农地制度的改革上是惊险一跃。如果说改革开放至2008年农村耕地制度的变革是一个渐进式改革的话，那么，当前正在推行的林权改革，则是相对激进的一步到位式的改革。

四、林权改革的后果

林权改革坚持了改革开放至2008年农村改革的基本方向，却与同时期渐进式的农地制度改革多有相悖之处。对照改革开放至2008年农村改革的基本经验，评估林权改革实践过程可能出现的一些问题是有必要的。诚如《意见》所指出的，"集体林权制度改革是农村生产关系的重大变革，事关全局、影响深远"。从改革开放至2008年农地制度改革的实践来看，生产关系的变革是农村生产力发展的重要推手，同时也是造成各种社会问题的根源。从林权改革的出台来看，人们更容易看到的是前者，而对于后者却有可能估计不足。

事实上，从已有的林权改革的试点和实践来看，如此彻底的改革对农村社会所造成的震动是难以估量的。林权改革同时带来的是林业资源进一步转化为资金和资本，从这个意义上看，林权改革带来经济效益几乎是必然的。而问题的关键还在于，从林权改革的实际操作过程来看，资源转化为资金和资本，基本上依赖于市场机制的引入，大规模的资本进入林业领域几乎是必然的趋势。这一点，已经能从林权改革的几个试点省份典型如福建省的试点中看出来。从媒体的报道来看，集约化经营林业已经成为林权改革后林业经营管理体制的主要方式。《意见》强调了林权改革中初次分配的公平公正性，也即均分到户，但是同时规定落实处置权，鼓励林地和林木的二次流转，而相当多的试点地区在初次分配中就进行了招标的形式，把集体林权一次性地过渡到少数人手中，由此造成的分配不均等后果在《意见》出台之时即已表现出来。在允许甚至鼓励二次流转的状况下,林权的集中几乎无法避免,这在事实上改变了改革开放至 2008 年农村社会的基本生产关系。

在土地二次流转仍受到相当大限制的情况下,农村社会的生产关系变革实际上仍然只是在村组集体内部进行,换言之,是村社内部集体和农户之间生产关系的调整,并没有从根本上触动村组集体的完整性。并且,农村耕地经营管理制度中的家庭承包经营制始终坚持的一点是土地均分的原则,在"三年一小调,五年一大调"的情况下,均分的观念已深入人心。因而,必须注意到的是,改革开放至 2008 年农地制度的变革不仅仅在制度上实现了家庭承包经营的主体地位,还同时带来了村组集体成员内部的平均主义观念(这一点与中华人民共和国成立以来的社会主义新传统相衔接),村社成员内部分配关系的不平均必将带来种种社会问题。但是,允许及鼓励二次流转的集体林权改革,不仅容易形成村组集体成员内部的不平均,还事实上造成了村组集体外部力量的进入,这对长期以来形成的集体"成员权"是一个根本的冲击。林权改革打破了集体成员间平均占有资源的社会主义传统,无论这种突破是在正面意义上还是在负面意义上。

应该充分认识集体内部成员资源占有的不平均,尤其是外部力量进入村庄给村落社会带来的强大冲击,从一定意义上看,林权改革所带来的资源重组,不仅意味着生产关系的变革,还意味着农村社会关系的重大变革。外部资本及随着资本而来的各种管理力量进入村庄以后,历史形成的相对封闭却较为完整的村落社会的共同体将被打破,农村社会关系网络将被瓦解,这将对农村社会的治理产生根本性的冲击。很遗憾的是,无论是多年来的林权改革试点,还是《意见》的出台,都没有对林权改革所可能带来的农村社会关系的变革及治理环境的变化做出积极的反应。

改革开放至 2008 年农村改革的经验确定了林权改革的方向,确定具有长期性和物权性特征的林权成为林权改革的基本方向。从实践的过程来看，这既是家庭承包经营制度从耕地到林地的拓展和延伸，又是对既有农地制度的重大突破。在充分认识到农村生产关系的变革所带来的农村生产力的释放的同时，对照改革开放至 2008 年农村渐进式的改革经验，有必要认真评估林权改革所可能带来的村落社会共同体的瓦解及其对乡村治理的挑战。

（原文刊发于《中国老区建设》2008 年第 9 期，原标题为《林权改革的方向及实践》）

在信访工作中找回群众

毋庸置疑,近些年来信访研究已成为学术界的热点问题。一方面,它源于信访问题实际上是中国社会问题的"容器",容纳了诸多突出的社会矛盾,人们可以从中轻而易举地透视中国问题。肇始于20世纪末的"三农"问题,引发了大量农民上访,随后,随着城镇化进程的急剧加速,社会矛盾进入了爆发期,乃至于出现了所谓的"信访洪峰"。在某种程度上,解决信访问题实际上就是解决社会问题。另一方面,它源于信访制度的独特性,是理解中国特色社会主义制度的窗口。信访研究之所以成为近些年来的显学,是因为运用经典的学科术语难以理解其真实的政治实践逻辑。因而,理解信访制度,对于规范性研究而言,很可能是为重新理解西方学术理论提供经验的力量,反过来,这也不啻为对实践话语进行社会科学化理解的有效路径。

一、信访制度的历史逻辑

尽管信访研究受到重视源自日益严峻的信访形势以及西方学术话语的关怀,但从话语谱系上看,信访制度自有其一套历史实践逻辑,而这个逻辑根植于群众路线的理论和实践谱系。

首先,信访是由中国共产党的政党性质所决定的。中国共产党是马克思主义政党,是先锋队组织,且通过铁的纪律加以保证。这就意味着,一方面,党组织和党员应该与普通大众区别开来,他们属于社会中的先进分子，需严格要求自己；另一方面，党组织和党员有责任、有义务深入群众，积极主动地去发现、解决群众问题，引导群众往正确方向前进。故而，中国共产党必须融入社会，成为社会细胞。党如何让自身成为社会细胞？党员如何深入群众，成为人民群众的一分子？信访便是一个重要途径。人民群众通过上访可以便捷有效地找到党，而党也可以通过下访准确无误地找到群众。

基于此，信访一开始就有双重性质：一方面，它是由党的先进性所决定的，在党内往往是由严格的政治纪律加以保证的，故而它本身是官僚制行政的产物。另一方面，它是由党的群众路线所决定的，是党融入社会获取合法性的重要手段，故而它秉持的是政治原则。可以这样认为，政治与行政的双重性，主导了信访制度形成、发展和变革的基本路径。

其次，信访是中国特色国家治理体系的重要组成部分。国家治理活动都需要收集信息、凝聚共识、明确目标群体并做出准确的反馈。信访制度在某种程度上具有信息处理功能，从而增强国家治理的科学性。在信息收集方面，信访是独立于官僚体系的有效渠道，且它更容易获得底层民众的真实想法，甚至会发出不同于正式渠道的政策信号。在凝聚共识方面，正是需要回应群众的不同呼声，使得决策者在决策过程的各个环节都需要与群众广泛接触，做出合理的政策解释，得到群众的认可。在明确目标群体方面，上访群众本身就是政策相关者，且很可能是异议者，通过信访群众发现这部分人的存在，可以在最大限度上提高政策执行效率。

长期以来，党和国家领导人高度重视信访渠道的通畅，这不仅仅是基于群众观点做出的政治决定，还是基于行政科学化做出的制度安排。就国家治理体系而言，信访制度和官僚体系相辅相成。信访制度在解决官僚体系惰性方面具有难以替代的功能，而绝大多数上访群众的诉求只能依靠官僚体系来给予回应。

最后，信访是社会主义政治文明的重要表现。长期以来，人们误以为普通民众与政治是无关的。尤其是底层群众，其政治参与的机会几乎是没有的。可从经验中看，那种匿名的、无声的"底层政治"，对于解释中国基层民众的政治参与状况是不合适的。因为，通过信访制度我们发现，哪怕是最底层的呼声，也很容易通达中央，并且很多政策变革，乃至于政治变迁，与这些呼声都有明显联系。研究中国政治的学者不难发现，几乎所有重大政策变迁，都与某些"记录在档"的典型事件有关，而这些事件的经历者并非匿名的甲、乙、丙、丁，而是有名有姓的群众。

普通民众之所以可以在国家政治生活中占据一席之地，很大程度上是因为通过信访这个渠道，使得基层政治开放成为国家政治生活的一部分。一方面，人们日常生活中的诸多细事逐渐成为政府公共事务的一部分。畅通的信访渠道，调动了人们配合国家的积极性，群众的婚姻家庭、邻里纠纷等，都开放为国家政治生活的重要领域。另一方面，信访吸纳了基层社会里诸多严肃的政治议题，如底层民众的"怨气"、村庄政治的不公。可以这样认为，信访制度吸纳了一些很可能触发抗争政治的议题，并可能使之演变为政治参与议题。

二、信访的政治含义

可见，信访制度触及了我国政治实践的诸多关键环节。主要表现在：其一，它触及我国政治体制中政治与行政的关系问题。我国是政治与行政合一的体制，信访制度既是讲政治的产物，也是行政理性化的体现。因而，每一次信访制度变革，都内含着政治与行政之间的互动。在某些历史时期，行政理性化的原则主导着信访制度变革，在另一些时期，则是政治原则决定了信访制度的基本面。比如，近些年来诸如县委书记大接访之类的举措，与其说是出于化解社会矛盾的实用主义考虑，还不如说是践行群众路线的政治宣示。

其二，它触及大国治理如何回应群众诉求的问题。稍微了解信访实情的人都知道，信访对于解决日常治理中的细事极为高效，其原因是它可以对行政体系产生压力。信访治理的有效性在客观上推动了社会治理中的诸多"疑难杂症"涌入信访渠道，并使得行政体系总是处于高压状态。可以这样认为，信访制度将党和国家对人民群众的政治承诺转化为公共治理任务，这使得我国的国家治理呈现出事无巨细的特征。通常来说，国家如果疲于应付细事，则很可能产生诸多负面效果。对信访治理的功能做准确定位，即在区分"大事""细事"的基础之上，做出合适的反应，考验着大国治理的智慧。近些年来，信访三级终结制度、逐级信访等原则的确定，便是对信访功能的适当定位。

其三，它触及新时期如何面对人民内部矛盾的问题。在去政治化的今天，人民、群众这些政治词语很难在国家治理实践中获得准确含义，国家治理更愿意将所有被治理者抽象为公民，也更愿意将所有诉求视作权利的表现。但客观上，依循政治话语行为的信访活动，的确需要依据政治原则区分不同类型的信访人，也要对信访事项进行准确分类，否则就会自相矛盾。

（原文刊发于《秘书》2017年第10期）

历史遗留问题为何难解

近年来，笔者每到一个地方做田野调查，总会遇到几个在当地有名的上访者。上访者孜孜以求于获得公正对待，基层干部却对此束手无策，遂演化成为闹访、缠访等影响基层社会稳定的大事。细究起来，此事多与历史遗留问题有关。既然是历史，说明确有其事，而又遗留下来，说明此事未结，仍被定义为问题，则说明对此事不处理还不行。围绕着历史遗留问题，各方在情、理、法之间努力寻找均衡而不得，导致即便在案情明了的情况下，也难以了结信访事项。为何？在笔者看来，这很可能与历史遗留问题的复杂构成有关。当前信访处置的原则，往往与历史遗留问题的性质背道而驰，使得问题无解。

一、历史遗留问题的构成要素

从字面上看，历史遗留问题有3个构成要素。（1）历史。其实质是指问题的时间要素。即，事情并非现在产生的，而是过去发生的。通常而言，历史意味着现场消失、记忆模糊、当事人不在、证据不足、事实不清。（2）遗留。其实质是指问题的处理痕迹，即事情虽在历史上客观存在，但其转化为问题却是在现实情境中被激活的。一般而言，事情之所以成为问题，或是过去未曾被处理，或是处理不彻底，终归是因为有现实的情、理、法的参照，让当事者有理由质疑过去。（3）问题。其实质是指当事者或被诉求对象（政府）将之"当回事"。当事者将过去的事情当作问题,显然是有现实动机的,为名(名誉)、为利、为气(出气,背后是道义、公平),都是常有的。

在信访问题的处理过程中,无论是上访者还是地方政府,他们首先重视的都是问题要素。一方面,上访者必须将过去的事情问题化,以此为自己的诉求寻找理由;另一方面,各级政府必须将上访行为本身问题化,如此才有动力处理信访问题。这制造了历史遗留问题处置的第一个难题:上访者往往容易站在个人立场去定义过去的事情,但信访部门首要做的是对其上访行为进行定性,对过去事情的看法是服务于信访的分类治理的。具体而言,上访者的潜在假设是其上访行为是正当的——并不是党和政府赋予了其信访权利,而是过去的事情本身就不公。但在信访部门看来,信访事由客观上存在有理和无理之分——哪怕上访者有信访权利,也不能抹杀这一区别。

问题在于,一旦上访者执着于其所称的理由,并不断重申其诉求,就很容易激活信访权利,让各级政府无从回避,进而不得不以维稳之逻辑进行应对。反过来,一旦地方政府能够有效化解上级压力,并有足够能力应对上访者的挑战,他们也就可能对上访者的正当理由视而不见,甚至侵害上访者的信访权利。造成的悖论是,越是敢于越界闹访、缠访者,越是容易得到地方政府的重视,也越容易得到意外之财,而越是讲理、守规矩的上访者,越是容易被地方政府忽视,其权利诉求越是难以得到回应。无论是哪一种情形,历史遗留问题都未得到有效处置。在前一种情形中,哪怕信访部门真的将事情搞清楚,并证明上访者无理,但往往也会迫于维稳压力而对闹访、缠访者做出让步;在后一种情形中,信访部门根本就无动力去搞清楚事情原委,而很容易以无政策依据为由将过去的事情重新封存。

笔者多次接触与特定时代有关的历史遗留问题,案由大抵是上访者在"文化大革命"时期因言行不符合当时的政治标准而被单位辞退,返乡成了一名普通农民。改革开放后,出于种种原因未落实政策(因无档案记录),或政策落实不太合适(如未恢复工作,而是代之以补发工资,并按当时的标准做了适当补偿)。此类问题甚是难办。理论上,此类问题早已了结,不应该存续至今。但在现实中,当事人或因生活困难,或因特定政治信息的传递,或要对自己的人生做一个交代,很可能要地方政府给个"说法"。地方政府因无政策依据,只能具体问题具体分析。在大多数情况下,信访部门并不会依据事情的是非曲直进行处理,而只根据上访者的行为做相应处置。

上访者之所以能够将过去的事情问题化,而信访部门之所以能够对过去的事情进行适当的定性,都源于对此事的处理痕迹。只要存在对过去事情的处理痕迹,必定会涉及对问题本身的看法。在一定意义上,处理痕迹是否为当事者及相关方认可,取决于特定社会情境。麻烦就在于,社会情境本身是多变的,普通民众及政府在特定社会情境中的地位也是不断变化的,因此,他们对过去的事情及处理痕迹的看法会因时因地而改变。这导致了历史遗留问题处置的第二个难题:过去的事情并不存在纯粹客观的事实,地方政府、上访者都在争夺历史遗留问题的定义权。麻烦在于,在情、理、法中,人们总是可以找到有利于自己的道理。一般而言,信访部门处置历史遗留问题的重要原则是依法,有政策依据,法大于情理;但对普通民众而言,其上访的动机主要是基于情和理,合不合法、有无政策依据,反倒是不甚重要的。由此,对历史遗留问题的定义权往往表现为法和情理之间的矛盾。

二、信访工作的准则

时至今日,依法接访已是基层信访部门的基本工作准则,但在争夺定义权的意义上,与上访者讲法律显然还不够。笔者在调研中发现，几乎所有乡镇政府信访部门的负责人，都是综合素质比较高的中坚干部：一是他们必须善于学习，不仅要熟悉信访条例，还要熟悉与农民日常生活密切相关的法律，如土地承包法、水法、婚姻法、社会救助暂行办法等，如此才能做到依法接访。二是他们必须熟谙乡村伦理，做到动之以情、晓之以理，只有深刻理解地方性规范，才能回应上访者的情理逻辑。三是他们还要有权威，最好嗓门大、块头大，有不怒自威的形象，如此才能主导接访过程。为了确保依法这一原则，避免陷入各种情、理之中纠缠不清，接访流程本身很重要。刻板、按部就班、公事公办的官僚制原则，是保证接访者权威，确立信访部门主导权的关键。比如，在上访者迈入信访部门的那一刻起，接访者最好谨言慎行，尽量采用文字工具。记录好上访者陈述的事实及表达的诉求后，让其签字、按手印；然后才言简意赅地依据相关法律政策做出解释。

  对于大部分讲理（包括"法大于情理"这个共识）的上访者而言，法律的威严、行政的理性化以及接访者的权威，足以阻止其借乡间情理获利的机会主义心理；哪怕是有一定心理准备的上访者，也很清楚欲实现其诉求，得付出一定的时间和心理代价。问题恰恰在于，对于一部分认死理的上访者而言，他们决心够大、心理能量也够强，可以不计成本地上访，基层干部惯用的法治逻辑是无效的，并且在实践中，乡间情理很容易与国家政治发生联系，甚至借用政治话语来压倒法治逻辑。熟悉基层的人都知道，这10余年间，国家与农民关系中的政治正确发生了逆转。在农村税费改革以前，政治正确是"国家是没有错的"；但农村税费改革后，政治正确则变为"老百姓是没有错的"。针对上访者的各种诉求，地方政府往往只有说服的责任，而无压服的权力。在地方政府与认死理的上访者间的较量中，地方政府多半会败下阵来。

  前些年，中央和各级政府集中化解信访积案。地方政府除了花大力气梳理案情，做到案清事明，并在遵循法律的前提下，晓之以理、动之以情之外，无论上访者是否有理，几乎都会以困难救助的名义给予其一定的赔偿。这个赔偿虽有"人民内部矛盾人民币解决"的嫌疑，其负面作用毋庸置疑，但仔细琢磨，经济补偿或许是化解信访积案、解决历史遗留问题最有效的方法。货币这个尺度，可谓是超越时空、超越不同类别的等价物。通过来回计算，反复讨价还价，基本上把上访者在漫漫上访路中花费的经济成本、付出的机会成本，乃至于产生的诸多怨气，在签息访协议的那一刻固定下来。如果没有特别的刺激物，社会情境不再急剧变化，这个处理痕迹是可以保持相当长的一段时间的。

只不过，人算不如天算。在一定的治理规模内，总有一些意外因素导致这些处理痕迹不再有约束力。比如，上访者在获得赔偿后，出于各种原因其家庭重新陷入困难境地，向政府再要困难救助就再正常不过了。再比如，长期上访者其实很难重归家庭及社区生活，一些家庭矛盾及邻里纠纷，很容易使其重新走上漫漫上访路——对于相当一部分老上访者而言，上访其实是一种生活方式。笔者碰到过几个老上访者，其妻子、子女都因其长期上访而与其关系紧张；信访工作者晓之以理、动之以情的工作之所以奏效，关键是做通了其家人工作，让其能够顺利回归家庭生活。当然，一些有经验的信访工作者，在上访者刚开始赴北京上访，并有成为老上访户的苗头之时，即花大力气做通其家人工作，从而防止事情变糟。只不过，这种工作方法本身就意味着，地方政府不仅要对信访积案负责，还要对上访者本人及其家庭负责——这是一种近似于无限责任的处理方式，如此在处理历史遗留问题的过程中制造新的后遗症，便是一种必然逻辑。

三、处理历史遗留问题需要时间

如此，越来越多有经验的信访工作者意识到，历史遗留问题处置的关键可能不在问题,也不在遗留,而在历史。简言之,因时间造成的问题,只能通过时间自然解决。笔者在翻看各种历史遗留问题的档案资料时,发现过去的处理痕迹,不能不说是合理的,当事人和信访部门在当时都认为此事已了结(故而会痛快地签署协议)。可是,这些历史遗留问题多半会翻案,其原因何在?这恐怕不能归咎于当事人言而无信,也不能说是信访部门和稀泥,而是历史遗留问题本身存在难以解决的内在矛盾——这是无法用具体问题具体分析来应对的。其内在矛盾主要有二:第一,多数历史遗留问题很难完全还原。即便是存在处理痕迹,甚至有对过去发生的事情的叙述,也多少会存在模糊之处。随着时间的推移,很多当事人以及处理此事的政府官员,都已不在人世,死无对证是诸多历史遗留问题的痼疾。更关键的是,哪怕事情得以还原,也面临着不同时期判断标准的不同,从而导致问题难以定性。第二,多数历史遗留问题并非个案,而是牵扯到某个特定群体。如采取个案处置原则,便很可能牵扯到同一群体的集体诉求,并且相似遭遇的其他群体也会根据类比原则,提出类似诉求。如此,历史遗留问题就像是一个导火索,拔出萝卜带出泥。对于地方政府而言,处理一个个案并非难事,但如因处理一个个案而牵扯出更多的问题,则是他们难以承受的。

当前,地方政府普遍面临涉及复转军人和教师群体的集体上访问题,这些问题甚为复杂,也很不好解决。前些年,在相关部门的努力下,解决了参战人员和民办教师的待遇问题。可是,从基层看,这些政策看似解决了部分历史遗留问题,却同时激发了更多的历史遗留问题。比如,参战人员如何界定?上了战场的退伍老兵理应享受待遇,但大量未来得及上战场的参战部队的退伍老兵也认为其应该享受同等待遇。城市兵比农村兵的待遇要高很多,农村兵意见极大。再如,为民办老师解决了待遇问题,但数量更为庞大的代课老师该不该享受?笔者碰到一位老上访户,他之前在乡村小学敲钟,偶尔代过一两次课，却也要求享受待遇。

从时间维度看，历史遗留问题之所以成为问题，并非过去发生的事情本身具备问题的要素，而是社会转型赋予了特定事件、特定人群问题的性质。近些年来，单一公民身份认同越来越深入人心，国家与个体的权利义务关系也发生了巨大变化。基于不同地域、户籍、身份而采取的差异化制度安排，越来越受到质疑；人们也越来越强调个体权利的伸张。因此，同样是退伍老兵，因城乡二元结构而采取的差异化优抚制度安排，越来越难以维系；在乡村教师群体中，历史原因造成的公办老师、民办老师及代课老师的身份差别，在现实中逐渐失去了合法性。

中国乡村正处于巨变之中，很多矛盾是以历史遗留问题的面貌出现的。如上所述，历史遗留问题之所以成为问题，关键还是在于社会转型带来的利益调整、价值转变及国家与个体关系变迁重新激活了已然封存的记忆。在这个意义上，只要社会转型未能完成，历史遗留问题就始终无解。信访治理应该改变思维，不应再追求彻底化解积案，而应着眼于维持底线秩序。

（原文刊发于《民主与科学》2019年第1期）

让公安局头痛的那些"剩余事务"

———

公安局的核心业务有两项：维护社会治安和管理户政。因此其机构设置、日常工作也是围绕这两项开展的。比如，基层派出所主要是管理辖区户政，提供防盗、防抢、防打架等简单的公共安全服务；治安、巡警、经侦、刑侦等大队依据各种类别的社会治安事务进行专业处理。从理论上说，现代国家的最初形态就是"治安国家"，公安局的职能也许是所有政府部门里面最为明确的一个。

可是，随着社会形势的变化以及公安工作方针的改变，公安局承担了越来越多的公共事务。有些事务属于新出现的，别的部门管不了，只好让公安局来管；有些事务是原来就有相关机构处理的，且在机构职能设定上也不应由公安局管辖，但出于各种原因，公安局事实上承担了管辖职能。这些公共事务五花八门，是公安局的"剩余事务"，包括一些社会事务、行政事务和公共关系等。

一、警力是怎么耗费的

公安局承担了很多治安工作之外的社会事务，很多以往不属于公安部门承担的社会管理事务，渐渐成为公安工作的重要组成部分，而很多以前由社会组织承担的社会治安工作，也慢慢转到了公安部门来处理。

我国的公安工作一直有个优良传统，即公安工作要走群众路线。在警务实践中，这可以从两个方面来理解。一方面是说，公安工作要依靠群众,公安部门在进行抓捕犯人、寻找线索等专门工作时,要充分发动群众参与。这一点尤其表现在农村治安工作中。众所周知,中华人民共和国成立以后,乡村治安工作体系基本上依靠群防群治,每个村都建有治安保卫委员会,村委会有专门的治安保卫委员,基层派出所只是起业务指导作用。群防群治是成本低、效率高的治安防控体系,至今仍是社会治安综合治理的重要支撑。另一方面则是说,人民公安为人民,公安工作要为群众服务,凡是群众关心的事,公安部门都要回应。这个也好理解,专责机关做群众工作,做一些为群众排忧解难的事,对于提高公安机关的群众满意度极为重要,这反过来有利于促使群众支持公安工作。

然而,自20世纪90年代以来,公安工作的群众路线发生了重要变化,使得公安工作承担的社会管理事务急剧增加。比如,群防群治开始了专业化过程,一些细小琐碎的治安工作很难再依靠群众,只能由公安局独自承担。笔者调研的这个县已不存在真正意义上的群防群治,没有群众自发组织的治安联防队,农村治安保卫委员会也名存实亡,基层派出所在农村失去了触角,只能通过警力下移,实施社区警务等来防控农村治安问题。2001年,县公安局组建了巡防大队,取代了之前派出所和社区治安保卫委员会相结合的治安防控体系。巡防大队实行专业化管理,巡防队员都从社会招聘而来。

唯一体现其群防群治特征的是,巡防大队需从各单位收取群防群治费。不过,每年都收不齐,巡防大队领导每到年底都要催促各单位尽快缴纳费用。群防群治实现专业化后,很多原来由治安保卫委员会和治安联防队处理的社会治安事务,只能由派出所和巡防大队来承担。比如,小偷小摸、打架等小型治安案件,以往群众就可以自我处理,一些群众因为抓捕犯罪分子,积极扭送违法人员,还受到表扬;而派出所只要履行合法手续即可,不用耗费多大警力。

但现在,再小的治安案件,也要求警察现场处置——即便是专业巡防队员也没有权力处置。笔者调研的县巡防大队就碰到一件事，一名醉酒中年男子当街耍泼，见人打人、见物砸物，巡防队员上前制止，他竟然说出巡防队员没有执法权的大道理来，真是让人哭笑不得。

另外，从1996年开始，全国公安开始学习漳州110经验，"有事找警察"成为一句响亮的口号，这使得警察承担了大量本不该由其承担的非警务工作。最根本的变化是，"公安工作为群众"不再围绕其核心业务，大量的社会事务开始涌入公安机关。110是一个非常便捷的求助电话，很多原来应由社区自治解决的问题，迅速通过110报警系统涌入公安机关：邻里纠纷要找警察调解，两口子吵架等家庭矛盾要找警察说和，旅途没钱了也要找警察借钱，甚至家里水电不通了也叫警察上门解决。

根据110接警规定，只要群众报了警，公安局就必须第一时间出警。因迫不得已，笔者调研的县巡防大队110接处警的民警都会随身带上各种物业服务电话，以备群众求助时立即提供帮助。如此导致的结果是，巡防大队有一半以上的警力用于处理那些与公安工作没多大关系的工作，造成了严重的警力消耗。比较麻烦的是，如民间纠纷调解等社会管理事务，渐有成为巡防大队和农村派出所固定业务之势，这给公安局造成了非常大的困惑。

问题还不仅如此。随着社会形势的变化，与社会治安等公安局核心业务密切相关的社会管理事务急剧增加。近些年来，公安局最具挑战性的工作是维稳，基层社会"逢死必闹"，只要医院医死了病人，交通事故出了人命，征地拆迁现场有人员伤亡，公安局都必须派出大批警力前去维持秩序。县信访局每星期一都有集体访，公安局派大量警力前去值班几乎成为惯例。很难估算维稳耗费了县公安局多少警力，但显然耗费不少：巡防大队专门组建了一个13人的防处突中队，并要保证发生突发事件时随时可调动50名警力。

二、部门职能交叉协调难题

和社会事务不同,公安局的行政事务需要服务于核心业务。随着行政环境的变化,其行政事务也变得越来越复杂,公安局得花费大量精力去处理那些与业务无关的行政事务。

首先是部门之间的协调问题。公安局的很多业务和别的部门有交叉,但由于公安局往往是最易于接触社会的部门,事实上成为处理社会事务的第一个部门,一旦碰到交叉业务,公安局理所当然地需要承担协调工作。麻烦的是,如果碰到复杂事务,公安局的协调成本会急剧加大。

公安局在部门之间难以协调的事务主要有两个。一是案发现场涉及不同警种之间的协调。公安局110中心的接处警单位是巡防大队,根据案件的不同类型应将任务移交给派出所或各个专业大队。对于一些突发事件来说,巡防大队专门承担接警任务是有道理的,因为它可以迅速到达现场,第一时间控制现场,这对于处置案件至关重要。但是,对于大部分普通治安案件而言,这种时效性没有多大意义,反而是对警力的耗费,会产生许多不必要的协调麻烦。比如,很多交通事故都有可能涉及治安案件,巡防大队接警后处警非常麻烦:它只能做简单的现场处理,然后打电话将事件移交给交警大队。交警在处置过程中,事故双方却可能就责任认定问题争吵,交警出于专业考虑,也为了减少麻烦,不愿意调解,又会打110报警,巡防大队又要出一次警,然后让治安大队来处理。

如果碰到那些很难在第一时间处理的治安案件,巡防大队的协调成本就会更高。比如,两口子打架,然后打110报警,巡警出警了,一看没什么大事,希望劝几句了事。可一般的家庭纠纷不可能三言两语就说得完,从职责角度上说,巡警不可能在现场待一两个小时,因此,他们往往倾向于打电话让派出所社区民警前来处理。

但很多情况下，社区民警并不一定能迅速前来交接，这就有可能导致现场没有民警在，造成的后果便可能是，夫妻双方的矛盾转移到了警民关系上。

二是涉及公安局与别的职能部门之间的衔接。有些衔接是管理体制存在的固有矛盾。比如消防安全管理，公安局的职责是协助消防大队进行消防管理，但在实践当中，所有的管理、审批权限都在消防大队，责任主体却在公安局。有些衔接则是由社会管理事务的复杂性造成的，典型案例是街头流浪乞讨人员管理问题。一般而言，民政局是这个问题的责任单位。可是，如果遇到有暴力倾向的流浪乞讨人员打人、破坏财物等问题，事情就会显得比较复杂。一般情况下，公安局对这种案件都尽量简化处理，当事人面对这种情况也倾向于息事宁人。可从民政局的角度上看，公安局不做调查、不进一步了解流浪人员的身份信息，就很难开展社会救助、精神鉴定等工作。

更加麻烦的是关于群体性事件的处置。比如，由医疗纠纷、交通事故、征地拆迁等引发的群体性事件，虽然是实实在在的治安管理事项，公安局理所当然得依法处置，可这些事件却又涉及维稳等问题，只能由地方党委政府做统筹决定，公安局在事故处置过程中所处的位置非常尴尬。

三、怎么防止人情干预办案？

公安工作是在一个复杂的社会环境里进行的，各种人情关系也在所难免，很多关系如果处理不好，就会严重影响公安工作。因此，即便是一个县公安局，如何处置公共关系也已成为其必修课程。

笔者调研期间，县公安局正在如火如荼地进行打击黄、赌、毒的"夏季风暴"。在访谈城区派出所所长的那天，

他和派出所全体民警一夜未眠，捣毁了一个地下六合彩赌博窝

点，抓了 12 人，8 人被拘留并处罚款。我们访谈期间，不断有人前来说情，有找不到门路的亲属自己找过来的，有当地稍微有点名气的团伙头目来说情的，有县某局局长前来疏通关系的，还有无数和所长有交情的人打电话过来探听情况的。派出所所长认为，所有这些关系都不可得罪，哪怕是普通老百姓也不能，因为公安工作离不开他们。所以，所长对前来说情的这些人都笑脸相迎、端茶倒水，实在接待不过来，还要办公室人员做好安排。

公安局处理公共关系的真正难点在于，如果仅仅是为了打击犯罪，那完全可以按法规进行，而不用顾忌所谓的人情关系；如果主要目标仅仅是为了有利于公安工作的正常运转，公安局当然有足够的自由裁量空间来照顾人情。问题是，这两个目标都要兼顾，如此，人情关系就真成了一项"剩余事务"。

作为办案领导，所长必须综合考虑各种因素：不仅要考虑犯罪程度，区分主犯和从犯，还要考虑每一个犯罪嫌疑人的具体状况，更要考虑合法合规，所有决策都有法可依。所以，公安局办案形成了一套较为成熟的程序。

以聚众赌博案为例，公安局办案的流程一般是这样的：首先，抓到人以后，马上进行突审，搞清楚案件类型。其次，要识别出主犯和从犯，对首要分子（庄家）必须进行刑事处罚，而一般的从犯进行治安处罚即可，对提供场所的人的处罚往往介于两者之间。再次，无论如何，突审完后得把人关进看守所。最后，录入网上办案系统。

每一步程序都有现实考量。比如，之所以要对庄家进行刑事处罚，是为了实现打击目的，有了这个前提，对其他案犯才可以灵活处理。又比如，录入网上办案系统，意味着那些有很强大关系的人不可能干预案件处理，如此一来办案领导和民警有了非常好的拒绝理由："上网了，没有通融的空间，我也没办法。"

（原文刊发于《南风窗》2015 年第 4 期）

"霸座"事件，执法为何无力

一、"霸座"现场执法的困境

连续发生的"霸座"事件，人们在感受到社会规则失效的同时，也对警察等一线执法者的无力感到困惑。

在人们以往的印象之中，警察作为执法者，理应有足够的权力（乃至于使用暴力）来制止和控制违规者的行为。但事实上，在现场执法和一线行政中，执法者往往倾向于和违规者讲道理，让其主动配合执法；即便是对方无理可讲，多数情况下一线执法者也会选择退让。

造成一线执法无力的原因很多，但最关键的原因可能在于拥有合法暴力并不意味着可以有效地控制现场，在多数情况下，反倒是现场控制了权力决断。

执法者不敢轻易采取强制措施，主要是担心现场失控，尤其是在火车车厢这样的狭窄空间，执法对象一旦反抗，很可能伤及无辜。现场失控无非表现为两个方面：一是执法对象的违规或违法行为未能得到有效制止，损害了人民群众的生命财产安全和其他利益。二是警察的权力决断不当，过分使用警力，伤害了执法对象，并伤及无辜。

长期以来，人们往往不太关注消极使用权力带来的严重后果，却极为关心过度使用警力所带来的直接伤害。这样的案例数不胜数，比如人们对"警察开枪"的质疑，对"城管打人""警察打人"的警惕。哪怕是执法者在正常执法，违法者也会潜意识地通过呼喊"警察打人、城管打人"来获取社会同情，以规制执法者的权力。很显然，社会对权力滥用的聚焦本身也构成现场的一部分，也将影响警察的一线执法过程。

从技术上说，当前街头执法现场失控的可能性极高。长期以来，由于公安工作践行群众路线，人民群众积极协助公安工作，现场对人民警察非常有利，而对犯罪分子则具有威慑作用。比如，曾经广泛存在的治安联防队、小脚侦缉队、社区治安保卫委员会，公安机关在办案过程中只要稍微动员，就可以获得群众的协助，现场对公安工作而言是个正能量。随着公安工作越来越依赖于专责机关，越来越依赖于侦破技术，群众路线的重要性逐渐下降，这反映在现场，即群众往往只是围观，甚至反过来制衡公安工作，客观上使现场变成有利于被执法对象的所在。

在高铁"霸座"事件中，多数人对违规者的无知无畏感到气愤。但是我们做一个假设，如果乘警当即采取强制措施，违规者反抗，乘警进一步升级武力，继而制造执法冲突，面对这一场景，普通乘客对人民警察会是什么观感？看视频的网民又会是什么观感？也许，相当一部分人又要鞭挞警察暴力执法了。

二、专业化执法的矛盾

自20世纪90年代以来，公安机关开启了专业化进程，公安机关的非警务活动大量压缩，非正式执法手段越来越受到规制。吊诡的是，警务活动专业化的过程恰恰是公共安全需求极度膨胀的过程，正式执法人员受到的限制越多、执法风险越大，就越有动力寻求替代性执法手段，联防队员越权执法现象甚为明显。"孙志刚案"也是在这个背景下产生的。这又进一步推动了公安机关自上而下地强化执法规范。其结果是，民警在执法过程中首先考虑的是执法的规范问题，而非有效执法问题。

在某种意义上，公安机关执法活动的专业化取向，不仅承认了20世纪90年代以来公安工作脱离群众的现实，还在进一步固化这一局面，将历史上群众对公安工作的不信任带入当前的一线执法现场，人为增加了现场处置的复杂性。民警不仅要考虑如何有效地制服犯罪分子，避免伤及无辜，还要考虑慎用警力，以免引起群众的反弹，导致现场失控。从实际情况看，乘警的处置能力是有限的。有报道指出，短途列车并不配备乘警，只有安全员。而在专业视野下，安全员是没有执法权的。哪怕是长途列车，想必乘警的配备也不会很充足。这在客观上限制了专业执法活动的开展。

社会文明和执法文明的进程并不匹配。暴力执法之所以成为问题，既与公安机关现场控制能力下降有关，也与人们对暴力的认知以及舆论引导有关。

笔者曾经在公安机关调研过，在20多年前，群众对公安机关采用暴力手段执法还是比较包容的。如一位老民警所言，20世纪90年代他当街对乡村混混拳脚相加，不仅会换来混混的俯首帖耳，还会获得围观群众的大加赞赏，但如今若施以暴力，很可能换来对方的暴力反抗，还会被现场群众指责为暴力执法。在这个意义上，社会在进步，公安机关对执法过程的规制也有长足进步。只是，最近20多年来当执法机关持续努力提高执法的文明程度时，社会的文明程度却未见得有了同步提高，这反而造成了规则失序。

人们普遍忽视了街头执法的难度，倾向于对执法方式求全责备，殊不知，这种态度本身并不科学，它本身也构成执法环境的一部分。警察的权力决断并不是一件容易的事，采用最合适的强制手段，是环境、技术、经验等综合要素的平衡结果。

因此，从事后评估来看，最合适的出警方式很难实现，总是存在处置不力或警力过度使用的状况，只是程度不一样而已。正因为如此，民警在处置现场——尤其是那些非侵财、伤害等重大案件的过程中，无论是出于尊重公安机关走群众路线、慎用警力的传统，还是出于避免现场失控、减少追责的需要，都不会将严格执法作为一个选项。

在这一点上，警察执法其实不是很典型，最典型的是城管执法。当前的城管执法普遍不敢采用合法的强制行政技术，反而大规模借助于柔性执法手段和运动式治理方式。从笔者的调研看，这种消极执法模式已是各地城管执法的常规，其结果是，城管执法冲突倒是不常见了，但各地的城管执法机关都在以惊人的速度扩大城管执法的辅助力量，以便以人海战术控制街头秩序。即便如此，对于一些"钉子户"，也会因缺乏有效的执法措施而难以处置，严重损害了公共秩序。

三、泛政治化的执法环境

近些年的舆论环境，已将城管执法放到泛政治化的执法环境之中，导致执法成本越来越高，执法过程蜕化为议价过程。就目前的城管执法力量配置而言，绝大多数城市都面临城管执法力量不足的窘境。在一线执法过程中，采用大量辅助力量成为客观现实。笔者调研的一条街道，目前只有 6 名正式城管，协管员和保安分别有 20 人。这意味着，多数情况下有执法权的城管只能承担管理辅助力量的角色，而很难参与一线执法，反过来，一线执法也必然陷入困境。

因此，与人们想象不同的是，城管并不会轻易采用执法措施，而是采用提示、告诫、"围观"等方式进行日常管理。能被媒体关注的执法冲突事件，必定是经过多次提示、告诫，乃至于采取"围观"等方式而无效，及至城管带队仍暴力抗法的结果。

由此造成的结果是，在日常街面管理中，城管与摊贩之间的讨价还价耗费了大量行政资源，从而为非正规经济的膨胀创造了空间。有经验的摊贩和别有用心的团伙，都会抓住城管害怕执法冲突的这一软肋，寻找自己的牟利空间。根据笔者的调研，该街道拥有固定摊位的特殊利益群体，在与城管的长期互动中，准确摸清城管执法的规律，而且因与城管发生过多次冲突，并制造过群体事件，从而探清了城管的底牌，获取了城管的区别对待。而团伙组织更是利用城管晚间执法力量不足的弱点，并有意识地怂恿、制造执法冲突事件，迫使城管部门默认其非法开办"夜市"。

而媒体特别是自媒体时代对公权力的消解和污名化，给一线执法人员带来了更多掣肘。媒体将公权力描述成群众的对立面，正能量传播不出去，负面新闻倒是铺天盖地。想必大家都还记得2018年8月底发生的"滴滴顺风车"司机杀人事件，在警察调查过程中，就有"大V"造谣乐清警方以"没有车牌号码和司机电话"为由不予立案耽误解救受害人，事后证明这根本就是子虚乌有。也有媒体曾做过统计，仅2018年上半年，有关警察的谣言就有10多条，这还是能统计到的，至于没有在网上公布的，不知道还有多少。

高铁"霸座"事件发生后，有网友在网上公布了一段视频。2019年1月，在美国洛杉矶地铁上，一名年轻女子把脚搭在面前的座位上，一位警察在要求女子把脚放下遭拒后，直接把她拖出车厢并将其逮捕。

与发达国家相比，我国一线执法人员的权力决断不是太强了，而是太弱了，这反过来需要执法人员有更丰富的经验，更强的现场处置能力。而在相当长的一段时间内，由于城市扩张过快，执法环境变化过快，现场过于复杂，再加上执法力量严重不足，经验不足的半正式行政人员冲上前线，现场失控现象就在所难免。因此，要有效地管控现场，提高执法机关的权威，尊重一线执法者的权力决断，让相关的执法对象适应现场规则，或许才是提高社会文明程度的必由之路。

（原文刊发于观察者网站2018年9月23日）

征迁风云

《窃听风云3》刚上映的时候,笔者就去看过。笔者开始纯粹是将它当作"港片"来消遣的,内容无非是爱恨情仇,考虑到是窃听题材,不过是加一些高智商的警匪游戏罢了。不过,越看越觉得有趣,这哪是"港片"啊,活脱脱就是一部反映内地社会百态的现实主义作品嘛!窃听仅仅是个噱头,真正的内容是征地拆,把吴彦祖扮演的黑客高手这个角色拿掉,一点也不影响电影叙事的完整性。笔者猜想,主创麦兆辉和庄文强肯定浸淫内地多年,对隔三岔五发生的征地拆迁事件也是耳熟能详了吧,或许他们本来就想拍一个《征迁风云》之类的电影。

笔者是把《窃听风云3》当作《征迁风云》来看的。作为关心征迁问题多年的研究者,笔者觉得这部电影的故事讲得真不错,可以作为反映征迁问题的教材。电影中反映的征迁命题,几乎全是真实的。

一、房屋与土地政策

丁屋政策是香港地区1972年12月开始实施的小型屋宇政策。根据政策规定,18岁以上的男性新界原居民有权一生一次以优惠条件获批建一间小型屋宇。不过,丁屋有严格的限制,根据同时出台的限制买卖转让条款,拥有丁屋的原居民如果想把丁屋出售及转让予非原居民,需向政府申请补地价,并要取得地政专员书面同意才可进行。另外，1987年修订的条例规定，兴建丁屋需获得地政处发出的豁免纸。

熟悉我国农村土地政策的人或许会发现这个丁屋政策很熟悉。这不就是我们的宅基地政策吗？我国农村实施的宅基地政策，秉持的就是"一户一宅"原则，这和一人一生只可申请一次的政策效果是一样的，并且政府也严格限制宅基地转让交易，城里人是不能到农村购买宅基地的。由于我国绝大多数地区保留"从夫居"的习惯，"一户一宅"也意味着就是"丁屋"。

当前，香港丁屋政策和内地宅基地政策面临的困境也极为相似，都是土地越来越不够。香港回归以后，丁屋政策继续实施，这就意味着随着人口的增加，越来越多的人要排队等候丁屋指标，很多人实际上没法改善其居住环境。而内地的宅基地政策，随着集体土地所有权的不断弱化和农地使用权的物权化，村集体已经逐渐失去了分配、调整宅基地的能力，从而造成土地资源的浪费和一些村民居住环境无法改善的现状。在这种情况下，一些房屋政策的乱象就在所难免，香港和内地都出现过私下交易丁屋和宅基地的情况。为了获取经济利益，铤而走险虚报"丁权"和宅基地使用权的行为也常有发生，一些土地管理部门的官员甚至以权谋私。

为了解决这一困境，香港特区政府尝试兴建高楼以解决积压多年的申请人的迫切需求，而内地随着城镇化进程的快速推进，通过宅基地置换房屋的"农民上楼"现象也逐渐普遍起来。可以想见，政府的出发点是好的，是建立在大多数人的利益之上的。不过，任何一项政策调整，必定会引发不同利益群体的冲突。开发商在这个政策调整中看到了房地产的春天，不法官员看到了权力的寻租空间，灰黑势力看到了资源流量的急剧加大，老百姓看到了土地权益的重要性。

《窃听风云3》虽然演绎的是个案，但它是有宏大叙事背景的，这个叙事的主线是权力、资本、权利三者之间的博弈。电影聪明的地方在于，它并没有遵循内地媒体的简单思维，将征地拆迁简单地描述成权力和资本联合起来压制农民权利的现象，而是呈现了每一个力量的多重面貌。

作为政府屋宇署负责开发新界土地之高官的马先生与利益集团之间是有瓜葛的，但并不能就此否定丁屋政策调整的合法性。电影和媒体不一样的地方在于，它在就事论事地讲故事，不会因为马先生的存在而否定政策，乃至批判体制。资本的天然属性是逐利，来自华尔街的资本代表万先生，与香港四大地产商的代表司徒光，以及本地资本的代表"太公"陆瀚涛，在对农民权利的认识上是不一样的。农民虽然是弱势群体，但从中也可以看到形形色色的人，娇婶属于"可怜之人必有可恨之处"一类，为了一己之私可以抗争表演，也恰恰是因为她的自私而导致她容易上当受骗；阮月华则因为有朴素的农民道义情感，不愿意与地产商合作；而有那么一帮人，则两头通吃，表面上代表村民利益进行开放式抗争，其实支持的是另一个利益集团。

或许，征迁政治在村庄政治的场域中更能体现丰满，电影着墨较多的地方也恰恰在村庄，这也是笔者认为《窃听风云3》是现实版《征迁风云》的理由所在。

二、村庄政治

电影中的村庄处于城市化的过程中，以村长陆瀚涛为首的村庄精英集团获得了巨额利益，他们也进一步撕裂了村庄的人情、礼俗。陆瀚涛之女陆永瑜与堂兄弟陆永远为了巨额商业利益进行了殊死搏斗，最终陆永瑜借老情人罗永就（也是陆永远的好兄弟）之手以一场假车祸将对手除掉。然而，斗争并没有完，随着新一轮开发的进行，新生代陆永瑜与陆瀚涛的主要助手陆金强、陆永富、陆建波、罗永就集团进行了斗争。由于理念差别，陆永瑜甚至将父亲陆瀚涛活活气死。当然，最终这些新生代也没有好下场，除了陆金强，其他人都死了。电影最后展现了阿祖与阮月华有情人终成眷属的结局，也以村庄土地得以保留作为征迁结局。

从微观的村庄政治角度上说，这个过程和结局都算合理。征迁带来的父子兄弟反目的案例，几乎可以在内地任何一个被征迁村庄中找到。拆迁伴随着血腥与暴力，这也是事实，哪里有拆迁，哪里就有黑社会、赌场、毒品。一些被拆迁户拿到拆迁款后就挥霍一空的案例也屡见不鲜。电影里陆金强集团实际上是一个游离于黑白之间的灰色利益集团，陆金强带领其他三兄弟扩张了陆国集团，意图垄断新界甚至整个香港的房地产业，并借助内地富豪的资金强势开拓陆家的地盘，甚至不惜采取暴力手段收地盖楼——毒品、暴力是陆金强集团控制村民的主要手段。

大体说来，征迁有几个利益主体：政府、开发商、村庄精英、灰黑势力、普通村民、弱势村民。他们之间的关系很值得琢磨。总体上看，政府怕农民，农民怕灰黑势力，灰黑势力又怕政府，而开发商必须借重他们三者之间的平衡——坐庄的总是资本力量。

无论是香港，还是现在的内地，政府都不太愿意进入拆迁工作的第一线，这和土地政策无关，而与征迁工作的特殊性有关。征迁工作的核心矛盾是，政府统一的补偿政策与被征迁户多样化的利益诉求之间存在难以逾越的鸿沟。政府一旦进入一线谈判中，耗费成本就极高。因此，在市场化运作的外衣下，政府很愿意延长行政链条，让开发商具体操盘。

政府退出一线行政并不意味着拆迁的固有矛盾得以化解，而是把矛盾转移了。理论上，解决这一矛盾的方法有二：一是通过暴力，让持异见者合作；二是村民自己合作起来，形成统一诉求与政府讨价还价。

通常情况下，在已经严重分化乃至分裂的村庄，村民们很难形成统一诉求。电影中的新界农村，是典型的南方宗族村庄，陆瀚涛除了开发商老板、村长的身份，更重要的是族内长者"太爷"的身份。某种意义上，这一身份为村庄的初期开发创造了便利条件，普通村民得益，他自己也借此得利。问题是，一旦他在事实上成为利益集团，与普通村民的利益发生重大分歧，其统一村民诉求的能力就会受到严重限制，在进一步开发的过程中，他不得不借重陆金强集团。

市场是一个最大的分裂社会的力量，南方传统的团结型村庄如此，更何况中部原子化村庄、北方分裂型村庄。因此，除了少数有强人、能人主政的村庄，绝大部分村庄都难以形成统一的集体诉求，征迁过程中各个利益主体之间相互拆台就在所难免。

政府本来可以采用合法暴力将符合大多数人利益的政策推行下去，但在农民权利意识不断增强，舆论监督不断加强的今天，没有哪一个地方政府愿意承担风险。事实上，弱势农民也懂得这一点政治常识：政府怕"钉子户"。很多情况下，"钉子户"的抗争是表演出来的，仅仅是利益诉求的表达而已。电影中呈现的农民抗争场景很有趣，却很符合现实：周迅扮演的阮月华是一个自强不息的中年妇女，有知识、有见识、有能力，因此是拆迁表演最合适的主演——她知道什么时候泼粪、什么时候叫骂、什么时候耍赖、什么时候撤退。一般情况下，开发商和政府拿他们是没办法的，以阮月华为中心的一群农村妇女成为职业的抗争表演者，影片中的娇婶在前去抗争的路上还与阮月华讨价还价，因为采用不同的抗争手段有不同的价钱。

政府和开发商都要脸，他们基本上拿弱势群体没办法。不过，灰黑势力不要脸，这一非法暴力集团是阮月华们最合适的抗衡力量。果然，灰黑势力乘机捣乱，在混乱之中把抗争组织者打压下去，阮月华们迅速瓦解。要不是半路杀出个程咬金阿祖,恐怕灰黑势力将完胜。

电影是以村庄得以保留为结局的,不过,细心的观众应该会注意到,这一保留可不是村庄自身力量起作用的结果,而是因为一个意外力量——阿祖花巨资把娇婶的土地买了。只不过,他并不是买地来盖楼的,而是和阮月华过宁静的乡村生活。本质上,这还是资本的力量在改变村庄。在城镇化过程中,村庄力量真是脆弱得可怜。

三、电影之外

本来没有必要在电影之外讨论《窃听风云3》,因为笔者一开始就说过这个电影本来就是现实,就是一部《征迁风云》。但讨论一些题外话对普及拆迁问题还是有益处的,笔者就多说几句。

首先是征迁正义问题。公共媒体在拆迁话题上对拆迁的各个主体存在想象:一是农民抗争有绝对正义,二是权力和资本力量天然是恶的。这个在政治、阶级等宏大叙事上是没问题的,可问题是,如果仅仅把拆迁当作一个政策,这种宏大叙事就会变得不得要领。事实上,谁是农民、谁是资本、谁是政府都是问题。比如灰黑势力,他们有时以农民形象出现,有时又是资本的帮手,也或许是政府的对手或帮手。如果不加区分就严厉批判,这种正义未免过于矫情了。回到电影场景,政府调整丁屋政策的初衷是为了改善普通大众的居住环境,但这个政策的确会给被征迁的村庄和农民造成利益损失,而开发商的确可以从中获利。反对资本和权力在话语上具有道德制高点,问题是剥夺了资本权力的合法性,就必然是在维护弱势群体利益吗?哪怕是一个村庄内部,也有极为复杂的利益主体,界定征迁正义,不能只是抽象的意识形态问题,更应是具体的政策实践问题。

其次是如何看待城市化问题。我国是一个发展中国家,绝大多数国民并未享受现代化带来的生活质量的提高。哪怕是在香港地区,由于严重的贫富分化,绝大多数市民也未能充分享受城市发展的成果,较差的居住条件就是其中的表现。因此,发展仍然是我国当前最主要的命题。但是,国内舆论充满了一种莫名其妙的后现代情结,想当然地认为城市化是对农民的一种剥夺,农民是反对征迁的。依笔者多年的调研经验看,反对城市化是一种伪知识分子的立场,外加一点小资的矫情。农民抗争不是反征迁,而是要获得更多的利益和更好的生活。真正反对拆迁的,恰恰是那些已经拥有城市体面生活,对征迁补偿不屑一顾的精英,他们需要保留自己的乡愁。想想这些伪精英,用心何其险恶,但他们竟然还大言不惭地谈要保护农民权益。电影里娇婶和阿祖的行为形成了典型对比,娇婶可是千方百计要把自己的土地卖个好价钱的,阿祖则可以花巨资买个田野生活。作为普通农民的娇婶和作为高级技术精英的阿祖,谁的心理更接近普通村民,实在是一目了然的事。

《窃听风云3》是把故事讲给伪精英看的,因此,在叙事话语上也未能免俗,处处充满了后现代的批判精神。不过,它的故事实在太接近征迁的一般情节,故事的本来逻辑出卖了其叙事话语,它终究还是个有现实主义精神的《征迁风云》。

(原文刊发于观察者网站2014年11月19日)

探秩序

简约治理的现代遭遇

——————

李克强总理在第十二届全国人民代表大会第三次会议的政府工作报告中提出,"大道至简、有权不可任性"。这一论述与我国传统的治国理政经验一脉相承,也是中国共产党执政经验的生动体现。在中华人民共和国成立以来的历次政府机构改革中,精简机构、转变职能都是首要目标。可见,简约治理是中国特色的国家治理方式,也是国家治理体系和治理能力现代化的内在要求。

一、简约治理是中国特色的国家治理方式

我国的地方治理一直具有简约主义传统,表现为准官员和半正式的行政方式被广泛采用。首先,地方行政实践依赖由社区自身提名的准官员来进行县级以下的治理。与正式部门的官僚不同,这些准官员任职不带薪酬,在工作中也极少产生正式文书。他们在很大程度上自行其是,地方政府只在发生控诉或纠纷的时候才会介入。其次,地方行政实践并不完全依据正式的法律制度,而是广泛运用人情、面子等地方性知识进行正式权力的非正式运作,强调治理绩效和实质正义。

简约治理是熟人社会的治理,治理者和被治理者同属一个熟人社会网络,共享一个地方性规范。这使得治理者能够充分掌握地方社会的信息,且能够熟练运用地方性规范制衡被治理者。反过来说,被治理者也可以通过地方性规范反制治理者。在理想状态下,对于

官僚体制而言，基层社会的简约治理是一种无为政治，少量的行政成本就能满足国家治理需求。

不过，简约治理需要解决两个问题：其一，准官员有可能成为国家与民众之间的"赢利型经纪人"，成为一个独立的利益集团，蚕食公共利益。其二，基层社会边缘人的崛起有可能瓦解地方性规范，让半正式的行政方式捉襟见肘。在传统的简约治理机制中，主要依靠士绅群体来解决这两个问题。士绅接受了儒家教化，既有国家意识，又根植于熟人社会，掌握地方性规范的解释权，在自上而下及自下而上的政治双轨中起到接点作用。然而，清末以降的国家政权建设摒弃了无为政治，国家具有从基层社会汲取资源的强烈动力，一些地方边缘人取代士绅成为国家政权代理人，导致了国家政权建设内卷化。

中华人民共和国成立后，党的群众路线创造性地回应了国家政权内卷化的挑战。群众路线继承了简约治理传统。通过阶级划分，以及在具体工作中团结少数积极分子作为领导的骨干，并让这批骨干去提高中间分子，争取落后分子，培养了"新乡绅"。在具体的行政方式上，群众路线也强调关心群众生活、注意工作方法，系统地创造了有别于正式行政的群众工作方法。另外，群众路线较好地解决了国家政权建设内卷化的问题。群众动员不仅建立了全新的国家观，让群众观点有效地规制新的政治精英，且建立了与选举制不尽一致的逆向政治参与机制，即让群众监督基层干部。

二、治理体系和治理能力的现代化需要简约治理

从历史上看，近代以来的国家政权建设开启了治理体系和治理能力的现代化进程。众所周知的是，官僚化是这一进程的核心特征：国家机构逐步扩张，前所未有地深入基层社会；准官员为国家公务员所替代，规章制度、程序和文书工作等行政理性化伴随其中。然

而，为人所忽视的是，这一进程存在着与官僚化平行的另一过程，即简约治理传统的延续和再造。可以这样认为，简约治理是理解中华人民共和国国家建设成功经验的一把钥匙，也是当前推进国家治理体系和治理能力现代化的必然要求。

首先，国家治理体系的现代化有赖于简约治理传统。当前我国的国家治理体系，是官僚制和简约治理方法之间互动的结果，不单单是前一种或后一种模式。近代以来开启的国家建设，改变了帝制时代的无为政治理念，强国富民成为国家的首要任务。但是，现有的国家能力与艰巨的国家建设任务之间存在巨大的差距，这在国家治理领域主要表现为，正式行政力量无法处理日益增加的行政事务。简约治理机制部分解决了这一问题，通过代理人体制的行政架构，分担了诸多地方治理任务。

事实上，简约治理方法甚至改造了官僚体系，解决了基层行政僵化的问题。国家治理体系除了要回应常规治理需求外，还需回应诸多临时性的、突发性的重大治理任务。因而，国家治理体系现代化的重要任务是在稳定性和灵活性之间实现动态平衡。简约治理传统为此提供了可能性。毛泽东同志在《关于领导方法的若干问题》中指出，在任何一个地区内，不能同时有许多中心工作，在一定时间内只能有一个中心工作，辅以别的第二位、第三位的工作。这种按照工作重心重新组合行政力量以提高工作效率的做法，便是中心工作机制。这一机制生动地体现了我国国家治理体系的动态平衡性，因为中心工作要求加强各部门之间的分工合作，明确各行政机构的职责，这属于官僚制建设的一部分。但中心工作也要求行政力量的临时重组，各行政人员除负有机构职责外，还负有"兼职"完成中心工作任务的职责，具有简约主义特征。

其次，国家治理能力的现代化也有赖于简约治理传统。传统中国的简约治理是儒法合一的治理，即国家治理能力并不仅仅依赖于完善的行政设施，还依赖于强大的意识形态教化。现代国家治理能力包括汲取能力、强制能力、协调能力和合法化能力，这些能力相互依存、不可分割。国家的财政汲取能力，垄断暴力以维护社会秩序的能力以及协调各社会集团的利益关系的能力，往往是可以通过行政措施的建设来达到的。但合法化能力却并不尽然，它需要通过意识形态教化来实现。而简约治理传统恰恰具有这个优势。

简约治理不仅是一个行政技术，也是一种思想工作方法。在熟人社会的治理中，准官员和半正式行政要达到治理绩效，必须遵循民众认可的地方性规范。中华人民共和国成立后广泛存在的简约治理传统，也具有鲜明的合法化能力建设的特征。比如，干部蹲点既是一种打破常规进行政策调研、试点、推广的工作方法，更是党和群众密切联系的群众观点的表现。村干部既是半正式行政人员，更是国家意志在乡村社会落地的重要连接点。

三、推进简约治理的核心是坚持走群众路线

当前，我国的基层治理环境发生了重要变化，对简约治理产生了重大挑战。熟人社会的社会性质发生了改变。在半熟人社会和陌生人社会中，信息不对称使得基层干部无法对群众进行有效的分类。在社会分层与利益分化的背景下，事实上出现了一些以谋取私利为目的的"钉子户"，它瓦解了地方性规范，并迫使基层治理越来越依赖于官僚制行政。

坚持走群众路线是推进简约治理的核心。首先，重塑基层治理的正当性呼唤群众路线。简约治理需要有合法性支撑，而群众观点为此提供了强大的意识形态来源。群众观点是中华人民共和国意识形态的核心部分，"人民，只有人民，才是创造世界历史的动力"这一论断，颠覆了中国政治传统中的精英史观，确定了国家合法性并不来源于传统，而是根植于群众的认可。因此，保持党和群众的血

肉联系就成为一项重要的政治原则。这一政治原则,弥补了官僚制行政普遍存在的官僚主义、形式主义等问题,重新塑造了基层治理的合法性。

其次,群众工作方法是简约治理与时俱进的主要途径。当前,诸多群众工作方法事实上已成为制度化了的简约治理机制,源于毛泽东时代的干部下乡蹲点,在驻村干部制度中被延续下来;源于20世纪60年代的群防群治,渐渐成为改革开放后社会治安综合治理的主要制度依托;中华人民共和国成立初期建立的信访制度,俨然成为当前社会管理的主要抓手。

难能可贵的是,群众工作方法本身含有试错机制。长期以来,在"没有调查就没有发言权"的指导下,以个案(解剖麻雀)为主的方法(它综合运用了访谈、座谈会、蹲点、树典型等多种技术)渐渐成为国家治理决策机制中的重要一环,它不仅保证了决策的科学性,还调动了群众的逆向政治参与。

坚持走群众路线不仅是完善简约治理的内在要求,更是实现国家治理体系和治理能力现代化的必经之路。当务之急是,找回群众路线在国家治理中的中心地位。应该重新审视群众观点在官僚制行政中的意识形态指导作用,让政治与行政的关系重新获得平衡;应该重新重视群众性组织在地方治理中不可替代的地位,让正式行政和半正式行政相互配合;应该重视群众工作机制在国家治理中的优越性,让专业化与综合治理之间实现有效衔接。

(原文刊发于《云南行政学院学报》2017年第6期,原标题《治理现代化进程中的简约治理》)

街头治理现代化的路径与挑战

据统计,2011年我国城市化率达到了51.27%,该年的城市人口首次超过了农村人口;2019年我国城市化率更是达到60.6%,这意味着我国已是名副其实的城市国家。亨廷顿有句名言:"现代性孕育着稳定,而现代化过程却滋生着动乱。"我国在短期内实现了从乡土中国向城市中国的转型,城市化的速度和规模世所罕见。进入21世纪以来,街头冲突虽时有发生,但街头并未成为滋生动荡的温床,我国城市的社会和政治秩序保持了高度稳定。我国城市化的经验在某种意义上颠覆了既有的理论认知。如何认识这一"中国经验"?恐怕需要回归到中国特色的街头治理实践中去讨论。2015年中央召开了城市工作会议,提出构建权责明晰、服务为先、管理优化、执法规范、安全有序的城市管理体制。这也为本文讨论街头治理现代化议题提供了一个良好契机。

一、街头功能及其治理目标

街头是城市治理的核心地带。在现代城市,街头不仅具有交通功能,更是商业、交往、休闲的主要场所,乃至于在政治生活中,街头也因其是政治和社会变革的策源地而具有独特地位。因此,街头的有效治理是维护城市秩序、实现城市治理现代化的基础。

街头功能的多样性,导致其治理目标具有多元性。街头的基础功能是通道功能,维护街道的畅通有序是街头治理的核心目标。现代城市出行早已实现多元化,这对科学规划街头空间提出了更高要求,也对通道的治理能力提出更高要求。这是因为,通道类型的划分及其空间配置,直接关涉市民的城市权利,尤其是处于快速城市化进程中的中国,通道功能不完善所致的特殊人群城市权利受侵问题,还未得到有效治理。比如,人车分流设施不完备,影响了低收入人群和老年人的通行权利;盲道及残疾人通道设置的欠缺,影响了残疾人士的权益;消防通道不畅通,影响了业主权益及公共安全。随着汽车时代的到来,街头的场所功能越来越受到重视。让街头设施更加人性化,使之更适合于人们休闲、娱乐及社会交往的需要,是提高城市活力的必由之路。如果维持通道、安全等秩序是街头治理的底线目标,那么,提高城市活力则是街头治理现代化的合理目标。

街头功能多样性以及由此延伸而来的治理目标多元性,决定了有必要对街头治理体系和治理能力进行全方位现代化改造。因此,首先要更新街头治理理念。长期以来,中国的街头治理深受传统城市管理观念的影响,治理目标以实现通道功能、保证城市居民权益为主,对流浪人员、农民工等没有城市户籍的人员实行排斥政策。如今,街头已是都市社会形态的重要载体。在都市社会形态中,复杂的社会分工、社会分层和职业结构,使得个体之间依赖性凸显;高度的社会流动和人际关系的匿名化,使得社会充满异质性;传统社会控制削弱,街头治理越来越依赖于正式制度。简言之,街头不再是单纯由街坊邻居构成的熟人社会,而是一个流动的社会,一个由陌生人构成的社会。如此,秉持包容性的街头治理理念,平衡各个群体的城市权利,兼顾街头秩序和活力,是街头治理现代化的迫切任务。其次,要提高街头治理体系的现代化水平。长期以来,街头功能的多元性塑造了多头执法的管理体制。随着城管体制的建立,街头治理在一定程度上告别了"七八个大盖帽管不住一顶破草帽"的格局。但市政部门之间、条块之间的不协调，以及末端治理与源头治理之间的不匹配，将城管陷于"兜底部门"的境地。此外，城管部门与其他市政部门治理目标相悖的情况仍普遍存在，这是街头冲突产生的重要原因。因此，迫切需要构建权责清晰、管理优化的街头治理体系。最后，要提升街头治理能力。当前，街头治理风险急剧增加，这主要表现为：一是街头社会的陌生化和异质性，降低了治理者和被治理者之间的信任度，增加了面对面执法的风险。二是经济全球化时代的到来，使得街头治理过程容易受到世界范围内的街头运动的影响，增加了街头冲突的可能性。三是互联网等新技术催生了新的街头治理事务，也改变了街头治理环境。街头行政部门很可能因为不熟悉新事务，不适应新的治理环境，进而对街头秩序失去控制。故此，当前的街头治理实践，对市政部门和"街头官僚"处置新事务及突发事件的能力提出了更高要求。

二、街头事务及其治理形态

自从城市产生，城市管理就伴随其中。但是，市政部门管辖的公共事务并非一成不变。在传统社会，除了治安、税收等核心行政事务，许多非常重要的城市管理事务并未纳入市政部门管辖范围。大多数街头事务是随着现代国家建设而产生的。

一般而言，街头事务被纳入公共部门职能的时间越长，其专业化程度就越高，处置难度就越低。反之，则专业性越差，处置难度越大。一些街头事务，如治安、交通、工商等，被纳入市政职能的时间较长，有较高的专业化特征。但大量的街头事务往往细小琐碎，且难以处置——它们通常是一些被专业部门"剩余"下来的事务，比如占道经营、油烟、噪声、灯光污染、建筑、餐厨垃圾、路面扬灰，等等。客观上，城市化进程必定产生新的街头事务，而市政部门及其职能的设置往往具有封闭性和稳定性，这是"剩余事务"产生的制度基础。而街头空间的开放性、流动性特征，则为"剩余事务"涌入街头治理体系大开方便之门。

从城市治理体系和治理能力现代化的要求来看，"街头治理"实际上代表着一种独特的治理形态。一方面，它作为城市治理体系的末端，需要完成科层制目标。而科层制行政的要求是专业化、程序化和规范化，其治理过程是高度封闭和可控的。另一方面，它作为"剩余事务"的处置载体，需要积极回应市民要求，其处置原则更倾向于即时性、实质性和回应性。换言之，街头治理对合法性和效率都有较高要求。

街头治理的独特形态主要表现在三个方面：一是开放性。街头是一个高度开放的空间，不同人群和不同价值观共存于其中。在行政力量未能有效介入之前，它甚至是"无主"空间。"剩余事务"一旦被纳入市政职能，则意味着行政力量将争夺这个"无主"空间。故而，街头治理形态充满着讨价还价，很难形成稳定的规则之治。二是灵活性。通道功能决定了街头是一个流动的空间。这意味着，街头治理的对象、内容等都具有不确定性，很难在短期内形成相对稳定的支配结构。权力与场所之间的联系极其紧密，某些类型的场所构成"权力集装器"，而"权力集装器"是为了生产行政力量而界定的舞台。街头作为特殊的"权力集装器"，也反过来影响市政职能的变更及行政力量的调配。一般意义上的城市治理倾向于将治理的主体、内容、目标群体及流程固定化，但街头治理实践却往往具有灵活性。三是回应性。街头是一个面对面的工作界面，这要求街头治理实践需要即时回应群众诉求。一方面，回应性是街头行政效率的保障。街头事务的发生往往具有偶然性，即时处置和现场处置是街头治理的常态。否则，偶然发生的、细小琐碎的"剩余事务"就很可能演变为城市痼疾。另一方面，回应性是街头治理合法性的重要来源。街头事务往往是应群众诉求而产生的，面对面处理也是街头治理的常规。人民群众对城市的印象，可能并不在于政府办大事的能力，而是源自政府处理小事的能力。

在可以预见的一段时期内，中国的城市化仍将高速推进，街头"剩余事务"仍会源源不断地生产。这就意味着，开放性、灵活性及适应性等形态仍将主导街头治理形态。因此，街头治理现代化的路径并不能简化为行政理性化，而应该为更多的街头治理智慧保留被选择的空间。

三、街头治理现代化的路径选择

大致而言，街头治理的现代化主要有三个路径选择：一是基于群众路线实践而建立的简约治理之路。二是遵循科层制精神的行政理性化之路。三是借由互联网等现代技术而再造的公共治理之道。总体而言，如何发挥既有制度的优越性，同时借鉴人类已有的治理经验，充分运用新技术创新治理体制机制，是街头治理现代化的必由之路。

我国地方治理一直有依靠准官员和半正式行政方式的简约治理传统。中华人民共和国成立后，单位制和街居制逐渐塑造了街头治理的主要制度框架。在实践中，两种制度均以群众动员为基础，以街头的简约治理为主要特征。至今，尽管单位制已经解体，街居制也逐渐为社区建设所改造，但群众路线的治理内涵却被延续下来。比如，街头治理仍然强调群众参与，市政部门开展街头行政、执法工作也常常辅以大量群众工作。以"创文""创卫"为目标的运动式治理虽备受诟病，但它在弥补常规治理不足方面起到了毋庸置疑的积极作用。

20世纪90年代以后，我国城市逐渐形成了由公安、城管两个部门主导，街道社区及其他市政部门辅助的多层次、立体化的街头治理格局。这一格局主要由三套机制组成：一是在宏观层面，就特别重大的事务建立部门协调系统。这一系统主要由议事协调机构和联合执法机制组成，解决了多头执法的困境。二是在中观层面，建立基于科层制原则的街头行政子系统。这一子系统重构了等级制：一方面，将科层组织中各个等级和部门的职位，重新划分为居于办公室的"内勤"和居于街头的"外勤"这两个岗位，提高了街头行政的机动性。另一方面，将正式的行政、执法人员与半正式的辅助人员之间的上下级关系转化为非正式的合作关系，从而增加街头行政的自由裁量空间。三是在微观层面，一线行政人员致力于在街头建构相对稳定的执法协作网络，扮演了城市治理体系与街头社会之间的中介角色，继而缓解了街头冲突。

当前的街头治理实践，早已注入现代治理技术。在一定程度上，现代治理技术支撑了多层次、立体化的街头治理格局。比如，街头行政子系统之所以能够有效运转起来，得益于智慧城市管理技术的成熟。110警务平台、市长热线、网格化管理系统、道路交通动态监测平台等，再造了公安、城管、交通等部门的街头治理流程。信息化技术既方便了治理者掌握街头信息，亦使街头治理过程被记录在案。由于信息和通信技术起着决定性的作用，它直接地管理和控制着治理过程，因而使得街头行政的理性化程度得以大幅度提升。

可见，不同时期的街头治理经验，在实践中具有高度融合性。看似传统的简约治理并未过时，它与现代城市治理强调的多元参与、去中心化等理念有异曲同工之处；看似现代的智慧管理，只有与既有的街头治理格局相匹配才能发挥作用。从过去的经验看，中国街头治理体制机制是在适应行政理性化进程中不断完善的，也是通过充分吸收简约治理等国家治理传统，融合现代技术手段来实现的。在这个意义上，街头治理现代化必定是多种制度逻辑的耦合。

我国街头正处于城市化、经济全球化、智能化等多重元素叠加的进程中，面临着诸多治理风险，街头治理危机并未完全解除。值得珍视的是，过去一些年的街头治理实践兼收并蓄了多种治理经验，为街头治理的现代化提供了诸多制度选择。为此，我们应该在准确认识街头治理特性、对街头事务有清晰把握，以及客观评估当前街头治理风险的基础上，构建既能维护街头秩序，又能保持城市活力，且符合城市治理体系和治理能力现代化目标的街头治理体制机制。

（原文刊发于《政治学研究》2018年第5期，原标题为《街头治理现代化：路径与挑战》）

破解农村治理法治化困境

基层治理法治化，就是要在党的领导下，按照法律来管理基层事务，即基层的政治、经济、文化等一切活动均应依照法律来管理，公民的所有行为均应依照法律来进行，从而使基层的一切需要和可以由法律来调控的活动和工作都纳入规范化、法治化的轨道。农村治理是基层治理中相对独立的治理领域，农村基础秩序处于巨变之中，农村治理的目标更为繁杂，使得农村治理法治化的实现更为艰巨。

一、农村治理法治化的现状

农村治理法治化是农村巨变时代的一个重要方面，是农村社会转型的必然结果。我国农村基础秩序正处于巨变之中，传统的治理方式越来越难以发挥作用。

农业税取消后，农村治理格局发生了改变。基层政权不再从农民手中汲取资源，国家也通过财政制度设计直接把资源转移支付给农民，干群关系变好的同时，带来了"脱离群众"的危险，使基层政权"悬浮"于农村；村民自治进入到了竞争性选举阶段，既解决了村干部成为基层政权"代理人"的问题，也造成了对村干部疏于监管、小官贪腐现象严重等问题。

农村社会结构发生根本性转变，村庄内生性力量趋于瓦解。随着工业化、城镇化的推进，村庄变得越来越开放、多元，农民也开始发生分化。与之相应的是,传统的宗族、村社组织趋于瓦解,礼治秩序、长老统治等也无法维系。

农民关于人生意义的定义开始发生改变,传宗接代等终极价值渐渐被个人主义、消费主义等取代,村庄不再是农民安身立命之所。农村出现了人情异化、赌博泛滥、老年人自杀等现象。

与农村巨变相应的是,农村治理的法治化进程也呈现出转型社会的鲜明特征。第一,情、理、法多元规则并存。改革开放以后,我国在农村开启了大规模的普法进程,但农村依法治理观念并未完全深入人心,其原因是农民法律意识与乡村人情、伦理等存在一定冲突。当前,几乎所有农村治理中的热点、难点问题都与情、理、法的多元规则冲突有关,如外嫁女的土地权益问题、村民自治中的贿选问题、低保实施中的"人情保、关系保"等问题。第二,农民道义观念与法治精神并存。农村基础结构和农民价值观的变化集中表现为农村社会原子化。失去了传统村落共同体、集体主义的支撑,农民道义观念表现得更具趋利性,侵蚀了法治精神。比如,在征地拆迁、农民上访等社会治理领域,一些农民基于利益诉求,不惜违背法治精神,造成"信访不信法"的怪圈。第三,地方性规范与法律制度并存。传统乡村社会有较为完善的地方性规范体系,依托于宗族、村社组织,农村实现了自治。转型时期的农村社会治理,仍然保留了部分地方性规范,但其已经难以发挥维护乡村社会秩序的基础性作用;而法律下乡遭遇了诸多障碍,法治还未发挥支撑作用。当前农村治理法治化需要解决的重要命题是,如何建立一套以法律为支撑、以地方性规范为重要内容的治理秩序。

二、农村治理法治化面临的问题

农村治理法治化面临的是一个迅疾转型的农村社会,既要服务于维护农村社会秩序，又要服务于农村治理的规范化，以为农村社会的长治久安奠定基础。基于这两个目标，当前农村治理法治化存在诸多问题。

1. 法治为形、人治为实。经过长期努力，我国已经建立了较为完善的社会主义法治体系，农村治理基本上做到了有法可依。与农村治理密切相关的法律，如《村民委员会组织法》，绝大部分地区都根据当地实际情况制定了实施办法，但在农村治理实践中，"法治为形、人治为实"的现象较为普遍，具体表现在以下几个方面。

一是村民自治实施效果不尽如人意。村民自治的核心是实现村级民主治理，包括民主选举、民主决策、民主管理和民主监督等内容。1998年《村民委员会组织法》正式颁布实施后，全国各地农村进入了竞争性选举阶段，但因为存在地方宗族、派系、灰黑势力等固有力量，村民选举不规范，再加上大部分中西部农村资源不多，农民参与选举的积极性不高，一些村庄的村民选举流于形式。由于税费改革后，基层政权"悬浮"于农村社会，村干部普遍缺乏监督，民主决策、民主管理和民主监督难以得到落实，村民自治沦为村干部自治。

二是涉农法律政策实施容易"变通"。我国农村法律人才紧缺，基层治理能力不足，而农村治理需求又复杂多变，刚性的法律政策很难执行，法律实施事实上演变为地方政策执行，行政意志一定程度上决定了法律的实践状态。比如，农民为发展经济，毁坏农田、私自打井等现象比较普遍，一些地方政府熟视无睹，甚至持支持态度。

三是私人性治理方式兴起。农业税免除后，国家与农民关系发生了根本转变，表现在农村治理中就是基层政权缺乏调动村干部辅助行政工作的制度安排，村干部也缺乏开展群众工作的手段。因此，乡村干部不得不采用私人关系开展工作，在农村治理中讲人情、讲关系，很多情况下不得不拿法律原则做交易。

2. 不讲原则，只讲策略。依法治理的核心是规则之治，在农村治理中要坚守法律底线，在法律许可的范围内，对具体的社会治理事务进行自由裁量。因此，坚持原则是基础，讲究策略是手段。然而，一些地方的农村治理出于短期目标，喊出了"搞定就是稳定，摆平就是水平，无事就是本事，妥协就是和谐"的口号，背离了法治原则。具体表现在以下几个方面。

一是在中心工作中唯目标是求，不惜违背法律原则。当前，农村治理中的两大中心工作是维稳和招商引资，两者都涉及调节利益分配、化解社会矛盾的问题。为了实现经济赶超，一些地方政府在土地政策、征地拆迁等过程中违法违规操作，对一些污染企业消极执法；为了免于因维稳不力而被问责，他们对一些重大事故进行瞒报、漏报，对无理上访者或给予利益补偿，或采取非法手段拦访、截访。

二是通过灰色利益链执行一些具体政策。我国涉农资金连年增长，国家财政向农村的转移支付不断增加，而在涉农项目落地过程中逐渐产生了灰色利益链，乃至于形成了稳固的分利秩序。比如，在项目实施过程中，一些地方政府和村级组织采用市场化的方式，与相关方形成利益共同体。这种违法违规行为较为隐蔽，也难以督查，却是小官贪腐的温床。

三是趋利执法和消极执法这两个基层执法痼疾并未消除。基层执法力量不足，导致执法行为本身涉嫌违法。比如，在公安执法、环境执法领域，执法部门存在趋利执法行为，甚至通过"创收"来维持部门运转。再比如，在农业执法领域，农业部门基本上处于消极执法状态，导致一些农业资源遭到破坏，农村环境污染问题长期得不到重视。

三、推进农村治理法治化的对策

农村治理法治化是一项系统、长期的工程,也是依法治国的基础性工作,需要在农村法律人才、乡村法规体系、乡村治理机制等方面着手解决相关问题。

1.大力推进农村法律人才队伍体系建设。当前,我国农村法律人才主要集中在乡镇派出所、司法所等机构,他们需要承担大量的行政工作,并不能提供良好的法律服务。而城市法律人才又因人员、资金、技术等,基本上不可能给农村提供法律服务。因此,农村法律人才极为紧缺。充实乡村法律人才队伍可以从几个方面着手。

一是大力推进法律专业人才库建设。可以考虑以司法所、派出所、综治办等机构为阵地,按照一定的人口比例配备一定数量的法律专业人士。

二是稳步推进乡村干部法律培训。对乡镇政府工作人员、村干部进行有针对性的法律培训,比如,对计生专干进行计划生育、妇女儿童、婚姻家庭等方面的法律培训;对农业服务中心工作人员进行土地、水利、农技等方面的法律培训;对村干部进行村组法等方面的培训。使乡村干部在工作中既能遵守法律,也能运用法律,为农村依法治理奠定基础。

三是尝试实行"赤脚律师"计划。可以利用农村治保会、村民调解委员会等组织,对其骨干人员进行法律培训,构建既懂法律,又懂地方性规范,还有丰富实践经验的"赤脚律师"。

2.大力推进乡村法规体系整理。我国农村治理基本上实现了有法可依的目标,制定了各个领域的涉农法律,地方政府制定了多方面、多层次、多体系的地方性法规,一些乡村组织也根据当地的风俗习惯,形成了成文或不成文的乡规民约。要有效推进农村依法治理进程,亟须开展乡村法规体系整理工作。

一是厘清乡村法规体系之间的关系。需要厘清乡规民约、地方性法规与国家法律之间的关系，相关条文可以体系化，有冲突的条文需要修正。比如，《村民委员会组织法》、各省《村民委员会组织法》实施办法、各村乡规民约之间有密切联系的关于村庄治理的法规体系，地方政府应该将相关条文清理出来，从而将民主选举、民主决策、民主管理和民主监督等方面的规定分门别类地进行体系化归档。有条件的地方还可以进行条文解释，对模糊性的条文进行明确，对有冲突的条文进行修改。

二是完善"热法"，激活"冷法"。需要对乡村法规体系进行归类认识，尤其要注意"热法"和"冷法"的区别。一些法律法规在农村治理中经常被运用，如村民自治法、土地管理法，这属于"热法"，地方政府需要掌握这些法律实践的真实逻辑，根据农村形势变化做适当调节。一些法律法规在农村治理中出于各种原因而很少被使用，地方政府应该分析其中原因，是农村治理没有这方面的法律需求，还是执法力量不足，抑或相关法律法规不适应形势，在此基础上对相关法律法规进行修正。

三是对乡村法规体系进行动态管理。应该建立一套机制，对乡村法规体系实行动态管理。一方面，根据农村治理形势变化，首先在乡规民约和地方性规范层面进行调整，时机合适建议修改法律；另一方面，对已经修改了的法律，相关地方性规范和乡规民约也应做出适当调整。

3. 完善乡村治理机制。基层治理体系和治理能力现代化与农村治理法治化互为因果，着力完善乡村治理体制是农村依法治理的基础。

4. 理顺乡村关系。妥善处理乡镇政府与村委会之间的关系，是完善乡村治理机制的前提。乡镇政府与村委会之间是指导与被指导的关系，这在实践中很难处理，必须有相关配套措施。首先要对政务和村务进行划分，村庄治理中的政务由乡镇政府处理，村委会只负责处理村庄内的公共事务，村委会有责任配合乡镇政府工作；其次要对两委关系进行准确定位，村党支部由乡镇党委直接领导，配合村委会工作，对村委会进行监督。理顺乡村关系的目的是，强化乡村治理的透明度，减少乡村治理的灰色空间。

5. 重塑基层政府能力。基层政府必须在人员调配、财政资金、事权安排等方面有足够权力，只有这样才可能积极介入乡村公共事务，才可能杜绝私人性治理方式，避免消极执法和趋利执法。

6. 加强村庄治理体系建设。建立对村庄公共事务，包括集体经济、公共工程、社会福利等事务的议事规则，加强建设老年人协会、妇女协会等社会组织，让村庄治理更具公共性，避免村民自治蜕化为村干部自治。

（原文刊发于《中国党政干部论坛》2015年第7期）

改革中的央地关系

我国是一个幅员辽阔、人口众多、历史悠久的单一制国家，始终存在着一个令人费解的难题：统一的政策如何才能被不同地方有效执行？毛泽东同志在《论十大关系》中指出："我们的国家这样大，人口这样多，情况这样复杂，有中央和地方两个积极性，比只有一个积极性好得多。"某种程度上，改革开放的重要经验便是重新调整央地关系，推动地方在经济发展、社会管理等方面的积极性。具有中国特色的中央与地方关系普遍被学者们视为中国经济腾飞的重要原因。而改革开放之所以能够顺利推进，关键的原因便在于中央和地方扮演着不同的角色，地方的先行先试为改革开放积累经验，中央的统筹协调为改革开放矫正方向，这保证了改革、发展、稳定大局的实现。贯穿改革开放40多年的一条重要政治逻辑是充分发挥中央和地方两个积极性，这既是改革开放的内在要求，也是改革开放的重要内容。

一、央地关系的历史嬗变

央地关系是国家体制中的纵向权力关系，涉及财权、人权、事权等方面的权力配置。就国家体制而言，我国是单一制国家，实行中央集权，这是实现国家统一性的前提。因此，维护中央权威，加强中央政府的各项能力是我国特色央地关系的根本特征。但在实践中，中央集权在不同领域、不同历史时期，其程度并不相同。换言之,中央集权和地方分权之间的关系,始终处于变动中。大体而言,改革开放以来的央地关系大致分为三个历史时期。

1. 中央放权和地方分权阶段。我国的改革开放事业是从农村改革开始的。本质上,源自安徽小岗村大包干的农村改革,自始至终都是一场对基层、对农民的放权让利改革。改革开放初期,承包制从农村拓展到城市,国企改革纷纷采用承包制,实际上也遵循了放权让利的逻辑。在农村家庭联产承包责任制推行以后,对中央、地方和农民三者关系的经典表述是"交足国家的,留够集体的,剩下都是自己的",其落脚点是充分调动地方和农民的积极性。深入其中可见,微观上的放权让利改革,建立在以地方分权为特征的宏观体制变革基础之上。

1978—1992年,中央对地方的放权体现在三个方面:一是财权下放,在中央和地方之间实行"分灶吃饭"式的财政包干制。中央通过多种形式的财政包干制,改革了统收统支这一高度集权的财政体制,赋予地方更多的自主性。二是事权下放,突出表现在将大量经济管理权下放给地方。典型表现是从20世纪80年代开始,中央在沿海设立了5个经济特区,并通过计划单列的形式赋予一些重要城市相当于省一级的经济管理权。三是人权下放。到1984年,中央组织部正式确立了"下管一级"的干部管理制度,改革了中华人民共和国长期以来形成的"下管二级""下管三级"的干部管理制度,极大地增强了地方党委政府的人事权。

从更为根本的国家权力配置上看,这一时期的中央放权和地方分权实践,亦有鲜明特色。首先,在党政关系改革上,实行党政分开,这为强化地方自主性创造了条件。其次,在立法权改革方面,全国人大不再是唯一的立法机关。1979—1986年,省、自治区和直辖市,以及省级政府驻地市以及国务院批准的较大市的国家权力机关,分别获得了立法权。

2. 中央和地方"均权"阶段。20 世纪 80 年代推行的以地方分权导向的央地关系改革,虽激发了地方的积极性,却也带来了一系列显著问题,主要表现在中央统筹能力大为下降。从国家能力上看,受财政包干制的影响,中央的资源汲取能力受到严重影响,进而影响了其宏观调控、地区均衡等能力。因此,从 1992 年邓小平南方谈话到 2012 年中共十八大召开之间,中央和地方关系呈现出明显的"均权"特征:在某些领域加强集权,在某些领域又进一步放权,集权与分权并行,复杂互动。

央地关系的复杂互动,同样表现在三个方面:一是在财权领域,逐步形成了复杂"均权"体系,有学者将之概括为中国特色的财政联邦制。一方面,中央政府在 1994 年进行了分税制改革,极大强化了中央汲取能力;另一方面,地方并未因此而失去积极性,通过土地财政等方式,地方财政同样拥有较强的自主性。

二是在事权方面,中央政府逐步加大了社会保障、区域平衡发展等方面的统筹力度,同时在配套政策的影响下,地方同样承担了诸多政府责任。尤其值得注意的是,通过 1997—1998 年以及 2000—2006 年两次较为集中的部门垂直管理改革,中央在金融、国土、环保等领域明显加强了集权,但在以"城管"为典型代表的社会治理领域,地方政府的事权在不断增强。从趋势上看,中央和地方的政府职能都在扩张,但在事权上的划分上,并不是简单地依靠事项的区分,而是通过一些更为细致和技术化的政策,合理分担责任。

三是在人事权方面,中央集权和地方分权并行的趋势极为明显。一方面,"下管一级"的人事管理制度一直延续下来,形成了干部"层级分流"现象,大部分地方干部因流动困难而造成类似于历史上的"官吏分途"现象。中央通过加强干部交流,强化组织、纪检等工作,直接干预了地方人事权。尤其关键的是,政府机构改革及中国特色的编制管理制度，有效规范了地方人事权。另一方面，地方通过雇用编外人员，运用政府购买服务等改革措施，不断扩展其在人事管理上的空间。

概言之，从20世纪90年代到十八大之前的央地关系，经过了复杂且灵活的动态调整，其明显趋势是，国家在资源汲取、制度调控等方面的能力得到了加强，从而使得其在宏观调控及地区均衡之间的统筹能力也得到了提升，但是地方的自主性并未受到影响。地方政府在经济发展、社会管理及人事安排等方面，都拓展了诸多空间。

3. 中央和地方理顺关系的阶段。十八大以来，央地关系发生了较大改变。尤其是十八届三中全会提出推进国家治理体系和治理能力现代化以来，以理顺关系作为主要特征的新型央地关系正在形成。具体表现在如下方面：第一，从基层创新到顶层设计。改革开放以来所进行的改革，其方法论基本上都是"摸着石头过河"，强调基层创新和地方积极性在改革过程中的关键作用。在全面深化改革的背景下，地方自主性仍得到了充分发挥，基层创新亦是新时期央地关系的显著特点。但是，十八大以来，中央通过建立全面深化改革领导小组，强调改革和各项制度建设的顶层设计，以实现"全国一盘棋"的局面。顶层设计作为一项改革方法论，具备了与基层创新同样的地位。第二，从党政分开到党政分工。十八大以来，中央明确提出要加强党对各项工作的领导，只有党政分工，没有党政分开。客观上，党中央通过"小组治理"的方式，强化了党对改革、网信、财经、政法、外事等工作的领导，极大地强化了中央权威。而新一轮的党和国家机构改革方案也表明党政分工而非党政分开是基本原则。第三，央地关系从调整到稳定。自十八届三中全会以来，中央和地方均在各个领域进行了全面改革，诸多改革都涉及中央和地方之间的权力配置。就改革的基本原则看，新确立的权力配置均具有极强的制度化和规范化特征，其主要目标均是建立较为稳定的央地关系。比如，在财政事权划分上，相关改革方案为中央和地方对财政事权的支出责任划分规定了清晰框架，以便长期稳定央地关系。

二、两个积极性的基本经验

当前，央地关系正处于全面深化改革的过程之中，从各个方面进行了关系理顺，但是，这也意味着，新型的央地关系并未建立起来。纵观改革开放40多年来的央地关系，其总体特征是，既保持了中央集权，又充分激发了地方活力，基本上实现了"中央和地方的两个积极性"。那么，实现两个积极性的基本经验是什么？这个基本经验，与大国治理实践密切相关。

第一，政策统一性与灵活性相结合。我国长期以来保持了大一统，这是中央集权和灵活多样的地方治理制度相结合的结果。简单来说，以郡县制为代表的中央集权制度，保持了政策统一性，而各种类型的地方治理制度，则为政策的灵活执行提供了空间。尤其是在乡村治理实践中，皇权和绅权相互合作的双轨政治，是基层有效治理的基础。即便是在国家建设已然成功，国家能力大大增强，政策一统性空前强大的今天，各级地方政府仍然保留了诸多政策空间。一方面，中央在制定统一政策时，本来就考虑到了地区差异，为政策的差异化执行提供了制度空间；另一方面，地方在政策执行过程中，事实上拥有自由裁量权，增强了政策的灵活性。改革开放40多年来的央地关系，很大程度上体现为"一国多制"的实践逻辑。比如，无论是对财权的下放还是上收，都体现了中央的政策意图，可谓是"收放自如"，而每一次政策变革，地方都在遵循政策统一性的同时，积极拓展自己的财权，形成了地方财政的软预算约束现象。

从政策确立的过程来看，央地关系可简化为政策制定者和执行者之间的互动关系。而通常情况下，政策制定与政策执行是交互行动、相互议价的过程。实际的政策执行并不是一个完全受决策者控制的"完美行政",也不可能由执行者自由操纵,而是两者互动的结果。这也就可以理解,改革开放40多年来,央地关系为何一直处于变动过程中,即前一阶段的改革往往为下一阶段的纠偏埋下伏笔。20世纪80年代财权、事权和人事权的下放,虽解决了计划经济时期中央过度集权的弊病,却也带来了中央宏观调控和统筹能力减弱的弊病,由此开启了90年代以来提升国家能力的改革历程。在某种程度上,十八届三中全会以来央地关系的调整,仍然是过去30多年改革的延续和深化。

第二,党政体制的科学性与互补性。改革开放以来,尽管在相当一段时间内强调党政分开,但党政分工合作的双头政治体系并未发生根本改变,这对均衡央地关系起到了非常关键的作用。可以这样认为,党政体制是央地关系的隐形调节之手。在强调中央放权、地方分权的改革时期,通过党政分工来增强地方自主性;在地方分权影响到中央统筹能力时,则通过党政合作来加强中央集权。与那些技术性较强,也较为刚性的财权、事权和人事权的制度相比起来,党政体制更具灵活性,并且党政体制可以通过干部使用权以及民主集中制等机制,来完善央地关系。

从国家治理体系的内部结构看,正是党政体制形塑了科层行政与运动式治理的二元制度。在常规事务的治理过程中,"上下对口、职责同构"的行政体系,遵循既有的中央和地方之间的权责配置,但在一些特殊的或重要的事务治理过程中,上级党委政府的运动式治理机制则隐含着集权逻辑。改革开放40多年来,诸多重大的治理事务几乎都是通过强化中央集权,运用运动式治理机制,在中央统一部署下层层分解任务、传导压力来执行的。在这个意义上,不同治理方式的选择,表面上看是上下级政府间根据制度和任务环境的变化及政策类型的不同而做出的选择,但本质上却是因为中国特色的党政体制为调整政府间的上下级关系提供了可能。

以当前全国各地正在开展的脱贫攻坚战为例，党政体制在调整央地关系中的作用甚是明显。始于20世纪80年代的扶贫工作，一开始就体现了中央统筹的作用。扶贫工作是中国共产党为人民服务宗旨的体现，体现了党中央的意志。具体而言，扶贫本质上是中央和各级政府统筹发达地区与贫困地区之间、富裕人口与贫困人口之间的利益关系。为了实现中央统筹的意志，党和国家通过对口帮扶、党员干部和群众之间"结对子"、派驻工作组等党的工作机制，补充了自上而下的政府扶贫工作体系，有力推动了脱贫攻坚工作。故而，改革开放40多年来，我国的脱贫工作取得了举世瞩目的成就，是社会主义制度优越性的表现，尤其是党政体制发挥作用的结果。

很显然，党政体制不仅在"集中力量办大事"的意义上解决了中央集权问题，在国家治理体系的科学性上，也起到了举足轻重的作用。它增强了科层制的弹性，弥补了科层体系内部上下级政府间刚性关系的缺陷，为中央和地方之间的密切互动提供了可能。

当前，我国正处于推进国家治理体系和治理能力现代化建设的关键时期，处理好央地关系是其中的重要一环。党的十八大以来，党和国家力图理顺央地关系，其着眼点仍在于处理好政策统一性与灵活性、党政体制的科学性与互补性之间的关系。从动态视角看，改革开放40多年来的央地关系虽不是尽善尽美，在一些历史时期还矛盾重重，但难能可贵的是，无论是中央还是地方，央地关系一直有调整的空间和动力。在这个意义上，我国央地关系最突出的优势并不在于中央和地方之间是否有一个合理的分权结构，而在于两者之间的关系具有灵活性。这个灵活性，保证了中央和地方的两个积极性，为应对不同的改革、发展、稳定大局提供了战略空间。

规矩立好,"吹哨报到"才有效
——答《长江日报》记者柯立女士

2019年2月,本报记者专访了吕德文。他认为,"街乡吹哨、部门报到"之所以能够解决基层治理中"看得见、管不着"的问题,主要是因为它找到了一条基层治理法治化的实现路径。

一、调研所在地是"吹哨报到"发源地

记者:你怎么关注到这个经验,是当地邀请你,还是田野调查时了解到这个经验的?

吕德文:这是个意外。2018年7月我们去平谷调研,当时并不是去调研"吹哨报到",而是主要做基层治理研究的。平谷区一些村庄存在基层治理问题,极少数"问题村"的两委班子工作是瘫痪的。当地邀请我们去,是想到问题比较大的几个村去摸底。我们前期的调研一直是在驻村调查,后来才知道,我们调研的金海湖镇恰好是"吹哨报到"经验的发源地。可以说,这个经验对我们的研究而言,完全是个意外。有意思的是,我们本来是冲着问题去的,结果发现了经验。

2018年7月19日,平谷区举办了一个党建引领"街乡吹哨部门报到"的专题研讨会,我受邀参加了会议。这样,我就比较全面地接触到了"吹哨报到"经验。当时我已经驻村半个多月了,对当地情况还比较了解,立马感觉到这个经验在平谷确实很有现实针对性。

我调研的村是全区最为突出的问题村,"吹哨报到"经验对解决当地较为突出的基层治理问题是多有益处的。

记者: 平谷区在北京,为什么还存在基层治理问题?

吕德文: 这与是不是在北京关系不大。北京农村是典型的华北农村,都有分裂型村庄的特征。村庄内部本来就有派系斗争,再加上实行海选制度,村庄治理就显得比较乱。很多时候出了事情,只能捂着盖着。比如,村干部为了解决派系矛盾,往往通过福利分配平衡关系。事情虽暂时摆平了,但矛盾积累得越来越多。"吹哨报到"经验在某种意义上是被当地基层治理问题倒逼出来的经验。平谷存在盗挖金矿、砂石盗采等问题,地方政府虽然花了不少精力,问题却长期得不到有效治理。实在是没办法了,才探索出了"吹哨报道"机制,把这些基层治理痼疾连根拔起。

记者: 你去了之后,感觉这个事情有推广意义?

吕德文: 非常有推广意义,至少在我看来,在平谷是蛮适合的,确实解决了很多问题。平谷区的很多治理痼疾,如盗挖金矿、砂石盗采、违建等问题,都是依靠这个机制解决的。

记者: 关于"吹哨报到"的时间线有点混乱,怎么捋清?

吕德文: 大致时间节点应该有几个:一是 2017 年春节期间,平谷区开始"双安双打"行动,这是"吹哨报到"经验的起源。这次专项行动,不仅解决了盗挖金矿、砂石盗采等问题,还产生了不少制度性成果,包括梳理问题清单、理顺部门职能、建立工作机制等。这个制度成果,后来被冠以"街乡吹哨、部门报到"的名称。可以说,"吹哨报到"经验是平谷区委区政府在基层治理实践中总结出来的,是和基层干部群众的智慧分不开的。

二是 2017 年底至 2018 年初。2017 年底,"吹哨报到"经验逐渐引起了北京市委市政府的重视,并被确定为 2018 年北京市全面深化改革的 1 号项目。至此,这一经验不仅在平谷区得到了深化,在北京其他地区也遍地开花。简单来说，它不仅对解决远郊农村的基层治理问题有作用，在城市基层治理中亦发挥了积极作用。

三是 2018 年底。2018 年 11 月 14 日，习近平总书记主持的中央全面深化改革委员会第五次会议审议通过了《"街乡吹哨、部门报到"——北京市推进党建引领基层治理体制机制创新的探索》，这说明，"街乡吹哨、部门报到"经验正式进入了顶层设计的视野，对全国正在推进的基层治理现代化建设具有借鉴意义。此次会议后，包括平谷区在内的北京市各个地方都在进一步深化"街乡吹哨、部门报到"经验。

二、基层政府从"捂盖子"到"揭盖子"

记者：你们主要做了哪些工作？

吕德文：我做了一些解读和解释性的工作。我们确实从基层看到了实际情况，对"吹哨报到"经验有切实体会。我个人认为，有些地方把"吹哨报到"经验泛化了，很多基层治理问题用原来的方式方法去解决就行，没必要把所有成功经验都戴上"吹哨报到"的帽子。

其实，"吹哨报到"最关键的经验有几点。一是赋权。给基层的属地政府赋权，提高治理能力，打通"最后一公里"。二是依法治理。在平谷，"吹哨报到"机制本质上是让执法力量更好地在基层治理过程中发挥作用。以前，基层政府习惯"捂盖子"，只要能摆平，什么方法都用，但采用"吹哨报到"机制后，基层治理就比较讲规矩了。三是重视基础工作。平谷区法制部门厘清了 40 多项当地基层治理中存在的"看得见，但解决不了"的重要问题。在此基础上，当地建立了问题清单、权责清单和绩效清单"三个清单"制度，让"吹哨报到"有的放矢。"吹哨报到"机制要成功，这背后的工作才是最关键的。

记者：你写了北京南站的治理，很多人看了有疑惑，火车站综合治理这一块，一直是个顽症，各地都有，这个跟"吹哨"有什么关系呢？

吕德文：有一定关系，但不是直接关系，这个我可以跟你讲一讲这个故事。北京南站事情爆出后，我刚从平谷调研出来，我刚好觉得"吹哨报到"可以部分解决北京南站的问题。结果就这样写了一个评论。我后来看到有关报道说，北京南站通过"吹哨报到"机制解决了"难站"问题。

但实事求是地说，北京南站的问题还真不是主要用"吹哨报到"机制解决的，因为"吹哨报到"一般只能解决小事，特别大的事，不能用机制解决，只能用体制解决。像北京南站，涉及的层面很高，部门也太复杂，非得有较高层面的自上而下协调机制才能彻底解决。北京南站及其所在周边街道也好、管委会也罢，还有其他很多市政部门，根本不是一个系统，想吹也是吹不上的。所以北京南站治理，本质上是协调问题，我觉得它不能算是"吹哨报到"机制的经典案例。

三、武汉学习"吹哨报到"要因地制宜

记者：中央全面深化改革委员会第五次会议审议通过了《"街乡吹哨、部门报到"——北京市推进党建引领基层治理体制机制创新的探索》，对北京市"街乡吹哨、部门报到"的基层治理经验进行了充分肯定。目前武汉也在学习这一经验，你觉得应该注意哪些方面？

吕德文：这个机制确实很好，武汉真是有可学的地方。我觉得需要注意的是得确定什么事情适合吹，什么事情不适合吹。第一，特别细小琐碎的事情，属于基层自治范畴的事，自己可以解决的，不能吹。比如，小区养狗纠纷等，这也来吹，肯定不适合，这只能靠加强社区的自治能力和基层政府的管理能力来解决。"枫桥经验"

里面有句话叫作"小事不出村,大事不出乡",绝大部分事务,还是要靠基层自治组织和属地政府自己去解决。第二,特别大的事情,也不适合吹。比如,交通问题,虽然发生在本地,但根本就不是属地政府的事,属于上一级政府及有关部门权限范围之内的事,不能吹哨。

真正要吹的事情,是那些法律、政策上都明确规定是属地政府的责任,但凭属地政府的治理能力解决不了的问题。比如违建问题,武汉市乃至全国的拆违控违工作都明确了街道办事处或乡镇政府是主体责任,城建部门是第二责任。但是,属地政府既没有执法权,也没有足够的执法力量。老百姓非要违建,属地政府解决的办法是不多的。这种"看得见、管不着"的问题,就特别适合"吹哨报到"。

记者: 哨子怎么吹才能更有效呢?

吕德文: 确定什么事情适合吹哨之后,就要看怎么个吹哨法。其实吹哨在机制上很简单,主要是赋予属地政府执法召集权。以前搞联合执法,需要更上一级的部门去协调,比如,搞拆违,主要是区政府办公室协调各个部门开展。这种联合执法活动,成本高、效果差,一个联合执法活动从申请到协调再到执行,往往需要个把月时间。但像违建这一类的事情,一个月过去,房子早都盖起来了。按照以前的机制,基层不大不小的问题,实际上是不好治理的。现在把执法的召集权交给属地政府,就可以及时"吹哨"。

但是,相较于上级部门,属地政府名义上属于下级,下级怎么指挥上级呢?这就涉及权责的重新配置问题。概言之,召集权来自考核权。区一级政府对各个部门的年终绩效考核,能让街道和乡镇有一定发言权。

我个人觉得,这种面上的机制设计是不难的,难的是基础性的工作。就像我们在平谷看到的,事先把规矩立好,那才是最关键的。

按照平谷区的说法，就是"三个清单制度"。第一，问题清单，明确"哪些问题可以吹"。第二，权责清单，梳理权责关系。第三，绩效清单，就是考核措施的配套。

记者： 具体操作中还牵扯很多因地制宜的问题吧？

吕德文： 每个地方的问题不一样，确实需要因地制宜。这只能是原则性的东西，各地情况不同，但有些原则性的东西可以学。比如，依法治理怎样来实现，现在全国各地都很头痛基层依法治理的问题，因为很难做得到。现在比较普遍的做法是通过体制改革来实现，即强化基层的治理力量。比如，武汉市前几年就进行了街区两级体制改革，城管等执法力量下沉到了街道一级。这部分解决了问题，但在具体运转上还存在不少缺陷。"吹哨报到"是很好的补充机制，它可以在不触动体制的前提下最大限度地实现基层治理力量的整合。

还有，怎样打通"最后一公里"，实现治理重心下沉，也是全国普遍存在的难题。武汉也一样，很多在普通老百姓看来很简单的事情，怎么就是解决不了？说明正是缺少"最后一公里"的机制。还有就是怎样激活冗员的问题。平谷区在深化党建引领"街乡吹哨、部门报到"机制改革过程中，准备把乡村两级各种类型的协管员都统管起来，比如将辅警、城管协管员、护林员、保洁员等都整合到"吹哨报到"的机制里来，这也在客观上实现了治理重心的下沉。

（原文刊发于《长江日报》2019年2月12日）

纠正督查检查考核过多关键在治理能力提升
——答《湖北日报》记者艾丹女士

基层事务的特点是细小琐碎不规则，基层工作的特点是面对面做群众工作，其工作的地点不应只是在办公室，更应在田间地头。因此，衡量基层工作的标准应该是其工作的回应性和实效性。

一、切中基层痛点，激发干部担当精神

记者： 2018年10月，中共中央办公厅印发了《关于统筹规范督查检查考核工作的通知》（以下简称《通知》），对一段时间以来基层反映强烈的上级督查检查考核过多的问题进行规范治理。在持之以恒加强党的作风建设的大背景下，《通知》出台有怎样的意义？

吕德文： 这是新形势下加强党的作风建设的实质措施。当前纠正"四风"进入新阶段，也面临新问题。总体而言，反对享乐主义、奢靡之风取得了明显成效，但形式主义、官僚主义仍以各种形式呈现出来。其中，上级督查检查考核过多，就是突出表现。党的十九大闭幕后不久，习近平总书记专门对纠正"四风"问题做出重要指示。《通知》的出台，是落实习近平总书记指示精神的具体措施，表明党中央持之以恒纠正"四风"的决心。《通知》要求从源头抓起、从上级机关做起，这对纠正"四风"具有表率作用。《通知》也切中了当前基层的痛点，将积极推动各项事业的发展。当前，面对防范化解重大风险、精准脱贫、污染防治三大攻坚战，基层责任重、压力大。《通知》着力解决督查检查考核过多的问题,是为基层减压减负的切实举措,有利于激发基层干部敢于担当的精神。

二、行之有效的督查检查考核体系有待健全

记者:过多的考核迎检工作让基层身心疲惫。有报道披露,有的县一年接受300多次督查检查,有的企业一年要写上千份迎检材料,许多基层干部加班加点忙于填写各类台账资料。甚至有干部反映"痕迹做得好,就是单位宝。领导拼命夸,上级提拔早"。为什么会出现这样的现象?

吕德文:党的十八届三中全会提出,全面深化改革的总目标是完善和发展中国特色社会主义制度、推进国家治理体系和治理能力现代化。这些年来,各级党委和政府的运转越来越强调规范化、程序化和专业化,对留痕的要求越来越高。加强督查检查考核工作,是国家治理体系和治理能力现代化的内在要求。但是,一套行之有效的督查检查考核工作体系仍有待健全和完善,现实中,监督部门过多、各自为政,监督方式方法过于陈旧,重痕迹轻实绩,监督目标不明确、不稳定,导致基层无所适从,凡此种种,使得基层负担过重问题凸显。

还有另一个背景值得重视。根据我们的调研,不少中西部基层面临干部严重断档的困境。当前基层干部的主力是50岁左右的中年人,他们的群众工作经验丰富,毫无疑问是基层工作的中坚力量,但他们的知识结构普遍较为陈旧,无法适应痕迹管理要求。80后的年轻干部在基层少之又少,他们的学习能力较强但群众工作经验普遍不足。过多的迎检考核工作,使得他们还未锻炼出群众工作能力,便陷入填写各类台账资料的办公室工作中而无法自拔。客观上,不少基层出现了中年干部做"外务",年轻干部做"内务"的工作分工。因为年轻干部正处于填补干部断层的空档,且从基层工作实际

看,痕迹管理工作更容易获得上级认可,这自然而然导致了"痕迹做得好,就是单位宝。领导拼命夸,上级提拔早"的问题。

三、增强任务分派的科学性,可以极大调动基层工作积极性

记者: 许多问题表现在下面,但根子在上面。怎么从"从源头抓起",又怎么"从上级机关做起"?

吕德文:《通知》里提到的几个举措,如总量控制、计划管理,严格控制总量和频次;改进工作方式方法,建立重实绩轻痕迹的检查考核办法;加强领导,特别规定对县乡村和厂矿企业学校的督查检查考核事项要减少50%以上,都是很有针对性的。可以预见的是,这些举措一旦实施,将有效遏制上级督查检查考核过多过滥的问题。不过,欲治标又治本,须"从源头抓起""从上级机关做起",更为关键的工作是要把健全党和国家监督体系推向深入。

本质上,上下级政府间的关系是监督与被监督的关系,督查检查考核是上级监督下级的具体表现,从源头抓起,就意味着要让监督体系简约高效。

第一,提高部门监督的协调性。"上面千条线、下面一根针",基层工作往往具有综合性和整体性,但上级却普遍实行部门分工。在部门分割、各自为政的情况下,就可能出现"一个人干活、十个人监督"的状况,重复检查、多重监督反而影响了基层工作。加强部门协调、打破部门监督的壁垒,是从根源上遏制督查检查考核过多过滥问题的第一步。

第二,建立权责一致的上下级关系。10多年来,执法、市场监管等部门逐渐实行中央或省一级的垂直管理,这些部门不仅掌握了审批、执法等权力,还掌握了对基层政府的部分考核权。随着工作任务的加重,部门工作往往习惯于以压实"属地责任"的方式推动基层工作。但在实践中,基层普遍面临治理能力有限、政策工具少

的困境，并不能很好地完成任务。因此，将行政资源向基层倾斜，建立条块协作机制，甚至于让上级部门主动"分权"，是根治督查检查考核工作过多过滥问题的第二步。

第三，适当给基层治理减负。基层工作也要讲究张弛有度、有所侧重，抓住主要矛盾，才能避免眉毛胡子一把抓。在这个意义上，上级如果增强任务分派的科学性，便可以极大调动基层工作积极性，也可极大减少督查检查考核的工作量。

四、避免那些投入大、收效小的信息收集方式

记者：考核指挥棒的激励作用应该如何发挥，才能起到积极的效果，不走入误区？

吕德文：20世纪90年代，基层治理体制的核心特征是，上级政府将经济社会发展的各项目标任务进行数字化管理，并建立各个指标体系，层层分解，层层加压。目标任务是"可视化"的，也是可计算的、可比较的，使得基层政府都围绕着GDP等考核指挥棒展开竞争。应该说，一段时间内，基层普遍积极行政，在国家发展战略中发挥了基础作用，考核指挥棒发挥了积极作用。

就当前基层治理状况而言，发挥考核指挥棒的积极作用，不走入误区，需要做到几点。一是加强考核标准的科学性。考核标准应该具有明确性和稳定性，要尽量用可测、准确的目标来表达，尤其要避免部门之间的目标冲突。只有这样，才能让基层形成自我监管的意识，让其在工作中达到合规性要求，不至于为了应付考核而重复工作。这反过来也减少了督查检查考核的工作量。二是改善信息收集方式。考核信息的收集方式有很多种，信息来源渠道也是多元的，应该避免那些投入大、收效小的信息收集方式。比如，与其让基层自行整理各类台账或走马观花地进行现场检查，不如通过考核工作，建立系统、完整且有效的数据平台，这样既能提高考核的精准度，又能减少基层负担。比如，最近几年全国各地通过建立大数据比对平台，极大地提高了对低保、精准扶贫等涉农政策实施的督查检查考核效率；一些地方政府在社会治理过程中加强了智能化建设，让基层工作自动留痕，也提高了考核效能。三是改进纠偏方式。考核不是为了考核本身，而是通过考核促进基层工作的顺利进行。在这个意义上，对基层行为偏差的纠正，不应简单依靠问责，而应该选择用绩效评估、交流评比等更加开放、更加积极的方式让基层主动认识问题、担当履责。

五、加强对基层工作的认识

记者：形式主义有其顽固性。我们看到各地方、各部门为解决基层负担过重的问题，不止一次出台措施，减少各种检查评比考核，但有的时候效果不明显，割一茬又长一茬。在检查考核工作上，如何才能从根源上杜绝形式主义？

吕德文：平心而论，当前形式主义、官僚主义导致基层苦不堪言的问题，既不能简单归咎于上级决策的"不接地气"，也不能简单理解为基层工作的教条僵化，而是政府间上下级关系失衡，责、权、利不对等的结果。从根源上杜绝检查考核工作上的形式主义问题，必须兼顾上级权威与基层自主性，政策的统一性和灵活性。具体而言，要加强对基层工作的认识。

第一，基层工作本质上是群众工作。基层事务的特点是细小琐碎不规则，基层工作的特点是面对面做群众工作，其工作的地点不应只是在办公室，更应在田间地头。因此，衡量基层工作的标准应该是其工作的回应性和实效性。对基层的检查考核不应过度依据痕迹管理。基层实际工作的成效可以通过群众口碑、实地观察一目了然地呈现出来。

第二，自主性在基层工作中甚为关键。我国是一个超大型国家，全国各地的情况千差万别,这既意味着在决策上要保持中央权威和政策统一性,又意味着在执行上要尊重地方的自主性。在激励分配、剩余控制等方面赋予基层更多自主性,有利于统一目标的实现,尤其需要注意将检查考核工作置于一个适度的标准上。

总而言之,检查考核工作中的形式主义问题看似是一个作风建设问题,实质上却是国家治理体系和治理能力现代化的重要问题。从根本上杜绝形式主义问题,有赖于治理能力的有效提升,而前提是要对基层工作有准确认识,让基层组织有力,让基层干部有担当。

(原文刊发于《湖北日报》2018年10月31日)

"和稀泥"式治理的困境

应"侠客岛"之约,笔者从基层治理困境的角度评析了2018年5月六安教师集访事件。从舆论的反应看,赞成者有之,批评者也不少。在批评的意见中,最多的是说这篇文章在和稀泥。说实话,笔者写的时候一点都没有和稀泥的意思,只是作为一名学者,追求对事情有个合理的解释,希望站在整体和长远利益的角度来看待眼前的社会问题。我们不能要求当事者放弃利益诉求去顾全大局,但学者有责任为公众提供客观、理性的社会认知。六安教师集访事件,让笔者有一个很深的感触:利益已然分化的今天,和稀泥也难。

这个社会很有意思,几乎每一个会说话的群体都觉得自己是利益受损者。在基层,教师说公务员比他们挣得多,公务员说老板挣得多,老板又说挣点辛苦钱真不容易。唯独普通农民抱怨得少。在高校,学生抱怨老师压榨,老师抱怨学生懒且不听话。甚至于,高校还流行"青椒"一词,似乎在说年轻老师多么不容易。唯独广大后勤员工(多是农民工)不说话。前些年,媒体热衷于报道拆迁事件,扛着红旗站在楼顶的"钉子户"总被渲染成是弱势群体,是英雄。可谁去真正关心过那些配合拆迁,比"钉子户"获利更少,天天盼着回迁房的沉默的大多数?

这么多年的田野调查经验告诉笔者,"会哭的孩子有奶吃",这真的是社会治理中的一条铁律。很遗憾,在人人都有麦克风的今天,麦克风声音的大小屏蔽了社会真相。六安教师集访事件,依笔者的判断，这是一个普通的集访事件，扯不上悲情。老师伸张自己的合法权益，得理解，但非要扯上公务员群体做比较，那就过了。有媒体拿《教师法》之类的说事，甚至于帮忙计算怎么样才能使教师待遇不低于公务员，这是唯恐天下不乱——有谁去关心，这一提高对财政意味着什么，又该怎么解决？

这个世界充斥着不负责任的老好人逻辑。要给农民国民待遇，给拆迁户更多的补偿，哪怕一夜暴富也是合理的，企业要减税，公务人员和事业单位人员要提工资，养老金要提高，贫困户要享受教育、医疗等一切好处……似乎财政的钱是从天上掉下来的。很多地方政府被逼无奈，上级政策有要求，都要提高标准，但能力有限，总要个统筹安排，有个先后次序。谁都不愿意排在后面，这不就出现了教师集访事件。末了，很多地方政府为了解决问题，猛搞土地财政，甚至通过教育、医疗等公共资源配置来鼓励农民进城。结果，人们又在批评地方政府公司化。

看来，我国社会主要矛盾确实已经转化为人民日益增长的美好生活需要和不平衡不充分的发展之间的矛盾了。现在基层的矛盾，早就不是收钱收出的矛盾了，几乎全是发钱发出的矛盾。贫困户好处太多，结果人人争当贫困户，基层政府扶贫了一二十户人家，却得罪了其他几百户人家。参战老兵有补助，那些未参战的老兵也要求补助。民办教师解决了待遇问题，代课老师也要。就笔者这么多年的基层调研经验看，哪怕是有一丁点组织能力的，有一丁点话语权的，都或多或少地从国家那里得到了好处。

这就公平了吗？不要以为得了好处，大家就提高了公平感。社会的逻辑恰恰相反，不合理的好处，恰恰在制造社会不公。笔者的父亲，20世纪60年代和90年代当过几年代课教师。前两年，地方政府给他这样的代课老师发补助，说他们为教育事业贡献了力量，连我父亲都觉得有点懵。20世纪60年代，当民办教师可比生产队干活要轻松多了，挣得也多（不仅可以在生产队拿最高等级的工分，生产队还专门安排了一片松林，让其课外割松脂，搞副业）。即便是到了90年代，乡村教师的收入也要比普通农民高不少啊，何来为国家做贡献之说？殊不知，这些毫无理由的补助，却是在伤害那些沉默的最大多数群体——农民！

中华人民共和国是一个有集体主义传统的国家，也长期是一个利益分化不是很大的国家，这使得社会治理过程中顾全大局的逻辑极其强大。过去一些年，集体主义的话语逐渐式微，社会分化也逐步加大，在做群众工作时，连基层干部都羞于启齿，这在客观上助长了无公德的个人意识的崛起。今天，我们不能指望让每一个利益群体重新确立大局观，但党和政府应该珍惜这个传统。基层工作中，讲策略多了，讲原则少了，讲利益多了，讲政治少了，讲法律多了，做思想工作少了，这些都值得反思。

顺便还是提一句，如果说基层还有顾全大局的群体的话，那无疑就是警察了。

（原文刊发于观察者网站2018年5月31日）

看守所里没有秘密

看守所的首要任务是保证封闭性,而封闭性又包括两个方面:一是物理空间的相对隔绝,二是同案犯之间必须相互隔绝。当前,绝大多数看守所都已经过改造,在硬件设置上基本上可以做到封闭性,但如何通过有效管理防止各种事故发生,却是一个极为复杂的问题。

一、看守所的"难点"

看守所或许是所有机关中科层结构最为严格的单位,每个岗位要求都极为严格,职责极为明确,且每个岗位都有工作细则,甚至可以规定到每一个动作,管理人员可以据此考核工作人员。笔者调研的看守所共有19名工作人员,分为巡查岗、管教岗、带班岗、外收押岗、内收押岗、收押提讯岗、狱医岗、后勤保障岗等岗位,基本上是一个萝卜一个坑,工作人员不可能有消极怠工、无故旷工的机会。如此严格的管理,为何还会有各种事故发生?归纳起来,看守所内部管理的主要挑战来自以下几个方面。

第一,岗位管理存在错位现象。前已述及,看守所或许是科层制结构最为严格的单位,这意味着所有工作人员都有严格的岗位职责。看守所由公安局管理,在公安系统内部,看守所工作人员或许是唯一一个在不可控条件下可能"丢岗"的单位。比如,同样是离岗导致的事件,派出所民警可能只会受到纪律处分,而看守所民警则可能被追究刑事责任。看守所民警或许也是少有的必须满负荷工作的单位。一方面，民警本来就不够，民警的正常工作压力本来就比较大，管教民警不足几乎是所有监狱和看守所的通病。另一方面，按照基层部门的通常规则，年纪大的工作人员一般不再承担较重任务，很多单位的老工作人员甚至提前"退休"了，但看守所的民警不可能，他们必须坚持到离开岗位的最后一刻。

与此形成反差的是，看守所的保障并不充足。按照公安部的规定，看守所必须保证每个被关押人员的生活保障（包括吃、住、衣等），但笔者调研的看守所只能保障每位被关押人员250元/月的生活标准。这个标准很低，但即便如此，也很少有地方财政能够负担得起。笔者调研的看守所共有19名工作人员，另外请了2名临时工和3名协警（巡查岗，由管教民警带队），一年平均关押120人左右，县财政每年保障运转经费才45万元，每年经费缺口达到30万—40万元。仅仅买米的钱1年就要10万以上，电费要20万，水费近10万，其余开支还不算。

第二，新刑事诉讼法对看守所工作产生较大冲击。看守所的岗位设置无法涵盖所有的管理事务，这些管理事务基本上要依靠服刑人员来承担。比如，看守所需要专门的水电工，这不可能让民警自己承担，也不可能从社会上聘用，只能在服刑人员中寻找合适的"人才"。旧刑事诉讼法规定，允许判1年以下刑期的服刑人员"留所服刑"，判3年以下的"特殊人才"（如水电工）也可以申请"留所服刑"。但是，新刑诉法在2013年1月1日正式实施后，规定只有刑期在3个月以下的才可以"留所服刑"，否则即便是"特殊人才"也不行。笔者调研的看守所，仅此一项规定就减少了二三十名工作人员，对看守所管理工作带来很大冲击。看守所失去了必需的"留所服刑"人员之后，一些不太合适的服刑人员便有可能从事相关工作，这反而增大了看守所的管理漏洞。

第三,来自公安系统内部的行政压力。这个压力来自两个方面:一是相关制度要求并不切合实际。比如,制度规定严禁看守所向犯罪嫌疑人和服刑人员收取伙食费,但贫困县的看守所一般做不到,因为财政保障的伙食开支根本不够。再比如,制度要求对食品做留存,但很多看守所做不到,因为仅仅这项规定就需要添置专门的冰柜并派专人负责。可以这样认为,从现今的管理水平来看,很少有管理漏洞是公安部没想到的,只要想到了都有相关安全规范要求。可问题是,很多管理漏洞在现有的物质条件下无法得到满足。因此,一旦发生事故,上级监管部门是可以推卸责任的,基层民警则必然要承担相应责任。

二是相关制度要求存在冲突。看守所的首要任务是保证被关押人员的安全,其次才是实现管教目的。为了保证被关押人员的安全,看守所建立了相关的制度,一些身体条件不允许的嫌疑人就坚决不允许进入看守所。但是,公安局为了办案,却很可能将不适合关押的犯罪嫌疑人关进看守所。2013年县公安局破获了一个特大命案,犯罪嫌疑人竟然是个79岁高龄的老人。如果严格按照看守所的拘押条件,这位犯罪嫌疑人显然不适合。但公安局为了破案方便,还是要求看守所拘押老人。由此导致的结果是,看守所压力倍增。为了保证老人的安全,看守所配备了专门人员对其进行24小时看护,还特地给老人开小灶,伙食标准和民警一样。有一次,老人身体不适,看守所动员了六七名民警带老人去医院检查,幸亏没有大碍。更麻烦的是,老人肯定要被判死刑,而一般死刑犯的心理本来就容易波动,这更增加了看守难度。

事实上,看守所面临的最大困难或许不是这些可以预料到的挑战,而是那些根本就无法杜绝的事故。笔者访谈的看守所所长担任所长一职10多年,据他所言,无论条件如何好、制度如何健全,都难以避免事故的发生。比如,看守所经常发生的打架事故,尽管每个监室都安装了探头,但从监控室到监室有一段路,中间还要有开锁等动作,至少需要几分钟。如果碰到特殊情况,这几分钟足以将人打死。再比如自杀,尽管看守所所用的日常用品都是特制的,在常理上可以保证安全。可是,对于一个寻死的人来说,却很可能找到稀奇古怪的死法,让人防不胜防。因此,比较可靠的似乎还是要依靠被关押人员之间的相互监督。不过,这似乎又回到了看守所管理的难点:如何有效控制被关押人员之间的冲突?

二、看守所里的"江湖"

应该说,看守所里最大的安全隐患在于如何有效地管制被关押人员的行为,防止其自残、发生冲突。如果造成严重事故,看守所负有重大责任,相关责任人负有刑事责任。客观上,看守所无法对被关押人员的每一个行为进行有效管制,必须通过被关押人员的相互监督才能顺利实现信息监控。比如,对重刑犯,监控的要求很高,看守所尤其害怕其自残,这时就必须安排同监室的被关押人员对其进行24小时监视,他们之间需要排班。那么问题就来了,管教民警又该如何监督同监室的被关押人员是否尽职尽责呢?比较实际的管理手段当然是对每一个监室的被关押人员实行差别对待,重视那些与看守所合作的被关押人员,而这样一来造成的结果是,那些受重视的被关押人员,无疑在监室里获得了无与伦比的权威。

哪怕是日常管理,看守所也倾向于对监室的被关押人员进行差别化对待。对于一个有等级秩序的监室,管教民警只要有效控制金字塔尖的那个被关押人员即可;而对于一个扁平化结构的监室,管教民警的监控难度则将大大增加。因此,无论出于何种目的,监室内的被关押人员之间必定是有等级秩序的。

问题就来了,这种秩序如何产生呢?显然,暴力是唯一的来源,那些"牢头狱霸"维持自身权威的唯一手段就是垄断暴力。毋庸置疑，差别化管理技术是这一秩序的合法性来源，管教民警是暴力的唯一授权来源。但是，在十多个被关押的人员中，哪些人可以成为"牢头狱霸"则取决于他们的个人素质。

大致说来，被关押人员的出身很重要，它直接决定了这些人在看守所内的位置。一些在江湖上有名号的人，进了看守所基本上还是可以做老大的，因为那些犯了事的人不敢得罪这些人，否则出去后会遭到报复。而如果能与这些江湖上有头有脸的人物沾上关系，进了看守所日子会好过一些，至少不至于被人欺负。当然，有钱有势的人进了看守所，也不会被欺负，因为管教民警肯定会关照此类人。

最重要的是，江湖中的一套规矩同样适用于这些被关押人员。最让人看不起的是那些因调戏妇女、吸毒、小偷小摸而进去的人，最让人佩服的是打架斗殴犯事进去的人。因为，前者基本上都是为了一己之私犯事的，而后者则可能是出于江湖义气犯事的，并且在以暴力为后盾的监室秩序中，因打架斗殴犯事的被关押人员天然具有优势。

此外，是否有蹲监狱、进看守所的经验也很重要。一些多次"进宫"的被关押人员，对看守所内的管理制度比较熟悉，适应能力很强，并且因长期待在看守所，很容易拉帮结派，形成秩序。

三、劳动是最好的管教方法

大体说来，人们质疑的看守所内"黑幕"有几点：第一，被关押人员权利得不到保障。第二，看守所民警渎职，以权谋私。第三，看守所管、教存在错位。下面笔者结合调研的实际情况进行逐条分析。

首先是被关押人员的权利问题。抽象讨论这个问题非常困难，因为实践当中被关押人员的权利很难界定，法律上只有粗略规定，离实际太远。比如，人身安全，如果涉及生命安全，那很清楚，看守所时刻担心被关押人员的生命安全。吃饱没问题,疾病也可以得到治疗,也可以确保其不会因管理问题而致残、致死,可是,要说保证被关押人员的营养,确保其不被打,可能没有一个看守所可以做得到。

由于运转经费有限,看守所只能保障被关押人员的基本生活需求。住的方面,看守所对监室卫生有严格管理,非常干净,在地板上睡觉也没问题。夏天的降温手段只有两个——电扇和水,不能指望有空调。因此,夏天的水是管用的,水费极高。吃的方面,饭管吃,但菜就少得可怜。一般没有荤菜,只有最简单的素菜,如豆芽、黄豆之类,且少得可怜。说是吃干饭也可以,因为即便是有汤,碗也是漏的。

其次是关于看守所民警的渎职和以权谋私问题。这个问题很复杂,在很多情况下难以定性。因为看守所是一个封闭空间,在日常社会中看似不重要的权力,在看守所内部也许就是个巨大的权力。比如,管教民警有权安排哪个被关押人员从事辅助劳动,这对于被关押人员而言,具有巨大诱惑力。因为,从事打开水、打扫卫生等劳动,就意味着可以在监室之外活动,这可是难得的自由。再比如,管教民警可以便捷有效地"保护"特定的被关押人员,只要民警打招呼,同监室的被关押人员就不可能欺负这个"新人",这对被关押人员及其家属而言,同样是巨大的人情。类似问题,管教民警都可以在职权范围内合理安排,根本不需要做特别措施,也根本算不上是以权谋私。

与封闭性密切相关的是,看守所不仅是一个独立的社会,还是一个独立的市场。被关押人员如果想在看守所内生活得好一些,并不是做不到。比如,要吃得好,可以加餐,但费用极高,一盘小炒肉要上百元。看守所也可以抽烟,但外面送不进来,必须买看守所自营的,那些香烟也奇贵无比。看守所正是通过塑造一个独立的不受物价、工商等市场监管部门监控的市场体系,从被关押人员里"合法"地获取利润。这算不算以权谋私?

最后是管、教错位的问题。从实践中看,笔者认为管、教错位的问题并不由两者之间的理论关系而来,而是取决于另一个更为关键的因素——秩序。

一般说来,看守所会从相关企业接一些手工活,这种活比较简单,几乎不用培训,也不可能像监狱一样进行流水线生产,因此利润也低。然而,由于看守所对被关押人员具有绝对权威,在组织生产上,效率是极高的。因此,看守所从中获取的利益是可控、可观的。看守所的这一做法备受诟病。

然而,如果从另一个角度来看,劳动或许才是最好的管教方法。劳动本身就是最为有效的规训方法。对被看押人员而言,最难受的不是别的,是无聊,而劳动恰恰解决了这一问题。因为有事可做,被关押人员之间就不可能有产生过多的冲突,每个人的心理也会健康一些。

1951年,毛泽东曾经对劳动改造做了著名的"三个为了"的论断:"为了改造他们,为了解决监狱的困难,为了不让判处徒刑的反革命分子坐吃闲饭。"这个论断现在还有适用性。从本质上说,除了监禁,强迫劳动或许也是最为重要的惩罚措施。强迫劳动是建立必要的纪律观念,树立正确的劳动观的重要方法。况且,从现实的财政状况看,强迫劳动也是保证看守所正常运转的必要措施。

看守所也有思想教育活动,如组织政治、法律学习,看新闻联播,人们觉得这才是教育方式。殊不知,劳动所灌输的纪律等观念,才是最重要的教育方法。在这个意义上,劳动到底是惩罚手段,还是教育手段,这反倒是一个值得深思的问题了。一句话,在看守所的管理中,管、教之间的关系不是理论问题,而是实践问题。

(原文刊发于《南风窗》2015年第3期)

"趋利执法"是如何发生的

在中部某县公安局调研期间,笔者感受颇深的就是"趋利执法"问题。笔者访谈了大部分中层干部,包括各个大队、城区派出所、内设机构的负责人,他们无不在谈各自那一摊子的经济压力。

这种现象很奇怪。由于这个县是贫困县,财政无法满足每个部门的需求,包括公安局这样的关键部门,这个我们理解。但公安局穷到要通过执法"创收"来解决其运转问题,却是出乎我们的想象。因为,根据我们在财政局的调研,财政政策已发生了重大变革,主要是严格执行阳光津补贴政策和收支脱钩政策,这就意味着,公安局的"人头经费"是得到保障的,并且肯定要比别的政府机构保障充实。那么,为什么公安局财政保障好了以后,基层单位反而觉得日子不好过了,要影响执法行为了呢?

一、公安局的内部财政状况

先分析公安局的财政运转状况。在财政政策改革以前,县财政局对公安局基本上实行的是财政包干政策,即公安局在财政上自收自支,具有相当大的财政自由裁量权。具体办法是,财政局根据核算,每年要求公安局上缴800万,完成800万按85%比例返还办公经费,超过800万的部分按95%的比例返回。也就是说,县财政基本上不占公安局的便宜,公安局也不给县财政增加负担。

在这一制度下,公安局既是财政局的"财源",又是财政局需要保障的单位。但从理论上说，公安局不是企业，财政局当然不会从公安局那里获得更多的财政收入。在财政政策杠杆下，能够让公安局实现自我收支平衡就不错了。于是乎，财政局设计了一个收支挂钩政策，把800万作为一个基准，既要求公安局维持自己的基本运转（每年必须完成800万的财政上缴任务），又鼓励公安局积极作为（超过800万的罚没收入基本上全返还给公安局）。

而从2014年实行财政政策改革以后，财政局根据核算，应保障公安局每年800万的运转经费，哪怕公安局未上缴财政一分钱；如果公安局上缴超过800万，超过的部分按50%返还。

这个改革对财政局和公安局各有利弊。在财政包干制下，财政局不用承担责任，但公安局也获取了足够的财政自主权；收支脱钩政策执行以后，财政局需要承担保障责任，但公安局丧失了财政自主权。

深入调查可以发现，改革前后公安局的财政状况并没有多大改变。因为，财政局经过测算，这几年公安局每年上缴财政的账目在1000万左右，按照这个基数，公安局获得的财政支持差不多维持在850万—900万。换一句话说，公安局如果要过好日子，维持过去几年的财政状况，怎么着都还得上缴1000万以上的罚没收入。否则，公安干警的工资、津贴之类的虽然得到保障了，可加班费之类的就无法保障了，公安干警的待遇就得下降。因此，公安局还得积极"创收"才行。

事实上，改革之后公安局内基层单位的日子反而不好过了。原因在于，公安局趁机进行了不利于基层单位的内部财政政策调整。在财政政策改革之前，局机关和各派出所、各大队之间执行的也是包干政策，各基层单位，尤其是派出所，基本上是自收自支。这样，局和各基层单位之间事实上没有多大的财政关系，局领导省心，基层单位也逍遥。但是，财政政策的改革给局里扩大其财政权创造了机会。局里通过财政保障了各个基层单位的"人头经费"，但同时要从各基层单位提取罚没收入，这对基层单位的其余开支产生了极大影响。

比如，对于城区派出所而言，除了"人头经费"（正式民警的工资、津贴）得到财政保障外，其他开支仍需要自筹。而城区派出所每年最低开支需100万，项目包括临时人员工资（辅警、厨房）、办公经费，民警住房公积金、医保、超时工资等。公安局在实行新财政政策后，只返还城区派出所财政收入的50%，这就意味着，派出所要维持运转，必须保证每年至少有200万的财政收入。众所周知，现在公安局基本上没有行政收费，这些所谓的财政收入实际上就是罚没收入。

派出所所长无奈地说，他最重要的任务就是"找米下锅"。"米"在哪里？在"黄、赌、毒"。然而，他经过仔细测算，派出所无论如何也不可能完成这个任务，因此，只能争取县里给派出所增加返还比例，他希望100%返还，最后达成了折中方案，返还为70%。

公安局为何要趁机增加财政收入？并不是说公安局想单纯地扩张财政权，而是随着治安形势的变化，在基层单位任务越来越重的同时，局里的任务也增大了。比如，近些年来，公安部对群众安全感指数非常敏感，将之作为考核公安工作的一项指挥棒，甚至成为衡量地方主要官员政绩的主要指标。对于公安局而言，这增加了许多行政工作，不可能全靠基层派出所去做，只能是局里统筹部署。再比如，这些年地方治安形势不容乐观，每个县都有大案要案，这也需要局里统一部署。还有，近来公安部门加强了反恐部署，各县公安局都可能要组建特警，加大民警培训力度，进行持枪巡逻，仅此一项工作就耗资巨大，而这也不是基层单位所能完成的。

如此看来，无论财政政策怎么改变，贫困县公安局的财政状况并没有实质改变，其本质是，财政保障主要来自执法行为，而且，随着治安形势的复杂化，警务工作越来越繁重，财政需求也越来越大。这就使得公安局的各基层单位出现了"趋利执法"的情况：执法要考虑获取罚没收入，执法力量的分布也取决于执法收益。

二、趋利执法的过程

受制于财政压力，公安局的基层执法单位必定要考虑执法效益问题，即执法力量投入与经济收益之间的对比。

这对执法过程产生了直接影响。第一，基层执法单位要考虑重组执法单元，让更多的民警投入到有经济收益的案件中去。第二，基层执法单位还可能进行选择性执法，即优先考虑办理那些和经济收益相关的案件。

关于第一点，主要体现为办案力量的急剧增加，以及基层基础工作的不断弱化上。公安局传统的内部力量分布一般是这样的，办案的力量主要由专业大队负责，治安大队负责治安案件，刑侦大队负责刑事案件，经侦大队负责经济案件，派出所一般负责基础工作。应该说，传统的分工模式是较为合理的，也是比较有效的。由专业大队负责案件处理有助于提高专业性，派出所因为不用花大力气办案，有助于把基础工作做扎实。因此，之前我们看到的景象通常是，缺乏经费的派出所，解决问题的最常用手段是向乡镇政府"化缘"，当然，前提是派出所也要支持乡镇政府的中心工作。

但是，自从公安局内部财政政策变革之后，基层执法单位尤其是派出所，财政压力陡增。在与局里讨价还价的过程中，基层单位肯定处于弱势，因此，只能自谋出路。问题在于，当前乡镇政府早已不是一级财政单位，也不可能给辖区派出所财政支持，况且公安部早就再三强调，公安民警不能参与非警务活动。在这种情况下，基层单位普遍增强了办案力量。以城区派出所为例，城区派出所为了减轻财政压力，创新了工作方法。一是将任务分解到每个民警头上，连普通社区民警也需完成 7000 元/月的任务，女民警和办公室人员的任务稍微少一些。二是抽调最精干的力量，成立了两个办案中队，专门办理案子。

派出所的力量向办案倾斜，使得其基础工作受到了影响。派出所所长坦言，公安部的要求是每 500 人需配备一个片警，但城区派出所根本不可能达到这一目标，现在的实际情况是一个片警必须管 3 万人。由于警力严重不足，一些基础工作根本不可能展开，比如，出租屋的登记管理、流动人口信息的掌握、消防安全问题。笔者调研的这个县城，户籍人口只有 3 万人，但常住人口已超过 10 万人，绝大多数是乡下来县城带小孩读书的流动人口。城区派出所非常担心出租屋和流动人口的管理问题，认为这是一个隐患，但按现在的警力配置，根本不足以应付。

不仅派出所，专业大队的警力也不得不进行重新配置。巡警大队共有 60 多名巡警，其中有 17 名正式民警。一直以来，其主要职责有三个：一是 110 出警，这是核心业务。二是城区防控，进行巡逻，这也是基础业务。三是遇到突发事件时进行稳控，这也会牵扯部分警力。巡警大队的保障相对要好一些，因为正式民警有"人头费"，同时财政专门拨付群防群治的款项，巡防大队可以灵活调配群防群治款。即便如此，巡防大队也面临财政压力。为此，巡防大队把 6 名素质较高的民警抽调出来，成立案件中队，专门为巡警大队"创收"。

关于第二点，则主要表现为一些有利可图的案件受到重视，而一些涉及群众安全的案件却可能出于人手原因相对没那么受重视。

笔者在调研中反复听到公安局内部的一种说法是，"有事找警察"的提法严重影响了正常的公安工作。从公安工作的专业化角度看，这个说法非常有道理，因为公安部门承担了过多的社会事务，导致其本职工作受到影响。但是，从另一个层面看，这种说法或许真实反映了公安部门选择性执法的现状。

选择性执法首先表现在基础工作与办案工作之间的错位。前面提到，派出所和巡防大队的核心业务本不应该是办案，而是基础工作，但现在的情况是，由于基础工作不可能立即见效，也不可能给基层单位带来经济效益，因此基层单位会把更多精力放在办案中。

一个细节是，公安系统这些年非常重视群众满意度、安全感及治安好转率等指标，这些指标基本上反映了基层基础工作是否扎实。但是，基层单位对这些调查有自己的思考。因为，在财政压力下，基层单位客观上必须更加重视办案工作，比如办理赌博案件等。

其次，选择性执法体现在对案件的考量主要是基于经济效益上。对于巡警大队、派出所等本应以基础工作为主业的基层单位而言，其办案能力仅限于案情并不复杂的小型治安案件。绝大多数治安案件并不能创造经济效益，比如，邻里纠纷、打架斗殴、小偷小摸等，但这些案件却关乎老百姓的日常生活，而少数治安案件，如聚众赌博、卖淫嫖娼等是可以创造经济效益的。基于经济利益的考量，基层单位更喜欢办理后一种治安案件，而对前一类型的治安案件则积极性不高。

刑警大队同样有趋利执法的现象存在。一般情况下，刑警大队对两种刑事案件有办案积极性。一是大案要案，尤其是命案，这种类型的案件一般领导重视，是个政治任务。二是明显有利可图的案件，如涉及数额较大的诈骗、偷盗、抢劫等案件。

由于刑事案件，特别是大案要案的破案成本高，因此更需要考虑经济收益。一位刑侦中队长讲了一个故事，2012年底其所在的县发生了一起命案，两名老人被杀。分管县领导高度重视，鼓励专案组破案，并承诺破案后为专案组请功，让县财政拿出30万资金用于奖励。这个案件历经波折最终破案，可分管县领导食言了，仅请专案组吃了一顿饭。此事搞得刑侦大队上下哭笑不得。当然，公安局坚持有命案必破的原则，投入精干力量破获这起案件并无怨言可说。况且，领导肯定是要不了财政的钱，故而只能请吃一顿饭了事。

三、意外后果

趋利执法的一般后果，大多是可以预见的，比如，会导致基础工作荒废，出现"钓鱼执法"等过度执法行为，普通案件得不到处理影响公众安全感，等等。从笔者调研的情况来看，趋利执法还会产生一些意想不到的后果，而这或许会为今后的警务工作埋下隐患。

一是产生警力内耗。由于每一个基层单位都要为"创收"费心，而真正能够产生效益的执法类型也就那么几个。重大刑事案件只能由刑侦大队来处理，别的单位没有权限，也没有能力来办理。在一般的治安案件中，能够进行处罚的就是抓黄、赌、毒。抓吸毒的人还很难罚到款，因为县城吸毒的人大都是老油条，身无分文，且吸毒是刑事案件，必须并处拘留，这就更增加了罚款难度。所以，真正能够"创收"的业务就是抓赌、抓嫖。而赌、嫖一般只在县城才有，乡下都是熟人社会，没有多大空间。由此造成的后果是，全县很大一部分警力，包括治安大队、城区派出所、巡警大队，都在抓赌、抓嫖，甚至一些乡下派出所也进城抓赌、抓嫖。一位公安民警跟我们说了一个笑话：有一次，一伙在县城某个宾馆赌博的人，竟然被来自不同单位的警察抓了5次！

二是造成警务效率低下。传统的警力分布是较为合理的，专业大队和基层派出所分工明确、相互配合。如果保障有力、警力充足，警务效率应该是比较高的。当所有基层单位一门心思求生存时，必定意味着出现职能交叉、混乱的局面，而一些基础工作也不可能真正做好。长此以往，因为缺乏基础工作，警务效率必然下降。笔者调研期间，地下六合彩开始在这个县的农村大肆蔓延。治安大队长戏言，他要和两个乡镇的派出所做个"合伙生意"，端两个马庄。可行动结果是，同一个地方另外的马庄根本就没动，端掉的马庄也没抓到老板。个中缘由可能是，乡镇派出所根本就不愿意扫除所有赌博窝点，否则要如何维持今后的"创收"业务。

（原文刊发于《南风窗》2015年第6期，原标题为《警察"趋利执法"是如何发生的》）

开不开枪是个问题

警察的重要标志就是可以合法地使用警械，比如枪支。

过去，警察滥用枪支的情况并不少见，在 20 世纪 90 年代以后，公安部加强了对枪支的管理，情况因此有所改变。现在，一些地方的某些警种，在警务实践中已甚少使用枪支，甚至"警察开枪"有时候会成为新闻事件。

最近笔者在中部地区某县公安局的调研发现，现在不少公安局内部人士都认为开枪实在是"麻烦"，原因很复杂。

一、两难

通常情况下，枪支是基层民警拥有的最高强度的暴力，因其杀伤力强，具有震慑力，一度成为民警必备的武器，而它也的确在警察专政功能上发挥了不可替代的作用。但正因为此，枪支也成为警察滥用权力的罪魁祸首。尽管滥用枪支的情况并不多见，但因其具有致命性，一旦发生警察违规使用枪支伤及无辜的事件，对警察的公信力就会造成很大伤害，这也给警察的用枪管理带来了挑战。

首先，枪支是致命武器。从管理的角度上看，几乎是不容许出现意外的，公安局和配枪民警都不愿意这个意外发生，但从概率上说，只要配枪，就不可能百分之百保证不出现意外。

公安机关强调纪律性，强调按相关法律规定进行严格的枪支管理，所以到了基层公安，其核心就变成如何严格执行的问题了。比如，在公务活动的间隙饮酒，很容易因神志不清而滥杀无辜。为了杜绝此种情况的发生，2003年公安部颁布了五条禁令，其中前两条都是关于枪支管理和使用的，分别是严禁违反枪支管理使用规定，违者予以纪律处分；造成严重后果的，予以辞退或者开除。严禁携带枪支饮酒，违者予以辞退；造成严重后果的，予以开除。但在基层实践的过程中，一些地方还是出现了公务期间喝酒甚至酒后用枪的情况。

其次，尽管公安机关对枪支使用有严格规定，但在很多情况下难以判断当时的场景是否适合使用枪支，稍有不慎就可能引发更大的问题。

当前，利益冲突和社会分化较为剧烈，人民内部矛盾和敌我矛盾之间的转化也较为复杂，在抗争事件和群体性事件中，公安机关如何使用枪支是一个技术难度较高的行为。一方面，开枪是最为有效的防止群体性事件失控的手段；另一方面，开枪也非常可能是制造进一步混乱，甚至酿成政治事件的导火索。因此，枪支使用非常考验人。客观分析，一些群体性事件之所以演化为打砸抢烧事件，与现场处警不够果断有密切关系；另外，也应看到，一些群体性事件之所以升级，恰恰是因为某些一线民警滥用枪支造成的。

最后，哪怕是符合相关枪支管理和使用规定，大部分群众仍然难以理解警察开枪的行为，群众也形成了枪口不能对准老百姓的观念。比如，2012年9月24日发生的辽宁盘锦拆迁现场民警开枪导致一村民中枪身亡事件，就掀起轩然大波。官方调查最终认定：民警接110出警，并非警察参与征地拆迁。出警后，遭拆村民王某和家属泼汽油、追砍。在王某点燃衣服扑向民警时，受到威胁的民警开了枪。尽管民警开枪合法，但此事还是引起舆论争议，一定程度上反映了民意对警察开枪的排斥感。

因此，一方面，公安机关无法杜绝警察滥用枪支的问题，另一方面，客观上又必须让警察配枪，这就造成了枪支管理的两难境地。从笔者的调研情况看，公安机关对枪支的管理是较为严格的，但警察不敢开枪，没有能力开枪的问题也是值得重视的。

二、变化

2014 年 3 月昆明暴恐案发生之后，公安部要求各地加强反恐工作，警察配枪巡逻是其中的一项重要措施，但就在这个措施实施不久，就连续发生多起警察开枪事故。这说明，很多基层民警一般情况下是不敢开枪的，一旦遇到需要开枪的状况，开枪事故也容易发生。

从笔者调研的情况来看，仅仅是 20 年前，农村警务实践仍然是枪不离手。一位老公安讲了一件他亲身经历的故事，很能说明警察开枪的辩证法。1992 年，彼时的老公安还是一名年轻小伙子，刚刚从警校毕业参加工作，被分配到一个乡村派出所。他刚到派出所工作时，所长就让其佩戴所里唯一的一支步枪。因此，每次跟随所长出警的时候，他总要背上这支步枪。久而久之，派出所极具权威，乡政府要做一些中心工作，也要派出所民警参与。他虽然只是一个毛头小子，却也具有无上权威。有一次，街上一个人高马大的小混混和人打架，个子矮小的他竟然独自将其抬起来，吊在派出所仓库，小混混却不敢反抗。事后，这位小混混每次碰到他都点头哈腰，而他每次都一脚踢在小混混的屁股上，让其赶紧滚。

1993 年 3 月 3 日，当地发生了一起群体性事件，十几名下乡征收农业税费的乡干部与村民发生了冲突，村民敲锣打鼓地把乡干部围困起来。派出所接到报案时，所里只剩这位刚来不久的年轻民警在值班，其他民警都因公务外出了。情况紧急，这位年轻民警背上枪立马骑上摩托车出警，到达现场后命令村民散开，毫不费力地把十几名乡干部救了出来。

这位老公安分析，如果这个群体性事件发生在现在，他肯定不敢一个人前去处理,也不可能像当时一样大义凛然地对村民发号施令。

时过境迁,警察用枪情况的变化原因主要基于以下两点。

第一,20世纪90年代开始,公安部发布了一系列内部文件,对警察执法行为进行了整顿。比如,禁止警察参与非警务活动,禁止联防队员有执法行为,严禁刑讯逼供。尤其是关涉枪支使用方面,出台了更为严格的规定。1996年,国家发布了《人民警察使用警械和武器条例》,只有在15种列举情形下才能开枪。同年出台的《枪支管理法》,对公安机关的枪支管理做出了严格规定,警察配枪也受到了限制。这些规定在一定程度上防止了过度使用暴力、滥用枪支的行为,是法律上的硬约束。

第二,20世纪90年代以来,依法行政在警务思想里占据了越来越重要的位置,传统区分敌人与群众的思维无法有效指导一线警务实践。警察开枪需要一定的意识形态支持。长期以来,人民民主专政的思想支配了警务实践,警察在面对专政敌人时,可以采用暴力手段,而在面对群众时,则主要依靠思想工作。20世纪80年代以来,基于阶级划分的敌人与群众已经不存在,导致警务工作很难再有效地区分应采取暴力手段还是做思想工作。比如,在依法行政理念的指导下,只要没有犯法,那些为当地老百姓所深恶痛绝的小混混也是"公民",警察不能对其施加惩罚。一样的道理,在群体性事件现场,有的群众事实上已经违法,甚至还比较严重,就不能因为他们是群众而不采取暴力强制措施。

三、素养

1996年《枪支管理法》和《人民警察使用警械和武器条例》颁布后,公安机关的枪支管理变得极为严格。为了防止违反条例被追责,许多地方的基层公安机关在警务实践中甚至尽量避免使用枪支。因此,近20年来,有些民警实际上是摸不到枪的。

不仅如此，很多基层民警开始大量承担另一种形式的非警务活动。这种情况直接造成一个客观现实：基层民警没有多少时间参与训练，而在日常的警务实践中又没有实战机会，民警用枪的处置能力和战斗素养难免下滑。笔者访谈过一名1997年进入公安局的民警，据他回忆，他只参加过3次训练，正式进入公安队伍之前有过3个月的训练，昆明暴恐案后全国公安系统大练兵训练过半个月，中间只训练过一次。他坦言，他只在这3次训练中摸过枪。

开枪是技术性要求非常高的活，可想而知，若缺乏足够的训练，要应对复杂情况，判断能不能开枪以及开枪的效果，是非常困难的。这是一个很大的挑战。

另外，警察队伍也发生了变化。1997年以前，民警主要来源于两大群体：一是从退伍、转业军人中招募；二是从警校毕业生中分配。但此后，县公安局民警由市公安局、人事局统一招录，民警的录用需要通过统一的考试，尤其是现在，只能经过公务员考试。据统计，全县公安系统的民警不到300人，真正从警校毕业的民警不到一半，还有一多半是通过公务员考试进来的。

显而易见的是，从概率上说，非警校毕业生的战斗综合素养肯定不如警校毕业生高。由于条件有限，县公安局没有建立轮训机制，唯一能够保证战斗素养训练的机会，就是正式入职前3个月的集训。仅仅通过3个月来训练战斗素养，显然是不现实的。

从笔者调研的情况看，不少地方基层民警的职业素养堪忧。由于缺乏轮训制度，基层单位也不可能建立日常训练制度，再加上民警工作压力大，身体素质不一定好，因此，普通民警只能执行一般任务，稍微遇到反抗，就有可能难以驾驭。2013年，该县公安局曾经发生过一起典型事件，当时几名民警抓捕一名歹徒，其中一位民警在执行任务中奋不顾身地与歹徒搏斗，结果被歹徒捅了几刀。公安局领导觉得这种行为应该受到表彰，可报送到县委、县政府后却被压了下来。因为，县领导担心，一旦对该民警做宣传，效果可能适得其反：老百姓会怀疑，民警的素质怎么那么差，几个民警连一个歹徒都对付不了，反而还受伤了！公安局内部，尤其是该民警的直接领导觉得非常委屈，却又无可奈何。

普通搏斗技能尚且如此，何况是开枪？开枪不仅需要射击技能，且考验民警的心理素质，因为开枪不仅有条件限制，还要求民警能对现场做出准确判断。如果一个民警没有经过严格训练，没有进行日常培训，如何能达到开枪的技术性要求呢？

（原文刊发于《南风窗》2015年第8期，原标题为《警察：开枪，还是不开枪》）

扫黑先除灰

2018年1月,中共中央、国务院发出《关于开展扫黑除恶专项斗争的通知》,强调把扫黑除恶与反腐败斗争和基层"拍蝇"结合起来,深挖黑恶势力"保护伞"。2017年中纪委和最高检已相继发出通知,要求坚决依法惩治"村霸"和宗族恶势力刑事犯罪,说明农村黑恶势力是当前扫黑除恶专项斗争的重点。那么,当前农村黑恶势力呈现出哪些特征?如何才能有针对性地开展斗争?

一、黑恶势力的生存空间

1983年,在邓小平同志的主持下,我国首次开展了"严打"行动。其背景是,城市中的团伙犯罪突出,发生多起震惊全国的重大刑事案件。彼时农村还是一个相对封闭的熟人社会,且农村资源较为贫乏,黑恶势力较为罕见。

进入21世纪以后,我国乡村社会发生了巨大变化,其显著表现是农村出现了原子化现象,很多村庄失去了传统的自我组织能力,即便有若干宗族势力,也很难代表大多数人的利益。这其中,中西部农村地区开启了大规模的人口外流进程,一些农村地区变成了"空心村",如此便更无组织可言。

从黑恶势力的生存条件来说,"空心村"并不足以支撑乡村"混混"黑社会组织化,但却为有些颇有经营头脑的"能人"提供了获利空间。由于乡村社会出现了原子化现象,村民无能力自主挖掘村庄内部的市场机会,而那些生活在县城、集镇的地方"能人",则有足够的动力和能力去开发村庄内部的市场资源。为了顺利进村承包集体资产、开发自然资源,乃至于承接工程,他们惯于利用那些游手好闲的乡村"混混"做"马仔"。这些"马仔",既可利用其在村庄中的熟人优势,为当地能人提供信息,甚至能起到穿针引线的作用(扮红脸),又可以在必要的时候威逼利诱群众(扮白脸)。

而处于城郊或是有矿产资源、交通条件较好的农村,具有前所未有的市场机会,这些地区聚集了大量的利益。这些利益是所有人追逐的共同目标,谁都希望从中分一杯羹,久而久之就形成了一条若隐若现的灰色利益链。

其基本逻辑是,地方政府希望发展地方经济、为民造福,为此引入资本下乡,村庄集体也希望借此为民造福、发展集体经济,而分散的农民个体也希望从中获取利益。问题在于,在原子化的村庄中,分散的农民根本难以组织起来与地方政府和资本进行谈判,反而容易在共同的利益面前相互攀比、相互算计。在集体行动能力缺失的情况下,利益分配必然失衡。一些村庄精英凭借其资本、人脉、权力及把握时机的能力,顺利获得了超额利益,普通村民则成为利益受损者,一些不甘心的村民通过充当"钉子户"向利益相关方要价。正是个体农民与市场主体间较高的交易成本,为黑恶势力乘虚而入提供了机会。这些黑恶势力既可以合法地承包小工程,获取正当利益,又可以充当市场主体与"钉子户"之间的中介,牟取灰色利益。

二、黑恶势力是利益团伙

当前中国农村社会的原子化,以及伴随而来的巨大市场机会,扩大了农村黑恶势力的生存空间。其本质是,随着城市化的发展,矿产、建筑、拆迁、交通等领域都存在巨大的利益空间。对于外来资本而言,如何有效进村始终是个问题,几乎所有的资本下乡过程都需要找到中介。在市场经济已经深深地嵌入到乡村社会的今天，黑恶势力凭借其较强的组织能力，填补了乡村社会原子化带来的组织真空。大量的乡村"混混"聚集在那些有经营头脑的地方能人那里，通过合法或半合法的形式，在市场经济中获取灰色利益。仅仅依靠暴力获取利益的乡村"混混"，已经极为少见。

农村黑恶势力往往是由各个乡村"混混"连接起来的利益团伙，其连接的纽带是地方能人。多数情况下，这些"混混"并不以黑恶势力的脸面示人，而往往以市场主体的面目示人。他们并不会一言不合就拳脚相加，而更愿意公平交易，哪怕碰到交易困难，也只愿意通过言语威胁等"软暴力"作为辅助手段，非到不得已不会拳脚相加。这意味着，有的黑势力已经告别了20世纪七八十年代崇尚暴力、通过敲诈勒索"豪夺"利益的阶段，也摒弃了只为义气拳脚相加的做法。哪怕是为了获取非法利益，很多人也更愿意花一些心思"巧取"。比如，不少黑恶势力利用其熟悉农民的利益诉求，也熟悉开发商苦衷的便利，在土地、矿产等资源开发过程中，一面怂恿农民为提高补偿标准而设置阻碍，一面向开发商索要工程。

三、黑恶势力的"保护伞"

多数情况下，地方政府和基层干部对农村黑恶势力的存在深恶痛绝，却苦于没有好的措施加以打击而左右为难。哪怕是腐败分子，他们一般也不会与乡村"混混"直接打交道。但一些基层干部与那些利用乡村"混混"以生意人面目示人的地方能人，容易勾连起来。这主要包括两个方面。

一是不作为，与地方能人结成隐蔽的利益团伙。一些基层干部由于待遇低，或亲属无稳定工作，会通过做生意补贴家用。因土生土长，他们很可能与地方能人因熟悉而结缘，因互相需要而合作。基层干部对国家政策、政府投资项目，甚至于外来资本下乡带来的市场机会,都有信息优势,这对希望从市场中获利的地方能人极为重要。作为地方能人生意伙伴的少数基层干部,因有共同利益而不得不对其一些非法或越轨行为睁一只眼闭一只眼,对地方能人利用乡村"混混"开拓市场的行为,也只能默认。这些基层干部,有的虽很难说是黑恶势力的"保护伞",却客观上为黑恶势力的滋生提供了土壤。

二是乱作为,利用手中权力为地方能人提供获利机会。最近一些年,涉农资金持续增加,资源下乡蔚为壮观。在项目制的背景下,政府及村级自治组织通常情况下已不再直接组织国家项目的开展,而是通过招投标的方式让市场主体承担项目。一些掌握项目审批、监督的基层干部,成为地方能人的寻租对象,最终成为腐败分子。较为直接的是,腐败分子从中斡旋,拿好处费或通过干股分红。较为隐蔽的是,腐败分子通过合伙做生意的方式在项目中获利,甚至于,一些腐败分子让地方能人做前台,而他们自己才是真正的幕后老板。

可见,农村黑恶势力不仅从市场经济中获得了容身之地,还从少数腐败分子身上获取了"保护伞"。无论是哪一方面,黑恶势力的获利方式都有极大的隐蔽性。概言之,当前的农村黑恶势力,更多情况下是通过合法的市场行为获取灰色利益的。因此,农村黑恶势力具有明显的"灰色化"趋势。这集中体现在:首先,农村黑恶势力不再崇尚暴力,而是尽量运用市场手段获利。其次,农村黑恶势力并不热衷于组织化,更多情况下是以松散的个体存在,通过地方能人连接起来,但两者之间并不一定有上下级间的庇护关系,只是临时性的相互利用关系。最后,农村黑恶势力往往隐藏在宗族、姻亲、朋友等乡村社会网络之中,并不需要建立类似于陌生人社会里的黑社会性质的组织关系。

四、扫除农村黑恶势力,关键是要清除其生存的灰色空间

针对当前农村黑恶势力的"灰色化"特征,笔者认为,"防灰"

是"扫黑"的基础性工作。扫除农村黑恶势力，关键之处还在于清除其生存的灰色空间。

一是要重建乡村社会。在城市化背景下，农村人口外流并不必然带来农村社会关系的解体。恰恰相反，在保持农民工自由往返于城乡之间制度弹性的同时，为留守村庄的农民提供更好的公共服务，尤其是搞好精神文明建设，可以快速增加乡村社会资本。尤其重要的是，农村集体经济制度是乡村社会再组织的重要经济基础，保护好集体资产，保持统分结合的基本经营制度，建立适应市场经济的农村集体经济组织，可以极大减少农民与市场、政府间的交易成本，从而避免黑恶势力乘虚而入。

二是要加强基层组织能力建设。在扫除农村黑恶势力的斗争中，加强基层组织能力建设具有多重含义。一方面，它对防止基层干部腐化为农村黑恶势力的"保护伞"，甚至蜕化成为"村霸"具有直接作用。另一方面，强大的基层组织能力，对防止黑恶势力侵吞国家和集体资产，及其可能蚕食的灰色利益进行源头治理，都具有重要意义。当前，加强基层组织能力建设，不仅要培养造就一批懂农业、爱农村、爱农民的"三农"干部，还要强化乡镇一级政权建设，使之真正成为国家权力的末梢。

三是要建立完善的乡村治理体系。加强党对基层组织的领导，完善村民自治制度，真正实现民主选举、民主决策、民主管理、民主监督，提高人民群众的权利意识。让监察及政法力量延伸到村级治理中，为村民自治保驾护航，是避免黑恶势力侵蚀基层自治组织、挤压黑恶势力生存空间的关键。一句话，扫除农村黑恶势力不仅仅是一段时间内的专项斗争，还是重建农村政治与社会生态的系统工程。

（原文刊发于《北京日报》2018年2月5日，原标题为《清除黑恶势力生存的灰色空间》）

后 记

这本集子是笔者最近十年基层观察的一个记录,由观世态、众生相、看活法、察治事、探秩序 5 个部分构成,涵盖了对城管、警察、纪检、信访等基层秩序维护者的观察,以及对微腐败、黑社会、恶俗文化等基层失序现象的分析,还对暴力、规则、反社会等问题做了解释。

集子里的文字,大都是田野笔记,算不上是严肃的研究作品,却是真实而灵动的田野观察发现。从 2005 年 5 月第一次跟随贺雪峰教授在安徽农村做田野调查起,笔者迄今做了 15 年的田野调查工作。在乡村田间地头和城市街头巷尾,笔者见识了三教九流各色人等,也体会了基层社会的诡异奇幻。

回顾这 15 年的田野经历,笔者最大的感受是:看不懂。并且,调查愈深入,需要去理解的问题愈多。笔者曾一度以为,这是自己知识训练不足和经验饱和度不够所致。但事后发现,问题并不如此简单。因为,对于我国基层的诸多问题,不仅实践者没有答案,理论工作者亦无定论。

因此,保持对经验的敬畏,成了笔者从事田野调查的信条。这个信条,促使我用"灰色"来定义大国底色。"灰色"意味着,基层秩序并不是主政者规划的设计的结果,而是诸多力量、多重逻辑构筑的意外结果;基层社会并不存在一个非黑即白、泾渭分明的两极世界,它的未来存在诸多可能性。

今天的基层仍处于百年未有之大变局之中。非常幸运的是,这些不经意间写下的观察笔记,仅仅因为碰上了这个变局,竟然也成了时代注释。

这个注释，首先是私人的，集子里面的文字是笔者自己的观察。有些篇章，甚至是发乎于情的叙述。比如，在与父母、家人和亲戚朋友的相处中，笔者体验到了很多只可意会不可言传的时代涌流。

这个注释，也是集体的。笔者所在的华中村治研究团队，一直秉持集体学术的立场。这些笔记，如果说是"田野的灵感"，那也都是在与学术同人共同调查、讨论的过程中产生的。以至于，笔者已经很难分清楚哪些观点算是自己的"独到"见解。

这个注释，还是公共的。集子里的大部分文章，都在观察者网、《南风窗》、《人民论坛》、《中国党政干部论坛》等媒体发表过。还有一些文章，源自"侠客岛""岛叔"这个身份的激励。如今，这个私人注释将以《大国底色》结集出版，逐渐有了更大的公共性。

这本集子的出版，要特别感谢沈山先生。得益于沈山先生的推荐，这本集子才有机会在东方出版社出版。承蒙姚恋女士的精心策划，使得这本书能够在极短的时间内和读者见面。李志刚先生和笔者是同龄人，集子的初稿被他修改得密密麻麻，让笔者一度怀疑是不是文章的质量不高。李志刚先生说是因为他看得太投入，很多问题心有戚戚，这让笔者放心不少。他高度认真和负责的态度，让这个集子增加了不少光彩。

最后，非常感谢潘维、曹锦清和贺雪峰三位教授为这本集子写推荐语。他们都是我敬仰的前辈，集子里的很多想法，也受益于他们的思想。

这本集子所做的时代注释，希望有助于读者理解巨变时代下我国基层的治理轨迹。

吕德文

2020 年 5 月 24 日，于武汉珞珈山

图书在版编目（CIP）数据

大国底色：巨变时代的基层治理/吕德文著.
—北京：东方出版社．2020.12
ISBN 978-7-5207-1767-0

Ⅰ.①大⋯　Ⅱ.①吕⋯　Ⅲ.①地方政府—行政管理—研究—中国　Ⅳ.①D625

中国版本图书馆 CIP 数据核字（2020）第 254675 号

大国底色：巨变时代的基层治理
(DAGUO DISE:JUBIANSHIDAI DE JICENG ZHILI)

作　　　者：	吕德文
策　　　划：	姚　恋
特邀策划：	沈　山
责任编辑：	戴燕白　李志刚
出　　　版：	东方出版社
发　　　行：	人民东方出版传媒有限公司
地　　　址：	北京市东城区朝阳门内大街 166 号
邮　　　编：	100010
印　　　刷：	北京汇瑞嘉合文化发展有限公司
版　　　次：	2021 年 1 月第 1 版
印　　　次：	2023 年 12 月第 6 次印刷
开　　　本：	640 毫米 × 950 毫米　1/16
印　　　张：	23.75
字　　　数：	308 千字
书　　　号：	ISBN 978-7-5207-1767-0
定　　　价：	68.00 元

发行电话：(010) 85924663　85924644　85924641

版权所有，违者必究
如有印装质量问题，我社负责调换，请拨打电话：(010) 85924725